한국말
바로쓰기

한국말 바로쓰기

초판 1쇄 발행 2010년 2월 26일 | **초판 2쇄 발행** 2012년 8월 24일
지은이 이경우 · 김경희
펴낸이 이대현 | **편집** 이소희 추다영
펴낸곳 도서출판 역락 | **등록** 제303-2002-000014호(등록일 1999년 4월 19일)
주소 서울 서초구 반포4동 577-25 문창빌딩 2층
전화 02-3409-2058(영업부), 2060(편집부) | **FAX** 02-3409-2059 | **이메일** youkrack@hanmail.net
ISBN 978-89-5556-755-7 03710

정가 18,000원

한국말
바로쓰기

이경우 · 김경희

역락

머리말

현대 정보화 사회에서는 말하는 것 못지않게 대부분의 정보를 활자화해서 소통하고 있다. 인간을 인간답게 만드는 의사소통 수단인 말을 글로 표현하는 데는 말하는 것과는 다른 차이점이 있다는 것을 알 수 있다.

말하는 것도 논리정연하게 해야 하듯이 글로 표현하는 것도 논리적으로 맞아야 하며 또한 글의 기본 단위가 문장이라고 한다면 문장에 관한 기초적인 지식이 필요하다. 문장의 통사구조와 의미연결이 문법과 논리에 맞아야 한다.

글로 표현하려면 맞춤법의 기본을 익혀야 하며 띄어쓰기와 문장부호의 사용법 등을 알아야 한다. 맞춤법의 원리에는 음운, 형태소, 단어, 문장 등에 관한 어법적인 지식이 있어야 한다.

그러한 어법적인 지식이 현실 언어생활과 동떨어진 것이라면 문제라 아니할 수 없다. 실제로 지하철 광고문이나 TV 자막, 학교 게시물, 유행가 가사 등 우리가 일상에서 흔히 접하는 어구나 문장에서 맞춤법이나 어법에 맞지 않는 표현을 심심치 않게 접하게 된다. 또한 신문기사문이나 소설에서도 역시 같은 현상이 나타나고 있다.

또한 미디어 매체 중에서 방송이 대중들에게 미치는 영향이 지대한데 비해서 표준발음에 대한 교육도 상대적으로 미약한 문제점도 있다.

한국의 경제규모가 세계 11~12위를 차지함에 따라 한국기업의 세계 진출에 따른 한국어 습득의 필요성이 생기게 되었고, 한국드라마나 한국가요의 전파에 의한 한류 열풍으로 외국인들의 한국어 학습 열풍이 일어나게 되었다. 그러므로 한국어 습득을 희망하는 외국인을 교육하기 위한 한국어 교원 자격시험에 대한 학생들의 관심이 증대되기 시작하였다.

이상과 같은 문제점들을 대학의 국어국문학과와 문화콘텐츠 창작학과 학생들을 대상으로 수업한 것을 정리하여 이 책을 엮었다.

이 책은 크게 세 분야로 되어 있는데, 1부부터 4부까지는 표준발음법을 포함한 표준어 익히기, 맞춤법의 기본, 띄어쓰기, 문장부호 익히기 등으로 이루어졌고, 5부에서는 실제로 문장의 오류를 판별하고 수정해 보는 내용을 다루었다.

마지막으로 6부와 7부에서는 (한)국어의 사용을 촉진하고 (한)국어의 발전과 보존의 기반을 마련하기 위해 2005년 제정된 국어기본법과 국어기본법 시행령에 따른 한국어 교원 자격 취득에 필요한 이수학점 및 이수 시간에 대한 정보와 한국어 관련 시험에 대한 정보도 제공하였다.

아무쪼록 이 책이 한국말과 글을 바르게 쓰고자 하는 사람들에게 조금이나마 도움이 되었으면 한다.

2010. 2.

이경우 · 김경희

차 례

제1부

표준어 익히기

표준어 규정은 1936년에 조선어 학회에서 사정하여 공표한 '조선어 표준말 모음'을 크게 보완하고 합리화하여 1988년 1월에 문교부에서 고시한 것이다.

표준어 규정은 크게 '표준어 사정 원칙'과 '표준 발음법'의 두 가지 내용으로 나누어지는데 전체적인 구성은 다음과 같다.

표준어 규정	
표준어 사정 원칙	표준 발음법
제1장 총칙	제1장 총칙
제2장 발음 변화에 따른 표준어 규정 　－자음 　－모음 　－준말 　－단수 표준어 　－복수 표준어	제2장 자음과 모음 제3장 음의 길이 제4장 받침의 발음
제3장 어휘 선택의 변화에 따른 표준어 규정 　－고어 　－한자어 　－방언 　－단수 표준어 　－복수 표준어	제5장 음의 동화 제6장 경음화 제7장 음의 첨가

Ⅰ. 표준어 사정 원칙

제 1 장 총 칙

제 1 항　표준어는 교양 있는 사람들이 두루 쓰는 현대 서울말로 정함
을 원칙으로 한다.

위 제1항은 조선어 학회가 1933년 '한글 맞춤법 통일안' 총론 제2항에
서 정한 "표준말은 대체로 현재 중류 사회에서 쓰는 서울말로 한다."를
1988년 문교부에서 제정 고시할 때 바뀐 것이다.

1988년 개정의 실제적인 한글 맞춤법 대상은 다음과 같다.

(가) 1933년에 표준어로 규정하였던 형태가 그동안 자연스러운 언어 변
화에 의해 고형(古形)이 된 것.
(나) 그때 미처 사정의 대상이 되지 않아 표준어로서의 자격을 인정받을
기회가 없었던 것.
(다) 각 사전에서 달리 처리하여 정리가 필요한 것.
(라) 방언, 신조어 등이 세력을 얻어 표준어 자리를 굳혀 가던 것.

제 2 항 외래어는 따로 사정한다.

외래어 표기법은 문교부 고시 제85-11호(1986. 1. 7)로 공표되었다. 외래어 표기법은 외국의 고유 명사의 표기까지 포괄하는 표기법으로서, 표준어 규정과는 성격을 달리한다.

> **참고** 한국의 '표준어'와 북한의 '문화어'*
>
> 남북한이 성공적인 통일을 하기 위해 가장 기본적인 것은 언어의 통일이다. 언어의 통일을 위해 우리는 남북한의 언어의 차이를 알아야 한다.
> 남한이 서울말을 표준어로 삼았다면 북한은 평양말을 표준어로 삼았다.
> 1966년 5월에 김일성이 북한의 언어학자들에게 한 교시에서 처음으로 문화어라는 용어가 등장한다. 이에 따르면, 북한의 표준어인 문화어는 "인민대중의 교양과 혁명적인 생활 기풍을 세우는 데 적극 이바지하는 말"이다. 즉, 문화어는 사회주의적 애국주의 교양에 크게 이바지하도록 온갖 낡은 언어적 요소, 외래적 요소를 정리한 언어이고, 노동계급의 지향과 요구에 맞게 발전시킨 언어이며, 혁명성과 인민성, 문화성이 높이 발양된 새로운 형태의 민족어라고 규정한다. 이와 같이, 북한에서는 사회주의 혁명과 건설의 힘있는 무기로서의 기능을 수행하는 언어로서 평양말을 택하여 표준말을 만들었다.
> 북한의 맞춤법인 <조선말 규범집>(1966년)에는 '평양말을 중심으로 하여 노동자 계층에서 쓰는 말'을 문화어라고 규정하고 있다.

---

* http://shi.kaist.ac.kr/2000/week14/14week-3.htm

제 2 장 발음 변화에 따른 규정

제 1 절 자음

제 3 항 다음 단어들은 거센소리 형태를 표준어로 삼는다.

끄나풀   나팔꽃   칸   털어먹다
녘   부엌   살쾡이

제 4 항 다음 단어들은 예사소리 형태를 표준어로 삼는다.

가을갈이   거시기   분침(分針)

제 5 항 어원에서 멀어진 형태로 굳어져서 널리 쓰이는 것은, 그것을
표준어로 삼는다.

강낭콩   고샅   사글세   울력성당

5-1. 어원적으로 원형에 더 가까운 형태가 아직 쓰이고 있는 경
우에는, 그것을 표준어로 삼는다.

갈비   갓모   굴젓   말곁
물수란   밀뜨리다   적이   휴지

제 6 항 다음 단어들은 의미를 구별함 없이, 한 가지 형태만을 표준어
로 삼는다.

돌   둘째   셋째   넷째   빌리다

6-1. '둘째'는 십 단위 이상의 서수사에 쓰일 때에는 '두째'로
한다.

열두째 : 제12   열둘째 : 열두 개째
스물두째 : 제22   스물둘째 : 스물 두 개째

제 7 항 수컷을 이르는 접두사는 '수-'로 통일한다.

    수꿩   수소   수나사

    수놈   수사돈   수은행나무

  7-1. 다음 단어에서는 접두사 다음에서 나는 거센소리를 인정한
      다. 접두사 '암-'이 결합되는 경우에도 이에 준한다.

      수캉아지   수캐   수컷   수키와   수탉

      수탕나귀   수톨쩌귀   수퇘지   수평아리

  7-2. 다음 단어의 접두사는 '숫-'으로 한다.

      숫양   숫염소   숫쥐

제 2 절 모음

제 8 항 양성 모음이 음성 모음으로 바뀌어 굳어진 다음 단어는 음성
          모음 형태를 표준어로 삼는다.

    깡충깡충   -둥이   발가숭이   보퉁이

    뻗정다리   아서/아서라   오뚝이   봉죽   주추

  8-1. 어원 의식이 강한 다음 단어는 양성 모음 형태를 그대로
      표준어로 삼는다.

      부조(扶助)   사돈(査頓)   삼촌(三寸)

제 9 항 'ㅣ' 역행 동화 현상에 의한 발음은 원칙적으로 표준 발음으
          로 인정하지 않는다.

    아지랑이

  9-1. 다음 단어들은 'ㅣ' 역행 동화가 적용된 형태를 표준어로
      삼는다.

냄비   동댕이치다   -내기 ; 시골내기 신출내기 풋내기

9-2. 기술자에게는 '-장이', 그 외에는 '-쟁이'가 붙는 형태를
   표준어로 삼는다.

'-장이'	'-쟁이'
미장이 유기장이	멋쟁이 소금쟁이 담쟁이-덩굴 골목쟁이 발목쟁이

제10항 다음 단어는 모음이 단순화한 형태를 표준어로 삼는다.

괴팍하다   -구면   미루나무   미륵
여느   온달   으레   케케묵다
허우대   허우적허우적

제11항 다음은 모음의 발음이 바뀌어 굳어진 형태를 표준어로 삼는다.

-구려   나무라다   미숫가루   바라다
바람[所望]   깍쟁이   상추   시러베아들
지루하다   튀기   허드레   호루라기   주책

제12항 '웃-' 및 '윗-'은 명사 '위'에 맞추어 '윗-'으로 통일한다.

윗넓이   윗눈썹   윗니   윗도리
윗동아리   윗막이   윗머리   윗목
윗몸   윗바람   윗배   윗벌
윗변   윗사랑   윗수염   윗입술
윗잇몸   윗자리

12-1. 된소리나 거센소리 앞에서는 '위-'로 한다.

위짝   위쪽   위채   위층

위치마 위턱 위팔

12-2. '아래, 위' 대립이 없는 단어는 '웃-' 형태를 표준어로 삼는다.

웃국	웃기	웃돈
웃비	웃어른	웃옷

제13항 한자 '구(句)'가 붙어서 이루어진 단어는 '구'로 통일한다.

구절(句節)	결구(結句)	경구(警句)	경인구(警人句)
대구(對句)	문구(文句)	시구(詩句)	어구(語句)
인용구(引用句)	절구(絶句)		

13-1. 다음 단어는 '귀' 형태를 표준어로 삼는다.

귀글 글귀

제3절 준말

제14항 준말이 널리 쓰이고 본말이 잘 쓰이지 않으면, 준말만을 표준어로 삼는다.

김(김매다)	똬리	무	미다	뱀	뱀장어
빔	생쥐	솔개	온갖	장사치	

제15항 준말이 쓰여도, 본말이 널리 쓰이고 있으면 본말을 표준어로 삼는다.

경황없다	궁상떨다	귀이개	낌새
낙인찍다	내왕꾼	돗자리	뒤웅박
마구잡이	맵자하다	모이	벽돌
부스럼	살얼음판	수두룩하다	암죽
어음	일구다	죽살이	퇴박맞다

한통치다

15-1. 명사에 조사가 붙은 경우에도 이 원칙을 적용한다.

아래로

제16항 준말과 본말이 다 같이 널리 쓰이면서 준말의 효용이 뚜렷이
인정되면, 둘 다 표준어로 삼는다.

거짓부리 / 거짓불	외우다 / 외다	막대기 / 막대
망태기 / 망태	머무르다 / 머물다	서두르다 / 서둘다
서투르다 / 서툴다	석새삼베 / 석새베	시누이 / 시뉘 / 시누
오누이 / 오뉘 / 오누	이기죽거리다 / 이죽거리다	
찌꺼기 / 찌끼	노을 / 놀	

제4절 단수 표준어

제17항 비슷한 발음의 몇 형태가 쓰일 경우, 그 의미에 차이가 없이
그 중 하나가 더 널리 쓰이면, 널리 쓰이는 한 형태만을 표준
어로 삼는다.

거든그리다	구어박다	귀고리	귀띔
귀지	까딱하면	꼭두각시	내색
내숭스럽다	냠냠거리다	냠냠이	다다르다
댑싸리	더부룩하다	-(으)려고	-(으)려야
망가뜨리다	멸치	반빗아치	보습
본새	봉숭아	뺨따귀	뼈개다[斫]
뼈기다[誇]	사자탈	상판대기	설령(設令)
-습니다	시름시름	쏨벅쏨벅	아궁이
아내	어중간	오금팽이	
오래오래(돼지 부르는 소리)	-올시다	옹골차다	
우두커니	짚북데기	재봉틀	짓무르다
잠투정	쪽	천장(天障)	코맹맹이　흉업다

-던	-든
과거 시간에 대한 회상의 의미	선택, 무관의 의미
-던가, -던걸, -던고, -던데, -던지	가든 말든, 보든 말든

서 [三], 너 [四] ; ~돈, ~말, ~발, ~푼

석 [三], 넉 [四] ; ~냥, ~되, ~섬, ~자

제 5 절 복수 표준어

비슷하게 발음되는 두 형태의 발음 차이는 국어의 일반 음운 현상이며,
두 형태 모두 널리 쓰일 때 둘 다 표준어로 삼는다.

제18항 다음 단어는 (ㄱ)을 원칙으로 하고, (ㄴ)도 허용한다.

(ㄱ)	(ㄴ)	(ㄱ)	(ㄴ)
네	예	꾀다	꼬이다
쇠-	소- (牛)	쐬다	쏘이다
괴다	고이다	죄다	조이다
쬐다	쪼이다		

제19항 어감의 차이를 나타내는 단어 또는 발음이 비슷한 단어들이
다 같이 널리 쓰이는 경우에는, 그 모두를 표준어로 삼는다.

거슴츠레하다 / 게슴츠레하다   고까 / 꼬까

고린내 / 코린내   교기(驕氣) / 갸기

구린내 / 쿠린내   꺼림하다 / 께름하다

나부랭이 / 너부렁이

제 3 장 어휘 선택의 변화에 따른 규정

어휘적으로 형태를 달리하는 단어들에 대한 표준어 사정은 다음과 같다.

제1절 고어

제20항 사어(死語)가 된 단어는 고어로 처리하고, 현재 널리 사용되는 단어를 표준어로 삼는다.

난봉	봉 (×)	낭떠러지	낭 (×)
설거지하다	설겆다 (×)	애달프다	애닯다 (×)
오동나무	머귀나무 (×)	자두	오얏 (×)

제2절 한자어

제21항 고유어 계열의 단어가 널리 쓰이고 그에 대응되는 한자어 계열의 단어가 용도를 잃게 된 것은, 고유어 계열의 단어만을 표준어로 삼는다.

가루약	구들장	방돌	까막눈	
꼭지미역	늙다리	마른갈이	마른빨래	
메찰떡	박달나무	외지다	잔돈	
지겟다리	짐꾼	푼돈	흰말	흰죽

제22항 고유어 계열의 단어가 생명력을 잃고 그에 대응되는 한자어 계열의 단어가 널리 쓰이면, 한자어 계열의 단어를 표준어로 삼는다.

개다리소반(小盤)	겸상(兼牀)	고봉(高捧)밥
단(單)벌	방고래	윤달
부항(附缸)단지	민망스럽다 / 면구스럽다	
산누에	산줄기	어질병
수삼(水蔘)	장력(壯力)세다	제석(祭席)
양파	총각무	칫솔
포수(砲手)		

제3절 방언

제23항 방언인 단어가 표준어보다 더 널리 쓰이게 되면 원래의 표준어와 함께 표준어로 삼는다.

멍게 / 우렁쉥이　　물-방개 / 선두리　　애순 / 어린순

제24항 방언이던 단어가 널리 쓰이게 됨에 따라 표준어이던 단어가 안 쓰이게 된 것은, 방언이던 단어를 표준어로 삼는다.

귀밑머리	까뭉개다	막상	빈대떡
생인손	역겹다	코주부	

제4절 단수 표준어

제25항 의미가 똑같은 몇 가지 형태 중 어느 하나가 압도적으로 널리 쓰이면, 그 단어만을 표준어로 삼는다.

-게끔	겸사겸사	고구마	고치다
골목쟁이	광주리	괴통	국물
군표	길잡이	까다롭다	까치발
꼬창모	나룻배	농지거리	다사스럽다
다오	담배꽁초	뒤져내다	뒤통수치다
등나무	등칡	등때기	떡보
똑딱단추	매만지다	먼발치	며느리발톱
명주붙이	목메다	밀짚모자	바가지
바람꼭지	반나절	버젓이	본받다
부각	부끄러워하다	부스러기	부지깽이
붉으락푸르락	빙충이	빠뜨리다	뽐내다
사로잠그다	살풀이	새앙손이	샛별
선머슴	속말	손목시계	쇠고랑
고랑쇠	숙성하다	순대	술고래

신기롭다	쌍동밤	쏜살같이	아주
안걸이	안다미씌우다	안쓰럽다	앉은뱅이저울
알사탕	앞지르다	애-벌레	언뜻
언제나	얼룩말	-에는	열심히
열어제치다	입담	자배기	전봇대
쥐락펴락	-지만	짓고땡	짧은작
청대콩	칡범		

제17항은 발음상으로 기원을 같이하는 단어이나 제25항의 단어들은 '고구마'와 '참감자'의 관계처럼 어원을 달리하는 단어들이다.

25-1. '안절부절하다, 주책이다'는 부정사(不定辭)를 빼도 '안절부절못하다, 주책없다'와 같은 의미로 쓰이지만, 오용(誤用)으로 판단되어 표준어로 인정하지 않는다.

안절부절못하다   주책없다

제5절 복수 표준어

제26항 한 가지 의미를 가진 형태 몇 가지가 널리 쓰이며 표준어 규정에 맞으면, 그 모두를 표준어로 삼는다.

가는허리 / 잔허리	가락엿 / 가래엿
가엾다 / 가엽다	개숫물 / 설거지물
감감무소식 / 감감소식	개수통 / 설거지통
가뭄 / 가물	갱엿 / 검은엿
-거리다 / -대다	거위배 / 횟배
게을러빠지다 / 게을러터지다	것 / 해
곰곰 / 곰곰이	까까중 / 중대가리
고깃간 / 푸줏간	관계없다 / 상관없다
극성떨다 / 극성부리다	귀퉁머리 / 귀퉁배기
기세부리다 / 기세피우다	기승떨다 / 기승부리다

꼬까 / 때때 / 고까   꼬리별 / 살별

꽃도미 / 붉돔   나귀 / 당나귀

날결 / 세뿔   내리글씨 / 세로글씨

넝쿨 / 덩굴   녘 / 쪽

눈대중 / 눈어림 / 눈짐작 느리광이 / 느림보 / 늘보

늦모 / 마냥모   다기지다 / 다기차다

다달이 / 매달   -다마다 / -고말고

다박나룻 / 다박수염   닭의장 / 닭장

댓돌 / 툇돌   덧창 / 겉창

독장치다 / 독판치다   동자기둥 / 쪼구미

돼지감자 / 뚱딴지   되우 / 된통 / 되게

두동무니 / 두동사니   뒷갈망 / 뒷감당

뒷말 / 뒷소리   딴전 / 딴청

들락거리다 / 들랑거리다 땅콩 / 호콩

땔감 / 땔거리   -뜨리다 / -트리다

마룻줄 / 용총줄   마파람 / 앞바람

만큼 / 만치   말동무 / 말벗

먹새 / 먹음새   멱통 / 산멱 / 산멱통

면치레 / 외면치레   모내다 / 모심다

모쪼록 / 아무쪼록   목화씨 / 면화씨

무심결에 / 무심중에   물봉숭아 / 물봉선화

물부리 / 빨-부리   물심부름 / 물시중

물타작 / 진타작   민둥산 / 벌거숭이산

밑층 / 아래층   바깥벽 / 밭벽

바른 / 오른   발모가지 / 발목쟁이

버들강아지 / 버들개지 벌레 / 버러지

변덕스럽다 / 변덕맞다 보조개 / 볼우물

불사르다 / 사르다   뾰두라지 / 뾰루지

살쾡이 / 삵   삽살개 / 삽사리

상두꾼 / 상여꾼   상씨름 / 소걸이

생 / 새앙 / 생강   생철 / 양철

서럽다 / 섧다　　　　　　서방질 / 화냥질
성글다 / 성기다　　　　　송이 / 송이버섯
수수깡 / 수숫대　　　　　시늉말 / 흉내말
심술꾸러기 / 심술쟁이　　신 / 신발
술안주 / 안주　　　　　　아귀세다 / 아귀차다
앉음새 / 앉음―음　　　　애갈이 / 애벌―갈이
애꾸눈이 / 외눈박이　　　양념감 / 양념거리
어기여차 / 어여차　　　　어림잡다 / 어림치다
중신 / 중매　　　　　　　어이없다 / 어처구니없다
언덕바지 / 언덕빼기　　　어저께 / 어제
얼렁뚱땅 / 엄벙뗑　　　　여왕벌 / 장수벌
여쭈다 / 여쭙다　　　　　여태 / 입때
역성들다 / 역성하다　　　연달다 / 잇달다
엿가락 / 엿가래　　　　　오사리잡놈 / 오색잡놈
엿기름 / 엿길금　　　　　옥수수 / 강냉이
외겹실 / 외올실 / 홑실　　외손잡이 / 한손잡이
욕심꾸러기 / 욕심쟁이　　어금버금하다 / 어금지금하다
을러대다 / 을러메다　　　의심스럽다 / 의심쩍다
-이에요 / -이어요　　　　일일이 / 하나하나
일찌감치 / 일찌거니　　　입찬말 / 입찬소리
자리옷 / 잠옷　　　　　　자물쇠 / 자물통
장가가다 / 장가들다　　　재롱떨다 / 재롱부리다
제가끔 / 제각기　　　　　좀처럼 / 좀체
차차 / 차츰　　　　　　　책씻이 / 책거리
척 / 체　　　　　　　　　추어올리다 / 추어주다
축가다 / 축나다　　　　　침놓다 / 침주다
통꼭지 / 통젖　　　　　　편지투 / 편지틀
한턱내다 / 한턱하다　　　알은척/ 알은체
해웃값 / 해웃돈　　　　　혼자되다 / 홀로되다
우지 / 울보　　　　　　　생뿔 / 새앙뿔 / 생강뿔
우레 / 천둥　　　　　　　천연덕스럽다 / 천연스럽다

철따구니 / 철딱서니 / 철딱지   흠가다 / 흠나다 / 흠지다
볼따구니 / 볼퉁이 / 볼때기   깃저고리 / 배내옷 / 배냇저고리
멀찌감치 / 멀찌가니 / 멀찍이
아무튼 / 어떻든 / 어쨌든 / 하여튼 / 여하튼
보통내기 / 여간내기 / 예사내기
부침개질 / 부침-질 / 지짐-질
-(으)세요, -이에요 / -(으)셔요, 이어요
-스레하다 / -스름하다 (거무스레하다 / 거무스름하다)

2011년 8월 22일 39개 항목이 추가 표준어로 인정되었다. 표준어를 추가로 인정한 것은 국민들이 실생활에서 좀 더 편하게 익숙한 말을 사용할 수 있도록 하여 언어생활에서 편의를 제공하기 위한 것이다.

새로 표준어로 인정한 항목은 크게 세 부류이다.

첫째, 현재 표준어로 규정된 말 이외에 같은 뜻으로 많이 쓰이는 말이 있어 이를 복수 표준어로 인정한 경우이다. 그동안 '간지럽히다'는 비표준어로서 '간질이다'로 써야 했으나 앞으로는 '간지럽히다'도 '간질이다'와 뜻이 같은 표준어로 인정된다. 이렇게 복수 표준어로 인정된 말은 모두 11항목이다.

둘째, 현재 표준어로 규정된 말과는 뜻이나 어감 차이가 있어 이를 인정하여 별도의 표준어로 인정한 경우이다. 그동안 '눈꼬리'는 '눈초리'로 써야 했으나 '눈꼬리'와 '눈초리'는 쓰임이 다르기 때문에 '눈꼬리'를 별도의 표준어로 인정하였다. 이렇게 별도의 표준어로 인정된 말은 모두 25항목이다.

셋째, 표준어로 인정된 표기와 다른 표기 형태도 많이 쓰여서 두 가지 표기를 모두 표준어로 인정한 경우이다. 그동안 '자장면', '태견', '품세'만을 표준어로 인정해 왔으나 이와 달리 널리 쓰이고 있던 '짜장면', '택

견', '품새'도 이번에 인정하였다. 이들도 두 표기 형태를 모두 복수 표준어로 인정한 것으로 그 정신은 첫째의 경우와 같다.

추가 표준어 목록

구 분	추가 표준어	현행 표준어
복수 표준어 (11개)	간지럽히다	간질이다
	남사스럽다	남우세스럽다
	등물	목물
	맨날	만날
	못자리	묏자리
	복숭아뼈	복사뼈
	세간살이	세간
	쌉싸름하다	쌉싸래하다
	토란대	고운대
	허접쓰레기	허섭스레기
	흙담	토담
별도 표준어 (25개)	~길래	~기에
	먹거리	먹을거리
	연신	연방
	메꾸다	메우다
	눈꼬리	눈초리
	어리숙하다	어수룩하다
	손주	손자孫子
	떨구다	떨어뜨리다
	휭하니	힁허케
	나래	날개
	내음	냄새
	뜨락	뜰
	개발새발	괴발개발
	바둥바둥	바동바동
	아웅다웅	아옹다옹
	오손도손	오순도순

구 분	추가 표준어	현행 표준어
별도 표준어 (25개)	걸리적거리다	거치적거리다
	끄적거리다	끼적거리다
	두리뭉실하다	두루뭉술하다
	맨숭맨숭/ 맹숭맹숭	맨송맨송
	새초롬하다	새치름하다
	아멸차다	아멸치다
	찌뿌둥하다	찌뿌듯하다
	추근거리다	치근거리다
복수 표기 (3개)	택견	태껸
	품새	품세
	짜장면	자장면

Ⅱ. 표준 발음법

제1장 총칙

제 1 항 표준 발음법은 표준어의 실제 발음을 따르되, 국어의 전통성
과 합리성을 고려하여 정함을 원칙으로 한다.

이는 교양 있는 사람들이 두루 쓰는 현대 서울말의 발음을 표준어의 실
제 발음으로 여기고 이를 따르도록 한다는 것이다.

그런데 현대 서울말에서조차 실제로는 여러 형태로 발음하는 경우가
있어서, 국어의 전통성과 합리성을 고려하여 표준 발음을 정해야 한다.

국어의 합리성을 고려한다는 것은 국어의 규칙 내지는 법칙에 따라서
표준 발음을 정한다는 뜻이다.

표준어의 실제 발음을 따르되 합리성을 고려할 때 어려움도 있다. 예를
들면, '맛있다'는 실제 발음에서는 [마신따]가 자주 쓰이지만 두 단어 사
이에서 받침 'ㅅ'을 [ㄷ]으로 발음하는 [마딛따]가 합리적인 발음이다. 따

라서 이러한 경우, 전통성과 합리성을 고려하여 [마딛따]를 원칙적으로 표준 발음으로 정하고, [마싣따]도 표준 발음으로 허용한다(제15항 참조).

표준어 사용자들의 발음의 혼란을 극복할 수 있는 방안으로 송철의 (2000)에서는 다음과 같이 제시하였다.

첫째, 표준어 보급의 일차적인 책임은 교육에 있다. 그러므로 학교 교육을 통해서 표준어, 표준 발음을 익힐 수 있도록 하는 제도적 장치가 마련되어야 한다. 지금까지의 우리나라 국어 교육은 읽기와 쓰기에만 치우쳐 있었고 말하기는 등한시해 왔다고 해도 과언이 아니다. 표준어로 말하는 훈련을 학교에서 시켜본 적이 있는지 의문스럽다. 이런 상황에서는 표준어, 표준 발음을 제대로 구사하는 사람이 나오기 어렵다. 말이란 것은, 특히 발음은 많은 반복 훈련을 통해서 입에 익지 않으면 제대로 실현되지 않는다. 그러므로 학교에서 표준어, 표준 발음에 대해 설명만 하는 교육을 할 것이 아니라 반복적인 훈련을 통해서 표준어, 표준 발음이 입에 익도록 하는 교육을 해야 할 것이다.

둘째, 국민들의 언어생활에 가장 큰 영향을 미치는 것이 방송 매체이므로 방송매체에 종사하는 사람, 혹은 방송에 출연하는 사람들은 정확한 표준어, 표준 발음을 사용하도록 유도해야 할 것이다. 발음이 가장 정확해야 할 아나운서들조차도 발음을 잘못하는 경우가 많다는 지적이 나오고 있다. 한편, 교육 방송에서는 외국어 회화를 가르치는 프로그램만 방영할 것이 아니라 우리의 표준어를 가르치는 프로그램도 개발하여 방영해야 할 것이다.

셋째, 고등 교육을 받은 사람이 글을 쓸 때 맞춤법이 틀리면 부끄러운 일이듯이 말을 할 때 발음이 틀리는 것도 부끄러운 일이라는 인식을 심어

줄 필요가 있다. 우리나라 사람들은 대개 맞춤법이 틀리면 부끄러워하면서도 발음이 틀리는 것은 조금도 부끄러워하지 않는 경향이 있다. 부끄러운 줄울 모르니 틀리는 것을 굳이 고치려고 노력할 리가 없다.

넷째, 국민들에게 표준어, 표준 발음 교육을 효과적으로 시키기 위해서는 먼저 각 방언 화자들이 표준어를 배울 때, 가장 어려워하는 점이 무엇인가를 정확히 파악해야 할 것이다. 즉, 표준어를 배울 때, 전라도 사람이 자주 틀리는 발음은 어떤 것이며, 경상도 사람이 자주 틀리는 발음은 어떤 것인가를 파악해야 한다는 것이다. 그래야만 어떤 지역 사람들에게는 어떤 점을 강조해서 표준어 교육을 시킬 것인가 하는 방안이 나올 수 있을 것이다.

다섯째, 표준어, 표준 발음을 교육하고 훈련시킬 수 있는 교재가 체계적으로 개발되어야 한다. 단계별로 거기에 알맞은 교재가 만들어져야 할 것이고, 듣는 훈련을 시키려면 표준어 교육을 위한 카세트 테이프 같은 것도 개발되어야 할 것이다.

그러나 무엇보다도 중요한 것은 국민 각자가 표준어, 표준 발음을 왜 익혀야 하는가를 올바로 인식하고 표준어를 정확히 구사할 수 있는 능력을 가지고자 노력하는 것이다. 표준어 규정에 보면 표준어는 '교양 있는 사람들이 두루 쓰는 현대 서울말로 정함을 원칙으로 한다'고 규정되어 있다. 여기에는 표준어를 올바로 사용하지 못하면 교양 있는 사람이 되지 못한다는 의미가 함축되어 있다. 또한 '표준어 규정 해설'에서는 표준어는 교양의 수준을 넘어 국민으로서 갖추어야 할 의무요건 중의 하나라고 하였다. 따라서 표준어를 정확히 구사할 줄 모르는 사람은 교양 있는 사람이 못되는 것은 말할 것도 없고 국민으로서의 의무도 제대로 다 하지 못하는 사람이 되는 것이다.

제 2 장 자음과 모음

제 2 항 표준어의 자음은 다음 19개로 한다.

ㄱ   ㄲ   ㄴ   ㄷ   ㄸ   ㄹ   ㅁ   ㅂ
ㅃ   ㅅ   ㅆ   ㅇ   ㅈ   ㅉ   ㅊ   ㅋ
ㅌ   ㅍ   ㅎ

이들 자음의 발음을 위하여 전체적으로 분류하면 다음과 같다.

구 분	순 음	설 음	구개음	연구개음	후 음
평 음	ㅂ	ㄷ, ㅅ	ㅈ	ㄱ	ㅎ
격 음	ㅍ	ㅌ	ㅊ	ㅋ	
경 음	ㅃ	ㄸ, ㅆ	ㅉ	ㄲ	
비 음	ㅁ	ㄴ		ㅇ	
유 음		ㄹ			

이들 자음을 나타내는 자모로 표기된 경우에 그 자모에 해당되는 자음으로 발음한다.

표기와 달리 발음하는 경우에는 표준 발음법에 제시된 규정에 따라 발음하여야 한다.

제 3 항 표준어의 모음은 다음 21개로 한다.

ㅏ   ㅐ   ㅑ   ㅒ   ㅓ   ㅔ   ㅕ   ㅖ
ㅗ   ㅘ   ㅙ   ㅚ   ㅛ   ㅜ   ㅝ   ㅞ
ㅟ   ㅠ   ㅡ   ㅢ   ㅣ

제 4 항 'ㅏ ㅐ ㅓ ㅔ ㅗ ㅚ ㅜ ㅟ ㅡ ㅣ'는 단모음(單母音)으로 발음한다.

4-1. '긔, ㅟ'는 이중 모음으로 발음할 수 있다.

모음의 체계는 다음과 같다.

	전설모음		후설모음	
	평 순	원 순	평 순	원 순
고모음	ㅣ	ㅟ	ㅡ	ㅜ
중모음	ㅔ	ㅚ	ㅓ	ㅗ
저모음	ㅐ		ㅏ	

위 모음 체계는 각각의 모음을 발음하는 방식을 보여준다.

4-2. 전설 원순 모음인 '긔, ㅟ'는 원칙적으로 단모음으로 규정한다.

제 5 항 'ㅑ ㅒ ㅕ ㅖ ㅘ ㅙ ㅛ ㅝ ㅞ ㅠ ㅢ'는 이중 모음으로 발음한다.

'ㅕ'가 긴소리인 경우, 올린 'ㅕ'로 발음하는 것이 교양 있는 서울말의 발음이다.

5-1. 용언 활용형의 '져, 쪄, 쳐'는 [저, 쩌, 처]로 발음한다.

가지어 → 가져[가저]　　찌어 → 쪄[쩌]
다치어 → 다쳐[다처]　　다지어 → 다져[다저]
살찌어 → 살쪄[살쩌]　　바치어 → 바쳐[바처]
굳히어 → 굳쳐[구처]　　잊히어 → 잊혀[이처]
붙이어 → 붙여[부처]

5-2. '예, 례' 이외의 'ㅖ'는 [ㅔ]로도 발음한다.

계집[계 : 집 / 게 : 집]   계시다[계 : 시다/게 : 시다]

연계[연계 / 연게](連繫)   개폐[개폐 / 개페](開閉)

혜택[혜 : 택 / 혜 : 택](惠澤)   지혜[지혜 / 지혜](智慧)

5-3. 자음을 첫소리로 가지고 있는 음절의 'ㅢ'는 [ㅣ]로 발음한다.

늴리리[닐리리]   닁큼[닝큼]   무늬[무니]

띄어쓰기[띠어쓰기]   씌어[씨어]   틔어[티어]

희어[히어]   유희[유히]

5-4. 단어의 첫음절 이외의 '의'는 [ㅣ]로, 조사 '의'는 [ㅔ]로 발음함도 허용한다.

	원 칙	허 용
성의(誠意)	[성의]	[성이]
내의(內衣)	[내 : 의]	[내 : 이]
강의(講義)의	[강 : 의의]	[강 : 이의~강 : 이에]

제 3 장 음의 길이

제 6 항   모음의 장단을 구별하여 발음하되, 단어의 첫음절에서만 긴소리가 나타나는 것을 원칙으로 한다.

눈보라[눈 : 보라]   첫눈[천눈]   말씨[말 : 씨]

참말[참말]   밤나무[밤 : 나무] 쌍동밤[쌍동밤]

많다[만 : 타]   수많이[수 : 마니] 멀리[멀 : 리]

눈멀다[눈멀다]   벌리다[벌 : 리다] 떠벌리다[떠벌리다]

6-1. 합성어에서는 둘째 음절 이하에서도 분명한 긴소리를 인정한다.

반신반의[반 : 신바 : 늬 / 반 : 신바 : 니]

재삼재사[재 : 삼재 : 사]

반관반민[반 : 관반 : 민](半官半民)

선남선녀[선 : 남선 : 녀](善男善女)

전신전화[전 : 신전 : 화](電信電話)

6-2. 이 외에는 같은 음절이 반복되어 두 음절이 되어 있는 경우에는 절대로 둘째 음절을 긴소리로 발음하지 않는다.

반반(半半)[반 : 반]　　　간간(間間)이[간 : 간-]

영영(永永)[영 : 영]　　　서서(徐徐)이[서 : 서-]

시시비비(是是非非)[시 : 시비비]

6-3. 용언의 단음절 어간에 어미 '-아/-어'가 결합되어 한 음절로 축약되는 경우에도 긴소리로 발음한다.

보아→봐[봐 :]　　　기어→겨[겨 :]

되어→돼[돼 :]　　　두어→둬[둬 :]

하여→해[해 :]

6-4. 피동·사동의 경우에 어간과 접미사가 축약된 형태의 경우에도 마찬가지로 긴소리로 발음한다.

싸이다→쌔다[쌔 : 다]　　　누이다→뉘다[뉘 : 다]

트이다→틔다[티 : 다]

6-5. '오아 → 와, 지어 → 져, 찌어 → 쪄, 치어 → 쳐' 등은 예외적으로 짧게 발음한다.

6-6. '가+아→ 가, 서+어 → 서, 켜+어 → 켜'처럼 동일 모음이 탈락한 경우에도 긴소리로 발음하지 않는다.

제 7 항　긴소리를 가진 음절이라도, 다음 경우에는 짧게 발음한다.

7-1. 단음절인 용언 어간에 모음으로 시작된 어미가 결합되는
경우

감다[감 : 따] — 감으니[가므니]   밟다[밥 : 따] — 밟으면[발브면]
신다[신 : 따] — 신어[시너]   알다[알 : 다] — 알아[아라]

7-2. 예외적인 경우

끌다[끌 : 다] — 끌어[끄 : 러]   떫다[떨 : 따] — 떫은[떨 : 븐]
벌다[벌 : 다] — 벌어[버 : 러]   썰다[썰 : 다] — 썰어[써 : 러]
없다[업 : 따] — 없으니[업 : 쓰니]

7-3. '-으오/-오'의 경우에는 다음과 같이 발음한다.

안으오[아느오]   미우오[미우오]   사오[사 : 오](살다)
밟으오[발브오]   물으오[무르오]   호오[호 : 오](호다)

7-4. 다음절(多音節) 용언 어간일 경우에는 어미에 따라 짧게 발
음하는 경우가 없다.

더럽다[더 : 럽따]   더러운[더 : 러운]   더럽히다[더 : 러피다]
걸치다[걸 : 치다]   걸쳐[걸 : 처]   걸다[걸 : 다]
졸리다[졸 : 리다]   졸려[졸 : 려]   졸다[졸 : 다]

7-5. 단음절 용언 어간에 피동, 사동의 접미사가 결합되는 경우
일반적으로 짧게 발음한다.

감다[감 : 따] — 감기다[감기다]
꼬다[꼬 : 다] — 꼬이다[꼬이다]
밟다[밥 : 따] — 밟히다[발피다]

7-6. 모음으로 시작된 어미 앞에서도 긴소리를 유지하는 용언
어간들의 피동·사동형의 경우에는 여전히 긴소리로 발음
된다.

끌리다[끌 : 리다]   벌리다[벌 : 리다]   없애다[업 : 쌔다]

7-7. 다음과 같은 복합어에서는 본디 길이에 관계없이 짧게 발음한다.

　　밀물　　썰물　　쏜살같이　　작은아버지

활용형에서는 긴소리를 가지면서 합성어에서는 짧게 발음하는 예들이다. 다만, 합성어가 다 그런 것은 아니다.

7-8. 체언은 자음으로 시작된 조사나 모음으로 시작된 조사나 관계없이 언제나 본래의 긴소리대로 발음한다.
　　눈[眼]이[누니] 눈[雪]이[누 : 니]
　　밤[夜]이[바미] 밤[栗]이[바 : 미]
　　발[足]이[바리] 발[簾]이[바 : 리]
　　성(城)이[성이] 성(姓)이[성 : 이]

7-9. 둘 또는 셋 이상의 단어들을 한 마디로 발음하는 경우, 뒷자리에 놓인 체언은 긴소리로 발음되지 않는다.
　　이 밤이[이바미] [밤 :]　　　그 사람도[그사람도] [사 : 람]
　　저 오리는[저오리는] [오 : 리]

7-10. 강조해서 말할 때에 "그 사람이[그사 : 라미] 그럴 수가!"와 같이 긴소리로 발음하더라도 그러한 소리의 길이에 대해서는 표준 발음법으로 규정하지 않으며 사전에서도 표시하지 않는다.

제 4 장 받침의 발음

제 8 항　받침소리로는 'ㄱ, ㄴ, ㄷ, ㄹ, ㅁ, ㅂ, ㅇ'의 7개 자음만 발음한다.

제 9 항 받침 'ㄲ, ㅋ', 'ㅅ, ㅆ, ㅈ, ㅊ, ㅌ', 'ㅍ'은 어말 또는 자음 앞에서 각각 대표음 [ㄱ, ㄷ, ㅂ]으로 발음한다.

ㄱ : 닦다[닥따], 키읔[키윽]
ㄷ : 옷[옫], 있다[읻따], 젖[젇], 꽃[꼳], 솥[솓], 뱉다[밷 : 따]
ㅂ : 앞[압], 덮다[덥따]

받침 'ㄴ, ㄹ, ㅁ, ㅇ'은 변화 없이 본음대로 발음된다.

제10항 겹받침 'ㄳ', 'ㄵ', 'ㄼ, ㄽ, ㄾ', 'ㅄ'은 어말 또는 자음 앞에서 각각 [ㄱ, ㄴ, ㄹ, ㅂ]으로 발음한다.

'ㄳ' ; [ㄱ]	넋[넉]	넋과[넉꽈]
'ㄵ' ; [ㄴ]	앉다[안따]	
'ㄼ, ㄽ, ㄾ' ; [ㄹ]	여덟[여덜]	넓다[널따]
	외곬[외골]	핥다[할따]
'ㅄ' ; [ㅂ]	값[갑]	없다[업 : 따]

10-1. '밟-'은 자음 앞에서 [밥]으로 발음하고, '넓-'은 다음과 같은 경우에 [넙]으로 발음한다.

(1) 밟다[밥 : 따]   밟소[밥 : 쏘]   밟지[밥 : 찌]
   밟고[밥 : 꼬]   밟게[밥 : 께]   밟는[밥 : 는→밤 : 는]
(2) 넓죽하다[넙쭈카다] 넓둥글다[넙뚱글다]

10-2. '넓다'의 경우, 파생어나 합성어의 경우에 '넙'으로 표기된 것은 [넙]으로 발음한다.

10-3. [ㄹ]로 발음되는 경우에는 아예 '널따랗다, 널찍하다, 짤따랗다, 짤막하다, 얄따랗다, 얄찍하다, 얄팍하다' 등과 같이 표기한다.

제11항 겹받침 '리, 래, 표'은 어말 또는 자음 앞에서 각각 [ㄱ, ㅁ, ㅂ]으로 발음한다.

　　'리' ; [ㄱ]　　　닭[닥]　　　　흙과[흑꽈]
　　　　　　　　　　맑대[막따]　　　늙지[늑찌]
　　'래' ; [ㅁ]　　　삶[삼 :]　　　젊대[점 : 따]
　　'표' ; [ㅂ]　　　읊고[읍꼬]　　　읊대[읍따]

　11-1. '리'은 용언의 경우, 뒤에 오는 자음의 종류에 따라 두 가
　　　　지로 발음된다.

　　① [ㄱ]으로 발음－'ㄷ, ㅈ, ㅅ' 앞
　　맑대[막따]　　　　맑지[막찌]　　　맑습니다[막씀니다]
　　늙대[늑따]　　　　늙지[늑찌]　　　늙습니다[늑씀니다]
　　② [ㄹ]로 발음－'ㄱ' 앞
　　맑게[말게]　　　　맑고[말꼬]　　　맑거나[말꺼나]
　　늙게[늘게]　　　　늙고[늘꼬]　　　늙거나[늘꺼나]

　11-2. 파생어 '갉작갉작하다, 갉작거리다, 굵다랗다, 굵직하다,
　　　　긁적거리다, 늙수그레하다, 늙정이, 얽죽얽죽하다' 등도
　　　　[ㄱ]으로 발음한다.

　11-3. 겹받침 '리'이 [ㄹ]로 발음되는 경우는 아예 'ㄹ'만을 받
　　　　침으로 적는다.

　　　　말끔하다　　　　　말쑥하다　　　　　말짱하다

제12항 받침 'ㅎ'의 발음은 그와 결합되는 소리에 따라 여러 가지로
　　　　발음한다.

　12-1. 용언 활용의 경우, 'ㅎ(ㄶ, ㅀ)' 뒤에 'ㄱ, ㄷ, ㅈ'이 결합
　　　　되는 경우에는, 뒤 음절 첫소리와 합쳐 [ㅋ, ㅌ, ㅊ]으로

발음한다.

놓고[노코]　　　　좋던[조 : 턴]　　　　쌓지[싸치]

많고[만 : 코]　　　　않던[안턴]　　　　닳지[달치]

12-2. '싫증'은 [실쯩]으로 발음한다.

12-3. 한 단어 안에서 [ㄱ, ㄷ, ㅂ] 다음에 'ㅎ'이 오는 경우에
　　　도 각각 둘을 축약하여 [ㅋ, ㅌ, ㅍ]로 발음한다.

국화[구콰]　　　　정직하다[정:지카다]

맏형[마텽]　　　　입학[이팍]　　　　숱하다[수타다]

굿하다[구타다]　　잊히다[이치다]　　얹히다[언치다]

꽂히다[꼬치다]　　급하다[그파다]　　입히다[이피다]

12-4. 받침 'ㄱ(ㄺ), ㄷ, ㅂ(ㄼ), ㅈ(ㄵ)'이 뒤 음절 첫소리 'ㅎ'
　　　과 결합되는 경우에도, 역시 두 음을 합쳐서 [ㅋ, ㅌ, ㅍ,
　　　ㅊ]으로 발음한다.

각하[가카]　　　　먹히다[머키다]　　밝히다[발키다]

읽히다[일키다]　　좁히다[조피다]　　넓히다[널피다]

밟히다[발피다]　　앉히다[안치다]

12-5. 둘 또는 그 이상의 단어를 이어서 한 마디로 발음하여
　　　'ㄷ'으로 발음되는 'ㅅ, ㅈ, ㅊ, ㅌ'의 경우에도 이에 준
　　　한다.

옷 한 벌[오탄벌]　　　낮 한때[나탄때]　　뭇 형벌[무텽벌]

꽃 한 송이[꼬탄송이]　숱하다[수타다]　　온갖 힘[온:가팀]

밥 한 사발[바판사발]　몇 할[며탈]　　　국 한 대접[구칸대접]

12-6. 'ㅎ(ㄶ, ㅀ)' 뒤에 'ㅅ'이 결합되면, 'ㅅ'을 [ㅆ]으로 발음
　　　한다.

닳소[다쏘]　　　　많소[만ː쏘]　　　싫소[실쏘]
끊습니다[끈씀니다]

12-7. 'ㄴ'으로 시작된 어미 '-는(다), -네, -나' 등 앞에서 받침
'ㅎ'은 [ㄴ]으로 동화시켜 발음한다.

놓는[논는]　　　　　　쌓네[싼네]

12-8. 'ㄶ, ㅀ' 뒤에 'ㄴ'이 결합되는 경우에는, 'ㅎ'을 발음하지
않는다.

않네[안네]　　　　　않는[안는]
뚫네[뚫네→뚤레]　　뚫는[뚤는→뚤른]

12-9. 'ㅎ(ㄶ, ㅀ)' 뒤에 모음 어미나 모음 접미사가 결합되는
경우에는, 'ㅎ'을 발음하지 않는다.

낳은[나은]　　　　놓아[노아]　　　　쌓이다[싸이다]
많아[마ː나]　　　　않은[아는]　　　　닳아[다라]
싫어도[시러도]

12-10. 한자어나 복합어에서 모음과 'ㅎ' 또는 'ㄴ, ㅁ, ㅇ, ㄹ'
과 'ㅎ'이 결합된 경우에는 본음대로 발음함이 원칙이다.

제13항 홑받침이나 쌍받침이 모음으로 시작된 조사나 어미, 접미사와
결합되는 경우에는, 제 음가대로 뒤 음절 첫 소리로 옮겨 발음
한다.

깎아[까까]　　옷이[오시]　　있어[이써]　　낮이[나지]
꽂아[꼬자]　　꽃을[꼬츨]　　쫓아[쪼차]　　밭에[바테]
앞으로[아프로]　덮이다[더피다]

제14항　겹받침이 모음으로 시작된 조사나 어미, 접미사와 결합되는
　　　　경우에는, 뒤엣것만을 뒤 음절 첫소리로 옮겨 발음한다.

넋이[넉씨]　　　　앉아[안자]　　　　닭을[달글]　　　　젊어[절머]
곬이[골씨]　　　　핥아[할타]　　　　읊어[을퍼]　　　　값이[갑씨]
값을[갑쓸]　　　　없어[업 : 써]　　　몫이[목씨]　　　　넋을[넉쓸]
외곬으로[외골쓰로]　　　　　　　　없으면[업 : 쓰면]

제15항　받침 뒤에 모음 'ㅏ, ㅓ, ㅗ, ㅜ, ㅟ'들로 시작되는 실질 형태
　　　　소가 연결되는 경우에는, 대표음으로 바꾸어서 뒤 음절 첫소
　　　　리로 옮겨 발음한다.

밭 아래[바다래]　　　늪 앞[느밥]　　　젖어미[저더미]
맛없다[마덥따]　　　겉옷[거돋]　　　헛웃음[허두슴]
꽃 위[꼬뒤]

　　15-1. '맛있다, 멋있다'는 [마싣따], [머싣따]로도 발음할 수 있다.

　　15-2. 겹받침의 경우에는, 그 중 하나만을 옮겨 발음한다.

넋 없다[너겁따]　　　닭 앞에[다가페]
값어치[가버치]　　　값있는[가빈는]

제16항　한글 자모의 이름은 그 받침소리를 연음하되, 'ㄷ, ㅈ, ㅊ, ㅋ,
　　　　ㅌ, ㅍ, ㅎ'의 경우에는 특별히 다음과 같이 발음한다.

디귿이[디그시]　　　　디귿을[디그슬]　　　　디귿에[디그세]
지읒이[지으시]　　　　지읒을[지으슬]　　　　지읒에[지으세]
치읓이[치으시]　　　　치읓을[치으슬]　　　　치읓에[치으세]
키읔이[키으기]　　　　키읔을[키으글]　　　　키읔에[키으게]
티읕이[티으시]　　　　티읕을[티으슬]　　　　티읕에[티으세]
피읖이[피으비]　　　　피읖을[피으블]　　　　피읖에[피으베]
히읗이[히으시]　　　　히읗을[히으슬]　　　　히읗에[히으세]

제 5 장 음의 동화

제17항　받침 'ㄷ, ㅌ(ㄾ)'이 조사나 접미사의 모음 'ㅣ'와 결합되는
　　　　경우에는, [ㅈ, ㅊ]으로 바꾸어서 뒤 음절 첫소리로 옮겨 발음
　　　　한다.

　　　곧이[고지]　　　　　　굳이[구지]　　　　　　　미닫이[미다지]
　　　땀받이[땀바지]　　　　밭이[바치]

　　17-1. 'ㄷ' 뒤에 접미사 '히'가 결합되어 '티'를 이루는 것은
　　　　　[치]로 발음한다.

　　　　　굳히다[구치다]　　　　닫히다[다치다]　　　묻히다[무치다]

제18항　받침 'ㄱ(ㄲ, ㅋ, ㄳ, ㄺ), ㄷ(ㅅ, ㅆ, ㅈ, ㅊ, ㅌ, ㅎ), ㅂ(ㅍ,
　　　　ㄼ, ㄿ, ㅄ)'은 'ㄴ, ㅁ' 앞에서 [ㅇ, ㄴ, ㅁ]으로 발음한다.

　　18-1. ㄱ(ㄲ, ㅋ, ㄳ, ㄺ) > ㅇ

　　　　　먹는[멍는]　　　　　국물[궁물]　　　　　깎는[깡는]
　　　　　키읔만[키응만]　　　몫몫이[몽목씨]　　　읽는[궁는]
　　　　　흙만[흥만]

　　18-2. ㄷ(ㅅ, ㅆ, ㅈ, ㅊ, ㅌ, ㅎ) > ㄴ

　　　　　닫는[단는]　　　　　짓는[진 : 는]　　　　옷맵시[온맵씨]
　　　　　있는[인는]　　　　　맞는[만는]　　　　　젖멍울[전멍울]
　　　　　쫓는[쫀는]　　　　　꽃망울[꼰망울]　　　붙는[분는]
　　　　　놓는[논는]

　　18-3. ㅂ(ㅍ, ㄼ, ㄿ, ㅄ) > ㅁ

　　　　　잡는[잠는]　　　　　앞마당[암마당]　　　밟는[밤 : 는]
　　　　　읊는[음는]　　　　　없는[엄 : 는]

18-4. 두 단어를 이어서 한 마디로 발음하는 경우에도 이와 같다.

책 넣는대[챙년는대]　흙 말리대[흥말리다]　옷 맞추대[온맏추대]
밥 먹는대[밤멍는대]　값 매기대[감매기다]

18-5. 같은 환경에서는 단어와 단어 사이에서도 비음으로 바뀐다.

국 마시대[궁마시다]　옷 마르대[온마르다]　입 놀리대[임놀리다]

제19항　받침 'ㅁ, ㅇ' 뒤에 연결되는 'ㄹ'은 [ㄴ]으로 발음한다.

담력[담 : 녁]　　　침략[침냑]　　　　강릉[강능]
항로[항 : 노]　　　대통령[대 : 통녕]

19-1. 받침 'ㄱ, ㅂ' 뒤에 연결되는 'ㄹ'도 [ㄴ]으로 발음한다.

막론[막논→망논]　　백리[백니→뱅니]　　협력[협녁→혐녁]
십리[십니→심니]

제20항　'ㄴ'은 'ㄹ'의 앞이나 뒤에서 [ㄹ]로 발음한다.

(1) 난로[날 : 로]　　　신라[실라]　　　광한루[광 : 할루]
대관령[대 : 괄령]

(2) 칼날[칼랄]　　　물난리[물랄리]　　　줄넘기[줄럼끼]
할는지[할른지]

20-1. 다음과 같이 둘 이상의 단어를 한 마디로 발음하는 경우
에도 'ㄴ'은 [ㄹ]로 발음한다.

땔 나뮈[땔 : 라무]　　갈 놈[갈롬]
바람 잦을 날[바람자즐랄]

20-2. 첫소리 'ㄴ'이 'ㅀ', 'ㄾ' 뒤에 연결되는 경우에도 이에
준한다.

닳는[달른]　　　뚫는[뚤른]　　　핥네[할레]

20-3. 홑받침 'ㄹ' 다음에 'ㄴ'이 올 때에는 'ㄹ'이 탈락된 대로 표기한다.

아는   아나   아네

20-4. 한자어에서 'ㄴ'과 'ㄹ'이 결합할 때 [ㄴㄴ]로 발음되는 예가 있다.

의견란[의 : 견난]   임진란[임 : 진난]   생산량[생산냥]
결단력[결딴녁]   공권력[공꿘녁]   동원령[동 : 원녕]
상견례[상견녜]   횡단로[횡단노]   이원론[이 : 원논]
입원료[이붠뇨]   구근류[구근뉴]

제21항 위에서 지적한 이외의 자음동화는 인정하지 않는다.

감기[감 : 기]   옷감[옫깜]   있고[읻꼬]
꽃길[꼳낄]   젖먹이[전머기]   문법[문뻡]
꽃밭[꼳빧]

제22항 다음과 같은 용언의 어미는 [어]로 발음함을 원칙으로 하되, [여]로 발음함도 허용한다.

되어[되어 / 되여]   피어[피어 / 피여]

22-1. '이오, 아니오'도 이에 준하여 [이요, 아니요]로 발음함을 허용한다.

제 6 장 경음화

제23항 받침 'ㄱ(ㄲ, ㅋ, ㄳ, ㄺ), ㄷ(ㅅ, ㅆ, ㅈ, ㅊ, ㅌ), ㅂ(ㅍ, ㄼ, ㄿ, ㅄ' 뒤에 연결되는 'ㄱ, ㄷ, ㅂ, ㅅ, ㅈ'은 된소리로 발음

한다.

23-1. ㄱ > ㄲ

밭갈이[받까리]　　　꽂고[꼳꼬]　　　옷고름[옫꼬름]
덮개[덥깨]

23-2. ㄷ > ㄸ

깎다[깍따]　　　삯돈[삭똔]　　　뻗대다[뻗때다]
있던[읻떤]　　　꽃다발[꼳따발]　　　곱돌[곱똘]

23-3. ㅂ > ㅃ

국밥[국빱]　　　넋받이[넉빠지]　　　칡범[칙뻠]

23-4. ㅅ > ㅆ

낯설다[낟썰다]

23-5. ㅈ > ㅉ

닭장[닥짱]　　　솥전[솓쩐]　　　옆집[엽찝]
넓죽하다[넙쭈카다]　　　읊조리다[읍쪼리다]　　　값지다[갑찌다]

제24항　용언 어간 받침 'ㄴ(ㄵ), ㅁ(ㄻ)' 뒤에 결합되는 어미의 첫소
리 'ㄱ, ㄷ, ㅅ, ㅈ'은 된소리로 발음한다.

신고[신 : 꼬]　　껴안다[껴안따]　　앉고[안꼬]　　닭고[담 : 꼬]
삼고[삼 : 꼬]　　더듬지[더듬찌]　　없대[언때]　　젊지[점 : 찌]

24-1. 용언의 명사형의 경우, '안기[안:끼], 남기[남:끼], 굶기[굼
끼]'와 같이 된소리로 발음한다.

24-2. 피동, 사동의 접미사 '-기-'는 된소리로 발음하지 않는다.

안기다　　　　　감기다　　　　　굶기다
옮기다

제25항 어간 받침 'ㄼ, ㄾ' 뒤에 결합되는 어미의 첫소리 'ㄱ, ㄷ, ㅅ, ㅈ'은 된소리로 발음한다.

넓게[널께]　　　핥다[할따]　　　훑소[훌쏘]　　　떫지[떨ː찌]

제26항 한자어에서, 'ㄹ' 받침 뒤에 연결되는 'ㄷ, ㅅ, ㅈ'은 된소리로 발음한다.

갈등[갈뜽]　　　발동[발똥]　　　절도[절또]　　　말살[말쌀]
불소[불쏘](弗素) 일시[일씨]　　　몰상식[몰쌍식] 갈증[갈쯩]
물질[물찔]　　　발전[발쩐]

26-1. 같은 한자가 겹쳐진 단어는 된소리로 발음하지 않는다.

허허실실[허허실실](虛虛實實)　　　절절-하다[절절하다](切切-)
결결[결결](缺缺)　　　　　　　　별별[별별](別別)

제27항 관형사형 '-(으)ㄹ' 뒤에 연결되는 'ㄱ, ㄷ, ㅂ, ㅅ, ㅈ'은 된소리로 발음한다.

할 것을[할꺼슬]　　갈 데가[갈떼가]　　할 바를[할빠를]
할 수는[할쑤는]　　할 적에[할쩌게]　　갈 곳[갈꼳]
할 도리[할또리]　　만날 사람[만날싸람]　할 듯하다[할뜨타다]
할 법하다[할뻐파다]　할 성싶다[할썽십따]

27-1. '-(으)ㄹ'로 시작되는 어미의 경우에도 이에 준한다.

할걸[할껄]　　　　할밖에[할빠께]　　　할세라[할쎄라]
할수록[할쑤록]　　할지라도[할찌라도]　할지언정[할찌언정]
할진대[할찐대]

27-2. 끊어서 말할 적에는 예사소리로 발음한다.

27-3. '-(으)ㄹ까, -(으)ㄹ꼬, -(으)ㄹ쏘냐'와 같은 의문형 어미는

아예 된소리로 표기한다.

27-4. '-(으)ㄴ, -는, -던' 등의 관형사형 어미 뒤나 '-ㄹ'으로 시작하는 어미에서는 된소리로 발음하지 않는다.

간 사람[간사(ː)람]　　　가는 사람[가는사(ː)람]
가던 사람[가던사(ː)람]
입는대[임는대]　　　입는데[임는데]　　　입는지[임는지]

제28항　표기상으로는 사이시옷이 없더라도, 관형격 기능을 지니는 사이시옷이 있어야 할(휴지가 성립되는) 합성어의 경우에는, 뒤 단어의 첫소리 'ㄱ, ㄷ, ㅂ, ㅅ, ㅈ'을 된소리로 발음한다.

문고리[문꼬리]	눈동자[눈똥자]	신바람[신빠람]
산새[산쌔]	손재주[손째주]	길가[길까]
물동이[물똥이]	발바닥[발빠닥]	굴속[굴 : 쏙]
술잔[술짠]	바람결[바람껼]	그믐달[그믐딸]
아침밥[아침빱]	잠자리[잠짜리]	강가[강까]
초승달[초승딸]	등불[등뿔]	창살[창쌀]

제7장 음의 첨가

제29항　합성어 및 파생어에서, 앞 단어나 접두사의 끝이 자음이고 뒤 단어나 접미사의 첫음절이 '이, 야, 여, 요, 유'인 경우에는, 'ㄴ' 음을 첨가하여 [니, 냐, 녀, 뇨, 뉴]로 발음한다.

솜이불[솜 : 니불]	홑이불[혼니불]	막일[망닐]
삯일[상닐]	맨입[맨닙]	꽃잎[꼰닙]
내복약[내 : 봉냑]	한여름[한녀름]	남존여비[남존녀비]
직행열차[지캥녈차]	국민윤리[궁민뉼리]	신여성[신녀성]
색연필[생년필]	늑막염[능망념]	콩엿[콩녇]

영업용[영엄뇽]　　　　담요[담 : 뇨]　　　　눈요기[눈뇨기]
식용유[시굥뉴]

29-1. 다음과 같은 말들은 'ㄴ' 음을 첨가하여 발음하되, 표기
　　　대로 발음할 수 있다.

　　　이죽이죽[이중니죽/이주기죽]　　　야금야금[야금냐금/야그먀금]
　　　검열[검 : 녈/거 : 멸]　　　　　　욜랑욜랑[욜랑놀랑/욜랑욜랑]
　　　금융[금늉/그뮹]

29-2. 'ㄹ' 받침 뒤에 첨가되는 'ㄴ' 음은 [ㄹ]로 발음한다.

　　　들일[들 : 릴]　　　　설익대[설릭따]　　　유들유들[유들류들]
　　　서울역[서울력]　　　불여우[불려우]　　　물엿[물렫]
　　　솔잎[솔립]　　　　　휘발유[휘발류]　　　물액[물랙]

29-3. 이러한 소리의 첨가가 없을 경우에는 앞의 자음을 연음하
　　　여 발음한다.

　　　절약[저략]　　　　　월요일[워료일]　　　목요일[모교일]
　　　금요일[그묘일]

29-4. 두 단어를 이어서 한 마디로 발음하는 경우에도 이에 준
　　　한다.

　　　한 일[한닐]　　　　　할 일[할릴]　　　　서른여섯[서른녀섣]
　　　스물여섯[스물려섣]　　3 연대[삼년대]　　　1 연대[일련대]
　　　먹은 엿[머근녇]　　　먹을 엿[머글렫]　　　옷 입대[온닙따]
　　　잘 입대[잘립따]

29-5. '-이오?'를 줄여서 '-요?'라고 할 경우에는 'ㄴ'이나 'ㄹ'
　　　의 첨가 없이 받침을 연음하여 발음한다.

　　　문요?[무뇨]　　　　　담요?[다묘]
　　　물요?[무료]　　　　　상요?[상요]

29-6. 다음 단어에서는 'ㄴ(ㄹ)' 음을 첨가하여 발음하지 않는다.

6·25[유기오]　　　3·1절[사밀쩔]　　송별연[송:벼련]

등용문[등용문]　　　8·15[파리로]

제30항 사이시옷이 붙은 단어는 다음과 같이 발음한다.

30-1. 'ㄱ, ㄷ, ㅂ, ㅅ, ㅈ'으로 시작하는 단어 앞에 사이시옷이
올 때는 이들 자음만을 된소리로 발음하는 것을 원칙으로
하되, 사이시옷을 [ㄷ]으로 발음하는 것도 허용한다.

냇가[내:까/낻:까]	샛길[새:낄/샏:낄]
빨랫돌[빨래똘/빨랟똘]	콧등[코뜽/콛뜽]
깃발[기빨/긷빨]	햇살[해쌀/핻쌀]
뱃속[배쏙/밷쏙]	대팻밥[대:패빱/대:팯빱]
뱃전[배쩐/밷쩐]	고갯짓[고개찓/고갣찓]

30-2. 사이시옷 뒤에 'ㄴ, ㅁ'이 결합되는 경우에는 [ㄴ]으로 발
음한다.

콧날[콛날→콘날]	아랫니[아랟니→아랜니]
뱃머리[밷머리→밴머리]	툇마루[퇻:마루→퇸:마루]

30-3. 사이시옷 뒤에 '이' 음이 올 경우에는 [ㄴㄴ]으로 발음한다.

베갯잇[베갣닏→베갠닏]	깻잎[깯닙→깬닙]
나뭇잎[나묻닙→나문닙]	도리깻열[도리깯녈→도리깬녈]
뒷윷[뒫:눋→뒨:눋]	뒷일[뒨:닐]

연습문제*

1. 밑줄 친 단어 중 표준어가 아닌 것은? (2회)

① <u>이제야</u> 일을 마쳤는가?

② 자꾸 나를 <u>나무라면</u> 어떡하느냐?

③ <u>서투르게</u> 쓴 글씨라서 알아볼 수 없다.

④ 입학생들은 남다른 <u>설레임</u>을 안고 교정에 들어섰다.

⑤ 나에게 한 가지 <u>바람</u>이 있다면 네가 건강해지는 것이다.

2. 밑줄 친 부분의 발음에 대한 설명과 실제 발음이 맞는 것은? (15회)

① 입술을 다문 <u>꽃아!</u> – 일상에서는 잘 안 쓰이고 시에서만 쓰일 수 있는데 '꽃'에 모음으로 시작되는 조사가 결합되었으므로 [꼬차]로 읽는다.

② 찰진 밥을 짓기 위해 <u>가마솥</u>을 준비했다. – '가마솥이'는 [가마소치]로 발음되므로 통일성을 유지하기 위하여 [가마소츨]로 읽는다.

③ 나라 <u>안팎에서</u> 대단한 활약을 하고 있다. – 격음 ㅍ 뒤에 경음 ㄲ을 발음하는 것이 어려우므로 모두 격음으로 바꾸어 [안파케서]로 읽는다.

④ 이제는 <u>삶이</u> 모두 사라졌다. – '삶'만을 단독으로 발음할 때는 [삭]이므로 발음의 통일을 위해 [사기]로 읽는다.

⑤ <u>부엌에서</u> 이상한 소리가 난다. – 대부분의 사람들이 [부어게서]로 발음하므로 현실을 존중해 [부어게서]로 읽는다.

---

* http://www.klt.or.kr/,
(재)한국언어문화연구원(2006), 국어능력인증시험 기출문제 해설집, 박문각.

3. 밑줄 친 부분 중 표준어가 아닌 것은? (4회)

① 토끼가 <u>깡충깡충</u> 뛴다.

② 영숙이 엄마는 참 <u>주책이야</u>.

③ 아버지와 나는 <u>겸상</u>을 했습니다.

④ 승윤이 첫 돌에 <u>입힐</u> 옷을 사러 갔어요.

⑤ 오늘 아침에는 <u>무말랭이</u>가 밥상에 올랐다.

4. 표준 발음에 맞는 것은? (4회)

① 협력[혐력]   ② 삯일[상닐]   ③ 물난리[물날리]

④ 공권력[공궐력]   ⑤ 벼훑이[벼훌티]

5. 밑줄 친 부분을 읽을 때, 'ㄹ'의 발음이 다른 하나는? (5회)

① <u>늙지</u> 않을 방법은 어디에도 없다.

② 아버지는 죽이 <u>묽다</u>며 역정을 내셨다.

③ 마당에는 <u>닭</u>과 토끼가 뛰어다니고 있었다.

④ <u>맑게</u> 갠 하늘을 보면 마음이 더없이 환해지는 것 같다.

⑤ 도배지가 벽의 <u>흙도</u> 채 가리지 못할 정도로 그 집은 낡았다.

6. 밑줄 친 부분의 발음이 표준 발음에 맞지 않는 것은? (8회)

① 꽃 <u>위에</u> 맺힌 이슬은 언제나 아름답다. [꼬뒤에]

② 개구리 한 마리가 죽은 채로 <u>닭 앞에</u> 놓여 있었다. [달가페]

③ 철수는 깜빡 잊고 <u>겉옷을</u> 회사에 둔 채 퇴근하였다. [거도슬]

④ 아버지는 <u>밭 아래에</u> 있는 잡초들을 뽑기 시작하셨다. [바다래에]

⑤ <u>늪 앞은</u> 언제나 물을 찾으러 나온 동물들로 가득 찼다. [느바픈]

7. 〈보기〉의 밑줄 친 부분이 표준어인 것은?

> **보기**
>
> 그 ① <u>깍쟁이</u>는 곶감이라면 ② <u>사죽</u>을 못 쓴다. 퉁퉁 부은 얼굴로 볼멘소리를 해대다가도, 곶감만 사다 주면 콧노래까지 흥얼거리며 ③ <u>허드랫일</u>도 마다 않고 한다. 어떨 때에는 우리 ④ <u>쌍동이</u>까지 봐 주겠다고 나서기도 한다. 가끔 변덕이 심해서 그렇지, 아무것도 모르는 ⑤ <u>신출나기</u>보다 여러모로 도움이 된다.

8. 밑줄 친 부분의 발음이 표준 발음에 맞지 않는 것은? (12회)

① 기능인을 <u>홀대</u>하는 경향이 있다. [홀때]
② 제공권의 확보가 승패의 <u>관건</u>이다. [광껀]
③ 장군은 칼을 슬며시 <u>칼집</u>에 넣었다. [칼찜]
④ 소풍을 생각하면 가장 먼저 <u>김밥</u>이 떠오른다. [김:밥]
⑤ 경찰은 <u>불법</u> 어로 행위를 강력하게 단속해야 한다. [불법]

9. 밑줄 친 부분 중 표준어인 것은? (13회)

① 그녀는 그 소식에 <u>저으기</u> 놀란 눈치다.
② 그렇게 차려 입고 나서니 <u>영판</u> 다른 사람이다.
③ <u>장사치</u>가 하는 말을 다 믿으면 물건을 살 수가 없다.
④ 나는 늘 풀이 죽어 있는 그 애가 애처롭고 <u>애닯게만</u> 느껴졌다.
⑤ 내오는 음식마다 타박을 하는 것으로 보아 그는 여간 <u>까탈스럽지가</u> 않다.

10. 밑줄 친 부분 중 표준어가 아닌 것은? (14회)

① 이 <u>보시기</u>에 깍두기를 담아 오너라.
② 형은 <u>널판지</u> 두 장을 겹쳐 놓고 격파하였다.
③ 그 사과 <u>궤짝</u>에 무엇이 들어 있는지 확인하지는 못했다.

④ 그녀는 옆구리에 낀 큼지막한 대나무 <u>소쿠리</u>를 노인 앞으로 밀었다.

⑤ 가재도구도 제대로 챙기지 못한 채 <u>고리짝</u> 몇 개만 둘러메고 집을 서둘러 빠져나왔다.

11. 밑줄 친 부분의 소리의 길이가 나머지와 다른 것은? (8회)

① <u>전</u>화를 잘 받는 것도 인격이다.

② <u>전</u>반기 판매 실적은 대체로 좋았다.

③ 책임은 <u>전</u>적으로 폐수 방출 업체에 있다.

④ 정밀 공학 분야는 <u>전</u>문 인력이 부족하다.

⑤ 문서가 <u>전</u>달되는 데에는 아무 문제가 없었다.

12. 소리 나는 대로 바르게 적은 것은?

① 어찌 됐든 공권력[공꿜력] 투입은 막아야지.

② 어마어마한 폭발음[폭파름]이 시내에 들렸다.

③ 사립학교법[사리바꾜뻡]은 짜깁기로 통과되었다.

④ 피의자에게 결국 구속영장[구소경짱]이 발부되었다.

⑤ 예전에는 청계천 위로 고가도로[고가도로]가 있었어?

13. 밑줄 친 부분을 '해'로 바꾸어야 하는 것은?

① 입안이 다 <u>헤</u>져 밥을 못 먹겠다.

② 양말이 다 <u>헤</u>져 기워 신어야겠다.

③ 결혼을 앞두고 남녀는 결국 <u>헤</u>어졌다.

④ 구슬들이 바닥에 굴러 쫙 <u>헤</u>져 버렸다.

⑤ 찢어지고 <u>헤</u>진 손가락마다 피가 보였다.

14. 밑줄 친 말 중 〈보기〉의 맞춤법 원리에 따라 표기한 것은?

> **보기**
>
> '며칠'은 '몇'에 '일'이 결합한 말이지만 '몇일'로 적을 경우 소리가 [며딜]이 되므로 소리 나는 대로 '며칠'로 적는다.

① 풀로 종이를 <u>붙였다</u>.
② 김장독을 마당에 <u>묻었다</u>.
③ 우리나라는 산이 참 <u>아름다워</u>.
④ 예전에는 서해에서 민어가 많이 <u>잡혔다</u>.
⑤ <u>일찍이</u> 선생은 국어 연구에 뜻을 두셨다.

15. 〈보기〉는 한글 맞춤법 제34항을 정리한 것이다. 밑줄 친 부분이 〈보기〉와 관련 없는 것은?

> **보기**
>
> 모음 'ㅐ, ㅔ'로 끝난 어간에 '-어, -었-'이 어울려 줄 적에는 준 대로 적는다.
>
> | (본말) | (준말) |
> |---|---|
> | 개어 | 개 |
> | 베었다 | 벴다 |

① 선물을 <u>꺼내</u> 보렴.
② 돈이 맞는지 <u>세</u> 봐라.
③ 목이 <u>메서</u> 말이 안 나온다.
④ 기왕 시작했으니 <u>잘해</u> 보자.
⑤ 길을 잃고 두 시간이나 <u>헤맸다</u>.

16. 겹받침의 발음을 소리 나는 대로 바르게 적은 것은?

① 내일 날씨는 그다지 맑지[말찌] 않겠습니다.

② 중언부언 하지 말고 짧게[짭게] 얘기합시다.

③ '얇다'[얍따]와 '가늘다'를 혼동하는 이가 많다.

④ 문지방을 밟고[밥:꼬] 다니면 좋지 않다.

⑤ 넓디넓은[넙띠널븐] 평야를 바라보니 기분이 상쾌하다.

제 2 부

맞춤법 익히기

한글 맞춤법은 한글로써 우리말을 표기하는 규칙의 전반을 가리키는 말인데, 그 효시는 훈민정음이다. 현행 '한글 맞춤법'은 1933년 조선어 학회에서 발표한 '한글 맞춤법 통일안'을 기본으로 하여 1988년 1월에 문교부에서 제정 고시한 것이다.

〈한글 맞춤법의 전체적인 구성〉
제1장 총칙
제2장 자모
제3장 소리에 관한 것
       제1절 된소리   제2절 구개음화
       제3절 'ㄷ'소리 받침   제4절 모음
       제5절 두음 법칙   제6절 겹쳐 나는 소리
제4장 형태에 관한 것
       제1절 체언과 조사   제2절 어간과 어미
       제3절 접미사가 붙어서 된 말
       제4절 합성어 및 접두사가 붙은 말
       제5절 준말
제5장 띄어쓰기
       제1절 조사
       제2절 의존 명사, 단위를 나타내는 명사 및 열거하는 말 등
       제3절 보조 용언
       제4절 고유 명사 및 전문 용어
제6장 그 밖의 것
부록 문장부호

여기에서는 한글 맞춤법의 제1장부터 제4장, 6장의 내용을 이해하기 쉽게 재정리한 뒤 약간의 설명을 덧붙였다. 띄어쓰기와 문장 부호는 각각 장을 달리하여 정리하였다.

Ⅰ. 맞춤법의 기본*

제1장 한글 맞춤법 총칙

제 1 항 한글 맞춤법은 표준어를 소리대로 적되, 어법에 맞도록 함을
원칙으로 한다.

제 2 항 문장의 각 단어는 띄어 씀을 원칙으로 한다.

제 3 항 외래어는 '외래어 표기법'에 따라 적는다.

제2장 자모

제 4 항 한글 자모의 수는 스물넉 자로 하고, 그 순서와 이름은 다음
과 같이 정한다.

ㄱ(기역) ㄴ(니은) ㄷ(디귿) ㄹ(리을) ㅁ(미음) ㅂ(비읍) ㅅ(시옷)

ㅇ(이응) ㅈ(지읒) ㅊ(치읓) ㅋ(키읔) ㅌ(티읕) ㅍ(피읖) ㅎ(히읗)

---

* 국립국어원, http://www.korean.go.kr/08_new/index.jsp

ㅏ(아) ㅑ(야) ㅓ(어) ㅕ(여) ㅗ(오) ㅛ(요) ㅜ(우) ㅠ(유)
ㅡ(으) ㅣ(이)

4-1. 위의 자모로써 적을 수 없는 소리는 두 개 이상의 자모를
    어울러서 적되, 그 순서와 이름은 다음과 같이 정한다.

    ㄲ(쌍기역) ㄸ(쌍디귿) ㅃ(쌍비읍) ㅆ(쌍시옷) ㅉ(쌍지읒)
    ㅐ(애) ㅒ(얘) ㅔ(에) ㅖ(예) ㅘ(와) ㅙ(왜) ㅚ(외)
    ㅝ(워) ㅞ(웨) ㅟ(위) ㅢ(의)

4-2. 사전에 올릴 적의 자모 순서는 다음과 같이 정한다.

    자음 ㄱ ㄲ ㄴ ㄷ ㄸ ㄹ ㅁ ㅂ ㅃ ㅅ ㅆ ㅇ ㅈ ㅉ ㅊ ㅋ ㅌ ㅍ ㅎ
    모음 ㅏ ㅐ ㅑ ㅒ ㅓ ㅔ ㅕ ㅖ ㅗ ㅘ ㅙ ㅚ ㅜ ㅝ ㅞ ㅟ ㅠ ㅡ ㅢ ㅣ

4-3. 받침 글자의 순서는 다음과 같다.

    ㄱ ㄲ ㄳ ㄴ ㄵ ㄶ ㄷ ㄹ ㄺ ㄻ ㄼ ㄽ ㄾ ㄿ ㅀ ㅁ ㅂ
    ㅄ ㅅ ㅆ ㅇ ㅈ ㅊ ㅋ ㅌ ㅍ ㅎ

제 3 장 소리에 관한 것

제 1 절 된소리

제 5 항 한 단어 안의 두 모음 사이에서 뚜렷한 까닭 없이 나는 된소
리는 다음 음절의 첫소리를 된소리로 적는다.

5-1. 두 모음 사이에서 나는 된소리

소쩍새	어깨	오빠	으뜸
아끼다	기쁘다	깨끗하다	어떠하다
가까이	새끼	해쓱하다	가끔
거꾸로	부썩	어찌	이따금
꾀꼬리	메뚜기	가꾸다	부뚜막

5-2. 'ㄴ, ㄹ, ㅁ, ㅇ' 받침 뒤에서 나는 된소리

단짝	번쩍	산뜻하다	잔뜩
살짝	훨씬	담뿍	함빡
물씬	몽땅	끔찍하다	섬뜩하다
움찔하다	엉뚱하다		

5-3. 한 개 형태소 내부에 있어서도, 'ㄱ, ㅂ' 받침 뒤는 경음화의 규칙성이 적용되는 환경이므로, 된소리로 나더라도 된소리로 적지 않는다.

접시	납작하다	국수	깍두기
딱지	싹둑	갑자기	몹시
언덕빼기	법석		

5-4. 'ㄱ, ㅂ' 받침 뒤라도 다음과 같이 같은 음절이나 비슷한 음절이 겹쳐 나는 경우에는 된소리로 적는다.

딱따구리	딱딱하다	빡빡하다	쓱싹쓱싹
씁쓸하다	씩씩하다	짭짤하다	

5-5. 복합어의 경우에는 앞 성분의 'ㄴ, ㄹ, ㅁ, ㅇ' 받침 뒤에서 다음 성분 음절의 첫소리가 된소리가 나더라도 인정하지 않는다.

공술	발등	손등	발바닥
손바닥	좀도둑		

제2절 구개음화

제 6 항　'ㄷ, ㅌ' 받침 뒤에 종속적 관계를 가진 '-이(-)'나 '-히'가 올 적에는 그 'ㄷ, ㅌ'이 'ㅈ, ㅊ'으로 구개음화가 되더라도 원음대로 'ㄷ, ㅌ'으로 적는다.

맏이	해돋이	굳이	걷히다
닫히다	묻히다	끝이	같이
밭이	붙이다	핥이다	샅샅이
곧이(-곧대로, -듣다)		(미-, 여-)닫이	
(땀-, 물-, 씨-)받이		(휘-)묻이	굳히다
(겨레-, 살-, 일가-, 피-)붙이		낱낱이	벼훑이
훑이다			

제 3 절 'ㄷ' 소리 받침

제 7 항 'ㄷ' 소리로 나는 받침 중에서 'ㄷ'으로 적을 근거가 없는 것은 'ㅅ'으로 적는다.

갓-스물	기껏	놋-그릇	덧-셈
덧저고리	돗자리	무릇	사뭇
뭇(衆)	빗장	삿대	숫-접다
엇셈	옛	웃어른	그-까짓
짓-밟다	첫	자칫하면	풋-고추
얼핏	걸핏-하면	핫옷	햇-곡식
헛			

7-1. '표준말 모음'에서는 '(바깥쪽→)밭쪽'이 '밧쪽'로 되어 있으나 현실적으로 '밧'은 '바깥'의 뜻으로 인식되지 않으므로 다음과 같이 적는다.

밭벽	밭부모	밭사돈
밭상제	밭어버이	밭쪽

제 4 절 모음

제 8 항 '계, 례, 몌, 폐, 혜'의 'ㅖ'는 'ㅔ'로 소리나는 경우가 있더라도 'ㅖ'로 적는다.

계수(桂樹)	혜택(惠澤)	사례(謝禮)	계집
연몌(連袂)	핑계	폐품(廢品)	계시다

8-1. '으례, 케케묵다'는 표준어 규정(제10항)에서 단모음화한 형태를 취하였으므로, '으레, 케케묵다'로 적는다.

8-2. 한자어 중 '偈, 揭, 憩'는 본음대로 단모음으로 적는다.

게기(揭記)	게방(揭榜)	게재(揭載)	게시판(揭示板)
게판(揭板)	게류(憩流)	게휴(憩休)	휴게실(休憩室)
게제(偈諦)	게구(偈句)	게송(偈頌)	게식(憩息)

제 9 항 '의'나, 자음을 첫소리로 가지고 있는 음절의 'ㅢ'는 'ㅣ'로 소리나는 경우가 있더라도 'ㅢ'로 적는다.

무늬	보늬	오늬	하늬바람
닐리리	닁큼	본의	의의
띄어쓰기	씌어	틔어	희다
희망	유희		

제 5 절 두음법칙

제10항 한자음 '녀, 뇨, 뉴, 니'가 단어의 첫머리에 올 적에는 두음 법칙에 따라 '여, 요, 유, 이'로 적는다.

여자(女子)	연도(年度)	연세(年歲)	열반(涅槃)
요소(尿素)	요도(尿道)	유대(紐帶)	익명(匿名)
이토(泥土)	이승(尼僧)	익사(溺死)	

10-1. 다음과 같은 의존 명사에서는 '냐, 녀' 음을 인정한다.

냥 (←兩)	금 한 냥	냥쭝 (←兩-) 금 한 냥쭝
년 (年)	몇 년 동안	

10-2. 냠냠이, 냠냠거리다, 냠냠대다' 등도 두음 법칙을 적용하지 않는다.

10-3. 고유어 중에서도 다음 의존 명사에는 두음 법칙이 적용되지 않는다.

녀석(고얀 녀석)   년(괘씸한 년)

님(바느질 실 한 님)   냥(엽전 한 냥, 가마니 두 냥)

10-4. 단어의 첫머리 이외의 경우에는 본음대로 적는다.

남녀(男女) 당뇨(糖尿) 결뉴(結紐) 은닉(隱匿)

10-5. 접두사처럼 쓰이는 한자가 붙어서 된 말이나 합성어에서, 뒷말의 첫소리가 'ㄴ' 소리로 나더라도 두음 법칙에 따라 적는다.

신여성(新女性) 공염불(空念佛) 남존여비(男尊女卑)

10-6. '신년도, 구년도' 등은 그 발음 형태가 [신년도, 구ː년도]이며 또 '신년-도, 구년-도'로 분석되는 구조이므로, 이 규정이 적용되지 않는다.

10-7. 둘 이상의 단어로 이루어진 고유 명사를 붙여 쓰는 경우에도 합성어의 경우에 준하여 적는다.

한국여자대학   대한요소비료회사

제11항 한자음 '랴, 려, 료, 류, 리'가 단어의 첫머리에 올 적에는 두음 법칙에 따라 '야, 여, 요, 유, 이'로 적는다.

양심(良心) 역사(歷史) 예의(禮儀) 용궁(龍宮)

유행(流行) 이발(理髮)

11-1. 의존 명사는 본음대로 적는다.

  량(輛) 객차 한 량   리(里) 거리가 몇 리냐?
  리(理) 그럴 리가 없다.   리(厘) 이자 2푼 5리

11-2. 단어의 첫머리 이외의 경우에는 본음대로 적는다.

  개량(改良)   선량(善良)   수력(水力)   협력(協力)
  사례(謝禮)   혼례(婚禮)   와룡(臥龍)   쌍룡(雙龍)
  하류(下流)   급류(急流)   도리(道理)   진리(眞理)

11-3. 단어 첫머리 이외의 경우는 두음 법칙이 적용되지 않으므로, 본음대로 적는다.

11-4. 모음이나 'ㄴ' 받침 뒤에 이어지는 '렬, 률'은 '열, 율'로 적는다.

  나열(羅列)   분열(分裂)   비열(卑劣)   선열(先烈)
  치열(齒列)   규율(規律)   백분율(百分率) 비율(比率)
  선율(旋律)   실패율(失敗率) 운율(韻律)   전율(戰慄)

11-5. 외자로 된 이름을 성에 붙여 쓸 경우에도 본음대로 적을 수 있다.

  신립(申砬) / 신입   최린(崔麟) / 최인   채륜(蔡倫) / 채윤

11-6. 준말에서 본음으로 소리나는 것은 본음대로 적는다.

  국제 연합(두 개 단어) → 국련(國聯) (두 단어로 인식되지 않음)
  교육 연합회(두 개 단어) → 교련(敎聯) (두 단어로 인식되지 않음)

11-7. 접두사처럼 쓰이는 한자가 붙어서 된 말이나 합성어에서는 뒷말의 첫소리가 'ㄴ', 또는 'ㄹ' 소리로 나더라도 두음 법칙에 따라 적는다.

역이용(逆利用)	연이율(年利率)	열역학(熱力學)
해외여행(海外旅行)	사육신(死六臣)	생육신(生六臣)
실낙원(失樂園)	부화뇌동(附和雷同)	몰이해(沒理解)
과인산(過燐酸)	가영수(假領收)	등용문(登龍門)
불이행(不履行)	선이자(先利子)	소연방(蘇聯邦)
청요리(淸料理)	낙화유수(落花流水)	무실역행(務實力行)
시조유취(時調類聚)		

11-8. 사람들의 발음 습관이 본음의 형태로 굳어져 있는 것은
예외 형식을 인정한다.

미립자(微粒子)　　　소립자(素粒子)

수류탄(手榴彈) <총-유탄(銃榴彈)>

파-렴치(破廉恥) <몰-염치(沒廉恥)>

11-9. 고유어 뒤에 한자어가 결합한 경우는 뒤의 한자어 형태소
가 하나의 단어로 인식되므로, 두음 법칙을 적용하여 적
는다.

개연(蓮)　　　　　구름양(量)(雲量)　　허파숨양(量)(肺活量)
수용(雄龍)

11-10. 둘 이상의 단어로 이루어진 고유 명사를 붙여 쓰는 경우
나 십진법에 따라 쓰는 수(數)도 11-7에 준하여 적는다.

서울여관(旅館)　　　신흥이발관
육천육백육십육(六千六百六十六)

11-11. '육육 삼십육(6×6=36)' 같은 형식도 이에 준하여 적는
다. 다만, '오륙도(五六島), 육륙봉(六六峰)' 등은 '오/육,
육/육'처럼 두 단어로 갈라지는 구조가 아니므로, 본음
대로 적는다.

제12항 한자음 '랴, 래, 로, 뢰, 루, 르'가 단어의 첫머리에 올 적에는 두음 법칙에 따라 '냐, 내, 노, 뇌, 누, 느'로 적는다.

낙원(樂園)   내일(來日)   노인(老人)   뇌성(雷聲)
누각(樓閣)   능묘(陵墓)

12-1. 단어의 첫머리 이외의 경우에는 본음대로 적는다.

가정란(家庭欄)   동구릉(東九陵)   극락(極樂)   거래(去來)
왕래(往來)   연로(年老)   지뢰(地雷)   쾌락(快樂)
낙뢰(落雷)   고루(高樓)   광한루(廣寒樓)

12-2. 접두사처럼 쓰이는 한자가 붙어서 된 단어는 뒷말을 두음 법칙에 따라 적는다.

부화-뇌동(附和雷同)   상-노인(上老人)   중-노동(重勞動)
비-논리적(非論理的)   반-나체(半裸體)   실-낙원(失樂園)
육체-노동(肉體勞動)   중-노인(中老人)   내-내월(來來月)
사상-누각(砂上樓閣)   평지-낙상(平地落傷)

12-3. '고랭지(高冷地)'는 '표고(標高)가 높고 찬 지방'이란 뜻을 나타내는 단어이므로, '고-냉지'로 적지 않고 '고랭-지'로 적는다.

제6절 겹쳐 나는 소리

제13항 한 단어 안에서 같은 음절이나 비슷한 음절이 겹쳐 나는 부분은 같은 글자로 적는다.

딱딱   쌕쌕   씩씩   똑딱똑딱
꼿꼿하다   놀놀하다   눅눅하다   쓱싹쓱싹
연연불망(戀戀不忘)   밋밋하다   싹싹하다
쌉쌀하다   유유상종(類類相從)   누누이(屢屢-)

쌉쓸하다　　　짭짤하다

13-1. 그 밖의 경우는 (제2 음절 이하에서) 본음대로 적는다.

　　　낭랑(朗朗)하다　　　냉랭(冷冷)하다　　　녹록(碌碌)하다
　　　늠름(凜凜)하다　　　연년생(年年生)　　　염념불망(念念不忘)
　　　역력(歷歷)하다　　　인린(燐燐)하다　　　적나라(赤裸裸)하다

제4장 형태에 관한 것

제1절 체언과 조사

제14항　체언은 조사와 구별하여 적는다.

　　　떡이 떡을 떡에 떡도 떡만　　　손이 손을 손에 손도 손만
　　　밖이 밖을 밖에 밖도 밖만　　　넋이 넋을 넋에 넋도 넋만
　　　흙이 흙을 흙에 흙도 흙만　　　삶이 삶을 삶에 삶도 삶만
　　　여덟이 여덟을 여덟에 여덟도 여덟만
　　　곬이 곬을 곬에 곬도 곬만　　　값이 값을 값에 값도 값만
　　　젖(乳)은　　　　꽃(花)의　　　부엌(廚)을　　　앞(前)에
　　　흙(土)으로　　　값(價)이다

제2절 어간과 어미

제15항　용언의 어간과 어미는 구별하여 적는다.

　　　먹다 먹고 먹어 먹으니　　　신다 신고 신어 신으니
　　　믿다 믿고 믿어 믿으니　　　울다 울고 울어 (우니)
　　　넘다 넘고 넘어 넘으니　　　입다 입고 입어 입으니
　　　웃다 웃고 웃어 웃으니　　　찾다 찾고 찾아 찾으니
　　　좇다 좇고 좇아 좇으니　　　같다 같고 같아 같으니
　　　높다 높고 높아 높으니　　　좋다 좋고 좋아 좋으니
　　　깎다 깎고 깎아 깎으니　　　앉다 앉고 앉아 앉으니
　　　많다 많고 많아 많으니　　　늙다 늙고 늙어 늙으니

젊다 젊고 젊어 젊으니   넓다 넓고 넓어 넓으니
훑다 훑고 훑어 훑으니   읊다 읊고 읊어 읊으니
옳다 옳고 옳아 옳으니   없다 없고 없어 없으니
있다 있고 있어 있으니
꺾(折)는다   잊(忘)느냐   덮(覆)으니   긁(搔)어서
잃(失)-거든

15-1. 두 개의 용언이 어울려 한 개의 용언이 될 적에, 앞말의
      본뜻이 유지되고 있는 것은 그 원형을 밝히어 적고, 그
      본뜻에서 멀어진 것은 밝히어 적지 아니한다.

   (1) 앞말의 본뜻이 유지되고 있는 것
      넘어지다   늘어나다   늘어지다
      돌아가다   되짚어가다   들어가다
      떨어지다   벌어지다   엎어지다
      접어들다   틀어지다   흩어지다
   (2) 본뜻에서 멀어진 것
      드러나다   사라지다   쓰러지다   나타나다
      바라보다   바라지다(坼) 배라먹다(乞食) 부서지다(碎)
      불거지다(凸) 부러지다(折) 자라나다(長)   자빠지다(沛)
      토라지다(少滯)

15-2. 종결형에서 사용되는 어미 '-오'는 '요'로 소리나는(5) 경
      우가 있더라도 그 원형을 밝혀 '오'로 적는다.
      이것은 책이오.   이리로 오시오.   이것은 책이 아니오.

15-3. 연결형에서 사용되는 '이요'는 '이요'로 적는다.
      이것은 책이요, 저것은 붓이요, 또 저것은 먹이다.

제16항   어간의 끝음절 모음이 'ㅏ, ㅗ'일 때에는 어미를 '-아'로 적
        고, 그 밖의 모음일 때에는 '-어'로 적는다.

16-1. '-아'로 적는 경우

나아 나아도 나아서   막아 막아도 막아서
얇아 얇아도 얇아서   돌아 돌아도 돌아서
보아 보아도 보아서

16-2. '-어'로 적는 경우

개어 개어도 개어서   겪어 겪어도 겪어서
되어 되어도 되어서   베어 베어도 베어서
쉬어 쉬어도 쉬어서   저어 저어도 저어서
주어 주어도 주어서   피어 피어도 피어서
희어 희어도 희어서

제17항 어미 뒤에 덧붙는 조사 '요'는 '요'로 적는다.

읽어. 읽어요   좋지. 좋지요   하세. 하세요
좋네. 좋네요   가리. 가리요   가나. 가나요   가는가. 가는가요

제18항 다음과 같은 용언들은 어미가 바뀔 경우, 그 어간이나 어미가 원칙에 벗어나면 벗어나는 대로 적는다.

18-1. 어간의 끝 'ㄹ'이 줄어질 적

갈다 :	가니	간	갑니다	가시다	가오
놀다 :	노니	논	놉니다	노시다	노오
불다 :	부니	분	붑니다	부시다	부오
둥글다 :	둥그니	둥근	둥급니다	둥그시다	둥그오
어질다 :	어지니	어진	어집니다	어지시다	어지오
열다 :	여니	연	엽니다	여시다	여오

18-2. 다음과 같은 말에서도 'ㄹ'이 준 대로 적는다.

-다 말다 > 다마다   말지 못하다 > 마지못하다
멀지 않아 > 머지않아   -자 말자 > -자마자

말아 > -지 마(아)   -지 말아라 > -지 마라

18-3. 어간의 끝 'ㅅ'이 줄어질 적

긋다 :	그어	그으니	그었다
낫다 :	나아	나으니	나았다
잇다 :	이어	이으니	이었다
짓다 :	지어	지으니	지었다

18-4. 어간의 끝 'ㅎ'이 줄어질 적

그렇다 :	그러니	그럴	그러면	그럽니다	그러오
까맣다 :	까마니	까말	까마면	까맙니다	까마오
동그랗다 :	동그라니	동그랄	동그라면	동그랍니다	동그라오
퍼렇다 :	퍼러니	퍼럴	퍼러면	퍼럽니다	퍼러오
하얗다 :	하야니	하얄	하야면	하얍니다	하야오

18-5. 어미 '-아/-어'와 결합할 때는 '-애/-에'로 나타난다.

노랗다 — (노랗네) 노라네   (노랗은) 노란 (노랗아) 노래
　　　　(노랗으니) 노라니 (노랗아지다) 노래지다
허옇다 — (허옇네) 허여네   (허옇을) 허열 (허옇어) 허예
　　　　(허옇으면) 허여면 (허옇어지다) 허예지다

18-6. 어간의 끝 'ㅜ, ㅡ'가 줄어질 적

푸다 :	퍼	퍼서	펐다
바쁘다 :	바빠	바빠도	바빴다
뜨다 :	떠	떴다	
끄다 :	꺼	껐다	
크다 :	커	컸다	
담그다 :	담가	담갔다	
고프다 :	고파	고팠다	
따르다 :	따라	따랐다	

18-7. 어간의 끝 'ㄷ'이 'ㄹ'로 바뀔 적

걷다[步] :	걸어	걸으니	걸었다
듣다[聽] :	들어	들으니	들었다
묻다[問] :	물어	물으니	물었다
싣다[載] :	실어	실으니	실었다

18-8. 어간의 끝 'ㅂ'이 'ㅜ'로 바뀔 적

깁다 :	기워	기우니	기웠다
괴롭다 :	괴로워	괴로우니	괴로웠다
쉽다 :	쉬워	쉬우니	쉬웠다
가깝다 :	가까워	가까우니	가까웠다
맵다 :	매워	매우니	매웠다
무겁다 :	무거워	무거우니	무거웠다
밉다 :	미워	미우니	미웠다
굽다[炙] :	구워	구우니	구웠다

18-9. '돕-, 곱-'과 같은 단음절 어간에 어미 '-아'가 결합되어 '와'로 소리나는 것은 '-와'로 적는다.

돕다[助] :	도와	도와서	도와도	도왔다
곱다[麗] :	고와	고와서	고와도	고왔다

18-10. '하다'의 활용에서 어미 '-아'가 '-여'로 바뀔 적

하다 : 하여   하여서   하여도   하여라   하였다

18-11. 어간의 끝 음절 '르' 뒤에서 어미 '-어'가 '-러'로 바뀔 적

이르다[至] :	이르러	이르렀다
노르다 :	노르러	노르렀다
누르다 :	누르러	누르렀다
푸르다 :	푸르러	푸르렀다

18-12. 어간의 끝 음절 '르'의 'ㅡ'가 줄고, 그 뒤에 오는 어미

'-아/-어'가 '-라/-러'로 바뀔 적에 바뀐 대로 적는다.

가르다 : 갈라 갈랐다	부르다 : 불러 불렀다
거르다 : 걸러 걸렀다	오르다 : 올라 올랐다
구르다 : 굴러 굴렀다	이르다 : 일러 일렀다
벼르다 : 별러 별렀다	지르다 : 질러 질렀다

18-13. 이 밖에, 예외적인 형태의 어미가 결합하는 형식

가다 : 가거라   자다 : 자거라   오다 : 오너라

제 3 절 접미사가 붙어서 된 말

제19항 어간에 '-이'나 '-음'이 붙어서 명사로 된 것과 '-이'나 '-히'
가 붙어서 부사로 된 것은 그 어간의 원형을 밝히어 적는다.

19-1. '-이'가 붙어서 명사로 된 것

귀걸이	길이	높이	다듬이
달맞이	땀받이	먹이	물받이
미닫이	벌이	살림살이	쇠붙이
액막이	옷걸이	점박이	해돋이

19-2. '-이'나 '-히'가 붙어서 부사로 된 것

같이	굳이	길이	높이
많이	실없이	좋이	짓궂이
밝히	익히	작히	

19-3. '-음/-ㅁ'이 붙어서 명사로 된 것

걸음[步]	그을음	만듦	묶음
믿음	설움	수줍음	얼음[氷]
울음	웃음	일컬음	졸음
죽음	앎		

19-4. 어간에 '-이'나 '-음'이 붙어서 명사로 바뀐 것이라도 그

어간의 뜻과 멀어진 것은 원형을 밝히어 적지 아니한다.

거름(비료)	고름[膿]	굽도리	너비
노름(도박)	도리깨	두루마리	목거리(목병)
목도리	무녀리	빈털러리	코끼리
턱거리

19-5. 어간에 '-이'나 '-음' 이외의 모음으로 시작된 접미사가 붙어서 다른 품사로 바뀐 것은 그 어간의 원형을 밝히어 적지 아니한다.

<명사로 바뀐 것>

귀머거리	까마귀	너머	마감
마개	마중	비렁뱅이	쓰레기
올가미	주검	무덤

<부사로 바뀐 것>

| 거뭇거뭇 | 너무 | 불긋불긋 | 비로소 |

<조사로 바뀌어 뜻이 달라진 것>

| 나마 | 부터 | 조차 |

제20항 명사 뒤에 '이'가 붙어서 된 말은 그 명사의 원형을 밝히어 적는다.

<부사로 된 것>

간간이	겹겹이	곳곳이	길길이
나날이	낱낱이	다달이	몫몫이
번번이	샅샅이	앞앞이	집집이
틈틈이

<명사로 된 것>

| 각설이 | 거북이 | 검정이 | 곰배팔이 |

네눈이	딸깍발이	맹문이	바둑이
삼발이	애꾸눈이	외톨이	외팔이
육손이	절뚝발이	절름발이	

20-1. '이' 이외의 모음으로 시작된 접미사가 붙어서 된 단어의
경우, 그것이 널리 규칙적으로 결합하는 형식이 아니므로
그 명사의 원형을 밝히어 적지 아니한다.

고랑	구렁	꼬락서니	끄트머리
모가지	모가치	바가지	바깥
사타구니	소가지[心性]	소댕	싸라기
오라기(실)	이파리	지붕	짜개
터럭			

20-2. '값어치, 벼슬아치, 반빗아치' 등은 명사의 원형을 밝히어
적는다.

제21항 명사나 혹은 용언의 어간 뒤에 자음으로 시작된 접미사가 붙
어서 된 말은 그 명사나 어간의 원형을 밝히어 적는다.

21-1. 명사 뒤에 자음으로 시작된 접미사가 붙어서 된 것

값지다	홑지다	넋두리	빛깔
옆댕이	잎사귀		

21-2. 어간 뒤에 자음으로 시작된 접미사가 붙어서 된 것

낚시	늙정이	덮개	뜯게질
갉작갉작하다	갉작거리다	뜯적거리다	뜯적뜯적하다
굵다랗다	굵직하다	깊숙하다	넓적하다
늙수그레하다	높다랗다	얽죽얽죽하다	

21-3. 다음과 같은 말은 소리대로 적는다.

  (1) 겹받침의 끝소리가 드러나지 아니하는 것

할짝거리다	널따랗다	널찍하다	말끔하다
말쑥하다	말짱하다	실쭉하다	실큼하다
얄따랗다	얄팍하다	짤따랗다	짤막하다
실컷			

  (2) 어원이 분명하지 아니하거나 본뜻에서 멀어진 것

넙치	올무	납작하다

    골막하다(그릇에 거의 찬 듯하다.)

제22항 용언의 어간에 다음과 같은 접미사들이 붙어서 이루어진 말들은 그 어간을 밝히어 적는다.

22-1. '-기-, -리-, -이-, -히, -구-, -우-, -추-, -으키-, -이키-, -애-'가 붙는 것

맡기다	옮기다	웃기다	쫓기다
뚫리다	울리다	쌓이다	핥이다
굳히다	굽히다	넓히다	앉히다
얽히다	잡히다	돋구다	솟구다
돋우다	갖추다	곧추다	맞추다
일으키다	돌이키다	없애다	

22-2. '-이-, -히-, -우-'가 붙어서 된 말이라도 본뜻에서 멀어진 것은 소리대로 적는다.

도리다(칼로 ~)	드리다(용돈을 ~)	바치다(세금을 ~)
부치다(편지를 ~)	거두다	미루다
이루다	고치다	

22-3. '-치-, -뜨리-, -트리-'가 붙는 것

놓치다	덮치다	떠받치다	흩뜨리다/흩트리다

받치다	밭치다	부딪치다	부딪뜨리다/부딪트리다
뻗치다	엎치다	쏟뜨리다/쏟트리다	
젖뜨리다/젖트리다		찢뜨리다/찢트리다	

22-4. '-업-, -읍-, -브-'가 붙어서 된 말은 소리대로 적는다.

미덥다　　　우습다　　　미쁘다

제23항 '-하다'나 '-거리다'가 붙는 어근에 '-이'가 붙어서 명사가
된 말은 그 원형을 밝히어 적는다.

깔쭉이	꿀꿀이	눈깜짝이	더펄이
배불뚝이	삐죽이	쌕쌕이	오뚝이
코납작이	푸석이	홀쭉이	살살이

23-1. '-하다'나 '-거리다'가 붙을 수 없는 어근에 '-이'나 또
는 다른 모음으로 시작되는 접미사가 붙어서 명사가 된
것은 그 원형을 밝히어 적지 아니한다.

개구리	귀뚜라미	기러기	깍두기
꽹과리	날라리[太平簫]	누더기	동그라미
두드러기	딱따구리	부스러기	뻐꾸기
얼루기	칼싹두기		

제24항 '-거리다'가 붙을 수 있는 시늉말 어근에 '-이다'가 붙어서
된 용언은 그 어근을 밝히어 적는다.

간질이다	깐족이다	깜짝이다	꾸벅이다
끄덕이다	끈적이다	뒤적이다	뒤척이다
들먹이다	들썩이다	망설이다	번득이다
번쩍이다	속닥이다	속삭이다	숙덕이다
울먹이다	움직이다	지껄이다	퍼덕이다
펄럭이다	허덕이다	헐떡이다	꿈적이다

끔적이다   덜렁이다   덥적이다   훌쩍이다

제25항 '-하다'가 붙는 어근에 '-히'나 '-이'가 붙어서 부사가 되거
나, 부사에 '-이'가 붙어서 뜻을 더하는 경우에는, 그 어근이
나 부사의 원형을 밝히어 적는다.

25-1. '-하다'가 붙는 어근에 '-히'나 '-이'가 붙는 경우
급히   꾸준히   도저히   딱히
어렴풋이   깨끗이

25-2. 부사에 '-이'가 붙어서 역시 부사가 되는 경우
곰곰이   더욱이   생긋이   오뚝이
일찍이   해죽이

25-3. '-하다'가 붙지 않는 경우는 어근과 접미사의 결합체로
분석되지 않으므로, 소리 나는 대로 적는다.
반듯이(반듯하게) 서라. ; '반듯하다(正, 直)'의 '반듯-'+'-이'
그는 반드시(必, 꼭) 돌아온다.

25-4. 발음 습관에 따라, 혹은 감정적 의미를 더하기 위하여 독
립적인 부사 형태에 '-이'가 결합된 경우는, 그 부사의
본 모양을 밝히어 적는다.

제26항 '-하다'나 '-없다'가 붙어서 된 용언은 그 '-하다'나 '-없다'
를 밝히어 적는다.

26-1. '-하다'가 붙어서 용언이 된 것
딱하다   숱하다   착하다   텁텁하다

푹하다

26-2. '-없다'가 붙어서 용언이 된 것

부질없다　　상없다　　　시름없다　　열없다
하염없다

제4절 합성어 및 접두사가 붙은 말

제27항　둘 이상의 단어가 어울리거나 접두사가 붙어서 이루어진 말
은 각각 그 원형을 밝히어 적는다.

(1) 두 개의 실질 형태소가 결합한 것(합성어)

꽃잎　　　　물난리　　　　부엌일　　　　옷 안
젖몸살　　　칼날　　　　　팥알　　　　　흙내
끝장　　　　밑천　　　　　싫증　　　　　값없다
겉늙다　　　국말이　　　　빛나다　　　　옻오르다
굶주리다　　꺾꽂이　　　　낮잡다　　　　받내다
벋놓다　　　엎누르다

(2) 접두사가 결합한 것(파생어)

웃옷　　　　헛웃음　　　　홑몸　　　　　홀아비
맞먹다　　　빗나가다　　　새파랗다　　　샛노랗다
시꺼멓다　　싯누렇다　　　엇나가다　　　엿듣다
짓이기다　　헛되다

27-1. 접두사 '새-/시-, 샛-/싯-'의 구별

새까맣다/시꺼멓다　　새빨갛다/시뻘겋다　새파랗다/시퍼렇다
새하얗다/시허옇다　　샛노랗다　　　　　싯누렇다

27-2. 어원은 분명하나 소리만 특이하게 변한 것은 변한 대로
적는다.

할아버지　　할아범

27-3. 어원이 분명하지 않은 것은 원형을 밝히어 적지 않는다.

골병	골탕	끌탕	며칠
아재비	오라비	업신여기다	부리나케

27-4. '이[齒, 虱]'가 합성어나 이에 준하는 말에서 '니' 또는 '리'로 소리 날 때에는 '니'로 적는다.

간니	덧니	사랑니	송곳니
앞니	어금니	윗니	젖니
톱니	틀니	가랑니	머릿니

제28항 끝소리가 'ㄹ'인 말과 딴 말이 어울릴 적에 'ㄹ' 소리가 나지 아니하는 것은 아니 나는 대로 적는다.

다달이	따님	마되	마소
무자위	바느질	부나비	부삽
부손	소나무	싸전	여닫이
우짖다	화살	무논	나날이
무수리	미닫이	부넘기	아드님
주낙	차돌(石英)	차조	차지다
하느님			

28-1. 한자 '불(不)'이 첫소리 'ㄷ, ㅈ' 앞에서 '부'로 읽히는 단어의 경우도 'ㄹ'이 떨어진 대로 적는다.

부단(不斷)	부당(不當)	부동(不同, 不凍, 不動)
부득이(不得已)	부등(不等)	부적(不適)
부정(不正, 不貞, 不定)	부조리(不條理)	부주의(不注意)

제29항 'ㄹ' 받침을 가진 단어나 어간이 다른 단어(나 접미사)와 결합할 때, 'ㄹ'이 [ㄷ]으로 바뀌어 발음되면 'ㄷ'으로 적는다.

반짇고리	사흗날	이튿날	삼짇날

섣달	숟가락	푼소	잗주름
잗다듬다	잗다랗다	나흗날	섣부르다

제30항 사이시옷은 다음과 같은 경우에 받치어 적는다.

30-1. 순 우리말로 된 합성어로서 앞말이 모음으로 끝난 경우

(1) 뒷말의 첫소리가 된소리로 나는 것

고랫재	귓밥	나룻배	나뭇가지
냇가	댓가지	뒷갈망	맷돌
머릿기름	모깃불	못자리	바닷가
뱃길	볏가리	부싯돌	선짓국
쇳조각	아랫집	우렁잇속	잇자국
잿더미	조갯살	찻집	쳇바퀴
킷값	핏대	햇볕	혓바늘

(2) 뒷말의 첫소리 'ㄴ, ㅁ' 앞에서 'ㄴ' 소리가 덧나는 것

멧나물	아랫니	텃마당	아랫마을
뒷머리	잇몸	깻묵	냇물
빗물			

(3) 뒷말의 첫소리 모음 앞에서 'ㄴㄴ' 소리가 덧나는 것

도리깻열	뒷윷	두렛일	뒷일
뒷입맛	베갯잇	욧잇	깻잎
나뭇잎	댓잎		

30-2. 순 우리말과 한자어로 된 합성어로서 앞말이 모음으로 끝
난 경우

(1) 뒷말의 첫소리가 된소리로 나는 것

귓병	머릿방	뱃병	봇둑
사잣밥	샛강	아랫방	자릿세
전셋집	찻잔	찻종	촛국
콧병	탯줄	텃세	핏기

햇수   횟가루   횟배

(2) 뒷말의 첫소리 'ㄴ, ㅁ' 앞에서 'ㄴ' 소리가 덧나는 것

겻날   제삿날   훗날   툇마루

양칫물

(3) 뒷말의 첫소리 모음 앞에서 'ㄴㄴ' 소리가 덧나는 것

가욋일   사삿일   예삿일   훗일

30-3. 두 음절로 된 다음 한자어

곳간(庫間)   셋방(貰房)   숫자(數字)   찻간(車間)

툇간(退間)   횟수(回數)

30-4. 위의 6개 한자어(漢字語) 이외에는 뒤의 음절이 된소리로 발음되더라도 사이시옷을 받치어 적지 아니한다.

개수(個數)   교무과(教務課)   국어과(國語科)   내과(內科)

대가(對價)   도수(度數)   백지장(白紙張)   서무과(庶務課)

석유병(石油甁) 영어과(英語科) 우유병(牛乳甁)   전세방(傳貰房)

초점(焦點)   치과(齒科)   호수(戶數)   극댓값

극솟값 등

제31항 두 말이 어울릴 적에 'ㅂ' 소리나 'ㅎ' 소리가 덧나는 것은 소리대로 적는다.

31-1. 'ㅂ' 소리가 덧나는 것

댑싸리(대ㅂ싸리)   멥쌀(메ㅂ쌀)   입쌀(이ㅂ쌀)

좁쌀(조ㅂ쌀)   햅쌀(해ㅂ쌀)   볍씨(벼ㅂ씨)

입때(이ㅂ때)   접때(저ㅂ때)

31-2. 'ㅎ' 소리가 덧나는 것

머리카락   살코기   수캐   수컷

수탉   안팎   암캐   암컷   암탉

제5절 준말

제32항 단어의 끝모음이 줄어지고 자음만 남은 것은 그 앞의 음절에
　　　　받침으로 적는다.

기럭아	엊그제	엊저녁	갖고
갖지	딛고	딛지	박장기
엇매끼다	밭벽	밭사돈	

제33항 체언과 조사가 어울려 줄어지는 경우에는 준 대로 적는다.

그건	그게	그걸로	날
널	뭘	무에	걔
걘	걜	애	앤
앨	쟤	잰	쟬
글로	일로	절로	졸로
그걸로	이걸로	저걸로	

　　33-1. '아래로 → 알로'는 비표준어로 처리한다.(표준어 규정 제
　　　　　15항)

제34항 모음 'ㅏ, ㅓ'로 끝난 어간에 '-아/-어, -았-/-었-'이 어울
　　　　릴 적에는 준 대로 적는다.

가	갔다	펴	폈다
타	탔다	서	섰다

　　34-1. 모음 'ㅏ, ㅓ'로 끝나는 어간에 어미 '-아/-어'가 붙는 형
　　　　　식에서는 '아/어'가 줄어지며, '-았/-었'이 붙는 형식에서
　　　　　는 '아/어'가 줄어지고 'ㅆ'만 남는다.

따	따서	따도	땄다
건너	건너서	건너도	건넜다

34-2. '㆐, ㆖' 뒤에 '-어, -었-'이 어울려 '어'가 줄 적에는 준 대로 적는다.

개	갰다	내	냈다
베	벴다	세	셌다

34-3. 어간 모음 'ㅏ' 뒤에 접미사 '-이'가 결합하여 '㆐'로 줄어지는 경우는, '어'가 줄어지지 않는다.

- 빈틈없이 째어 있다
- 우묵우묵 패어 있다

34-4. '하다'는 '여'불규칙 용언이므로, '하아'로 되지 않고 '하여'로 된다. '하여'가 한 음절로 줄어서 '해'로 될 적에는 준 대로 적는다.

해	했다	더해	더했다
흔해	흔했다	해라	해서

34-5. 'ㅅ' 불규칙 용언의 어간에서 'ㅅ'이 줄어진 경우에는 '아/어'가 줄어지지 않는다.

- (낫다) 나아, 나아서, 나아도, 나아야, 나았다
- (젓다) 저어, 저어서, 저어도, 저어야, 저었다

제35항 모음 'ㅗ, ㅜ'로 끝난 어간에 '-아/-어, -았-/-었-'이 어울려 '과/궈, 았/줬'으로 될 적에는 준 대로 적는다.

꽈	꽜다	봐	봤다
쏴	쐈다	둬	뒀다
쒀	쒔다	줘	줬다

35-1. 제18항 4에서 다루어진 '푸다'의 경우는 '푸어 → 퍼'처럼 어간 모음 'ㅜ'가 줄어지므로, '풔'로 적지 않는다.

35-2. '놓아'가 '놔'로 줄 적에는 준 대로 적는다.

35-3. 'ㅚ' 뒤에 '-어, -었-'이 어울려 'ㅙ, ㅙㅆ'으로 될 적에도
준 대로 적는다.

괘	괬다	돼	됐다
봬	뵀다	쇄	쇘다
쐬어	쐬었다		

제36항　'ㅣ' 뒤에 '-어'가 와서 'ㅕ'로 줄 적에는 준 대로 적는다.

가져	가졌다	견뎌	견뎠다
다녀	다녔다	막혀	막혔다
버텨	버텼다	치여	치였다

36-1. 접미사 '-이, -히, -기, -리, -으키, -이키' 뒤에 '-어'가
붙은 경우도 이에 포함된다.

굴려	굶겨	날려야	남겨야
녹여	돌렸다	돌이켜	먹여서
숙였다	옮겼다	업혀	일으켜
입혀서	잡혔다		

제37항　'ㅏ, ㅕ, ㅗ, ㅜ, ㅡ'로 끝난 어간에 '-이-'가 와서 각각 'ㅐ,
ㅖ, ㅚ, ㅟ, ㅢ'로 줄 적에는 준 대로 적는다.

쌔다	뉘다	폐다	띄다
뵈다	씌다	깨다	켸다
쐬다	뀌다	틔다	

37-1. '놓이다'가 '뇌다'로 줄어지는 경우도 '뇌다'로 적는다.

37-2. 형용사화 접미사 '-스럽(다)'에 '-이'가 결합한 '스러이'

가 '-스레'로 줄어지는 경우도 준 대로 적는다.

제38항 'ㅏ, ㅗ, ㅜ, ㅡ' 뒤에 '-이어'가 어울려 줄어질 적에는 준 대
로 적는다.

쌔어/싸여   뵈어/보여   씌어/쓰여   쐬어/쏘여
틔어/트여   뉘어/누여

38-1. '놓이다'의 준말 '뇌다'의 경우는 '뇌어'로 적지만, '놓이
어'가 줄어진 형태는 '놓여'로 적는다.

38-2. 띄어쓰기, 띄어 쓰다, 띄어 놓다

관용 상 '뜨여쓰기, 뜨여 쓰다, 뜨여 놓다'는 사용되지 않는다.

38-3. '-이' 뒤에 '-우'가 붙으면 '이'를 앞 음절에 올려붙여 적
는다.

띄우다   씌우다   틔우다

제39항 어미 '-지' 뒤에 '않-'이 어울려 '-잖-'이 될 적과 '-하지'
뒤에 '않-'이 어울려 '-찮-'이 될 적에는 준 대로 적는다.

그렇잖다   만만찮다   변변찮다   두렵잖다
많잖다   예사롭잖다   의롭잖다   성실찮다
심심찮다   평범찮다   허술찮다   적잖다

39-1. 어간 끝소리가 'ㅎ'인 경우는 '귀찮-, 점잖-'처럼 [찬]으
로 소리 나더라도 '귀찮지 않다 → 귀찮잖다, 점잖지 않다
→ 점잖잖다'로 적는다.

제40항 어간의 끝음절 '하'의 'ㅏ'가 줄고 'ㅎ'이 다음 음절의 첫소

리와 어울려 거센소리로 될 적에는 거센소리로 적는다.

가타	간편케	다정타	정결케
영원토록	정밀치	흔타	실망케
가타부타	무능타	부지런타	아니타
감탄케	달성케	당치	무심치
허송치	분발토록	실천토록	추진토록
결근코자	달성코자	사임코자	청컨대
회상컨대			

40-1. 'ㅎ'이 어간의 끝소리로 굳어진 것은 받침으로 적는다.

그렇다 않다 아무렇다 어떻다 이렇다 저렇다

40-2. 어간의 끝음절 '하'가 아주 줄 적에는 준 대로 적는다.

갑갑잖다	거북지	깨끗잖다	넉넉잖다
답답잖다	못잖다	생각다못해	생각건대
섭섭지 않다	익숙지 못하다		

40-3. 다음과 같은 부사는 소리대로 적는다.

결단코	결코	기필코	무심코
아무튼	요컨대	정녕코	필연코
하마터면	하여튼	한사코	이토록
저토록	종일토록	평생토록	

제5장 그 밖의 것

제41항 부사의 끝음절이 분명히 '이'로만 나는 것은 '-이'로 적고, '히'
로만 나거나 '이'나 '히'로 나는 것은 '-히'로 적는다.

1. '이'로만 나는 것
   ① (첩어 또는 준첩어인) 명사 뒤

간간이	겹겹이	골골이	샅샅이
곳곳이	길길이	나날이	다달이
땀땀이	몫몫이	번번이	알알이
앞앞이	줄줄이	짬짬이	철철이

② 'ㅅ' 받침 뒤

기웃이	나긋나긋이	남짓이	뜨뜻이
버젓이	번듯이	빠듯이	지긋이

③ 'ㅂ'불규칙 용언의 어간 뒤

가벼이	괴로이	기꺼이	너그러이
부드러이	새로이	쉬이	외로이
즐거이	-스러이		

④ '-하다'가 붙지 않는 용언 어간 뒤

같이	굳이	길이	깊이
높이	많이	실없이	적이
헛되이			

⑤ 부사 뒤 (제25항 참조.)

곰곰이	더욱이	생긋이	오뚝이
일찍이	히죽이		

2. '히'로 적는 것

① '-하다'가 붙는 어근 뒤 (단, 'ㅅ'받침 제외)

극히	급히	딱히	속히
족히	엄격히	정확히	간편히
고요히	공평히	과감히	급급히
꼼꼼히	나른히	능히	답답히
도저히	무던히	열심히	

② '-하다'가 붙는 어근에 '-히'가 결합한 부사가 줄어진 형태

익히	특히

③ 어원적으로는 '-하다'가 붙지 않는 어근에 부사화 접미사가 결합한 형태로 분석되더라도, 그 어근 형태소의 본뜻이 유지되고 있지 않은 단어의 경우는 익어진 발음 형태대로 [히]로 적는다.
작히 (어찌 조그만큼만, 오죽이나)

제42항 한자어에서 본음으로도 나고 속음으로도 나는 것은 각각 그
소리에 따라 적는다.[1]

본음으로 나는 것	속음으로 나는 것
승낙(承諾)	수락(受諾), 쾌락(快諾), 허락(許諾)
만난(萬難)	곤란(困難), 논란(論難)
안녕(安寧)	의령(宜寧), 회령(會寧)
분노(忿怒)	대로(大怒), 희로애락(喜怒哀樂)
토론(討論)	의논(議論)
오륙십(五六十)	오뉴월, 유월(六月)
목재(木材)	모과(木瓜)
십일(十日)	시방정토(十方淨土), 시왕(十王), 시월(十月)
팔일(八日)	초파일(初八日)

42-1. 다음의 단어들도 속음으로 나는 것은 속음으로 적는다.

- 보리(菩提) / 제공(提供)
- 도량(道場) (불도를 닦는 깨끗한 마당) / 도장(道場) (무예를 닦
  는 곳)
- 보시(布施) / 공포(公布)
- 본댁(本宅), 시댁(媤宅), 댁내(宅內) / 자택(自宅)
- 모란(牧丹) / 단심(丹心)
- 통찰(洞察) / 동굴(洞窟)
- 사탕(砂糖), 설탕(雪糖) / 당분(糖分)

제43항 다음과 같은 어미는 예사소리로 적는다.

-(으)ㄹ거나   -(으)ㄹ걸   -(으)ㄹ게   -(으)ㄹ세
-(으)ㄹ세라   -(으)ㄹ수록   -(으)ㄹ시   -(으)ㄹ지
-(으)ㄹ지니라   -(으)ㄹ지라도   -(으)ㄹ지어다   -(으)ㄹ지언정
-(으)ㄹ진대   -(으)ㄹ진저   -올시다

---

1) 한자는 표의 문자로서 하나하나가 어휘 형태소의 성격을 띠고 있다는 점에서, 본음 형태와
속음 형태는 동일 형태소의 이형태(異形態)이다.

43-1. 의문을 나타내는 다음 어미들은 된소리로 적는다.

-(으)ㄹ까?　　-(으)ㄹ꼬?　　-(스)ㅂ니까?　-(으)리까?

-(으)ㄹ쏘냐?

제44항　다음 접미사는 된소리로 적는다.

-꾼　　　　-때기　　　-꿈치　　　-깔

44-1. '-배기 / -빼기'는 다음 규칙에 따라 적는다.

① [배기]로 발음되는 경우는 '배기'로 적는다.

귀퉁배기　　나이배기　　대짜배기　　육자배기

주정배기　　포배기　　　혀짤배기

② 한 형태소 내부에 있어서, 'ㄱ, ㅂ' 받침 뒤에서 [빼기]로 발음되는
경우는 '배기'로 적는다.

뚝배기　　　학배기

③ 다른 형태소 뒤에서 [빼기]로 발음되는 것은 모두 '빼기'로 적는다.

고들빼기　　곱빼기　　　밥빼기　　　악착빼기

억척빼기　　코빼기　　　이마빼기

44-2. '-적다 / -쩍다'는 다음 규칙에 따라 적는다.

① [적다]로 발음되는 경우는 '적다'로 적는다.

괘다리적다　괘달머리적다　　딴기적다　　열퉁적다

② '적다(少)'의 뜻이 유지되고 있는 합성어의 경우는 '적다'로 적는다.

맛적다

③ 셋째, '적다(少)'의 뜻이 없이, [쩍다]로 발음되는 경우는 '쩍다'로
적는다.

맥쩍다　　　멋쩍다　　　해망쩍다　　행망쩍다

겸연쩍다　　객쩍다

제45항　두 가지로 구별하여 적던 다음 말들은 한 가지로 적는다.

맞추다　　　뻗치다

제46항 '-더라, -던'과 '-든지'는 다음과 같이 구별하여 적는다.

1. 지난 일을 나타내는 어미는 '-더라, -던'으로 적는다.
2. 물건이나 일의 내용을 가리지 아니하는 뜻을 나타내는 조사와 어미는 '-든지'로 적는다.

Ⅱ. 맞춤법 혼동하기 쉬운 말

거치다	어떤 단계나 과정을 통하다. (수원을 거쳐 오다)
걷히다	세금이 잘 걷히다. 구름이 걷히다.
걷잡다	한 방향으로 치우쳐 가는 형세를 붙들어 바로잡다.
겉잡다	대강 어림치다. (겉잡아서 한 달 걸릴 것 같다)
게걸스럽다	음식에 탐욕이 난 듯이 보이다. (게걸스럽게 먹다)
게검스럽다	음식을 욕심껏 마구 먹어 대는 꼴이 보기에 흉하다.
겨누다	총을 겨누다.
겨루다	승부를 겨루다.
결단	딱 잘라 단정을 내림. (決斷)
결딴	망그러져서 쓸 수가 없는 상태. (결딴나 버리다)
고랑	두두룩한 두 땅의 사이에 길고 좁게 들어간 곳.
골	'골짜기'의 준말. (골이 깊다)

도랑	폭이 좁은 작은 개울.
고샅	마을의 좁은 골목길. 좁은 골짜기의 사이.
고삿	초가지붕을 일 때 지붕에 걸쳐 매는 새끼줄.
	(겉고삿과 속고삿이 있음)
골다	코를 골다.
곯다	배를 곯다. 참외가 곯았다.
그리고	접속 부사.
그러고	'그리하고'의 준말. (그러고 나서)
그러므로	그러니까. 그런고로. 그러한 까닭으로.
그럼으로	그렇게 함으로써. 그렇게 하는 것으로.
	(열심히 공부한다. 그럼으로(써) 은혜에 보답한다)
그럴 이	그럴 사람.
그럴 리	그럴 까닭. (그럴 리가 없다)
그슬다	불에 거죽만 조금 타도록 하다.
그을다	햇볕이나 연기에 오래 쐬어 검게 되다.
그치다	비가 그쳤다.
끝이다	여기가 한국의 남쪽 끝이다. (끝+이다)
금새	물건의 값. 금액.
금세	지금 바로. 이제 곧. ('今時에'에서 온 말)
까무러지다	가물가물해지다. '가무러지다'의 센말.
까무러치다	얼마 동안 넋을 잃고 죽은 사람처럼 되다.
깍듯이	깍듯이 존댓말을 썼다. ('깍듯하다'에서 온 부사)

깎듯이	무 깎듯이 나무를 깎았다. (동사)
깍쟁이	얄밉게 약빠른 사람.
깍정이	도토리, 밤 등의 밑받침.
깐보다	마음속으로 가늠을 보다.
깔보다	남을 호락호락하게 얕잡아 보다
껄껄하다	부드럽지 못하다. (손등이 껄껄하다)
끌끌하다	인품이 맑고 바르고 깨끗하다.
컬컬하다	목이 컬컬하다.
껍데기	조개껍데기. 소라껍데기.
껍질	사과 껍질. 복숭아 껍질.
끈덕거리다	약간 흔들거리다. ('근덕거리다'의 센말)
끈적거리다	끈끈하여 잘 들러붙다. (땀이 나서 끈적거리다)
끊기다	'끊다'의 피동사. (代가 끊기다)
끊이다	계속하거나 이어져 있던 것이 끊어지게 되다.
끈지다	단념하지 않고 버티어 나가는 힘이 있다.
끗	노름 따위에서 셈 치는 점수. 피륙의 접힌 것을 세는 말.
끝	맨 나중. 마지막.
나가다	밖으로 나가다.
나아가다	향하여 가다. 점점 되어 가다.
낟	곡식 낟알.
낫	풀 베는 낫.
낮	밝은 대낮.
낯	얼굴. (낯을 씻다)

낱	낱개. (낱으로 팔고 사다)
너비	폭. 가로 퍼진 거리. (도로의 너비를 재다)
넓이	면적. (운동장의 넓이)
널리	소문이 널리 퍼지다.
날아	새가 날아간다. (←날다)
날라	이삿짐을 모두 날라라. (←나르다)
나은	더 나은 사회. 병이 다 나은. (←낫다)
낳은	새끼를 낳은. (←낳다)
낫다	내가 너보다 더 낫다. 병이 빨리 낫는다.
나았다	'낫다'의 과거형. (병이 완전히 나았다)
났다	'나다'의 과거형. (불이 났다. 병이 났다)
낮다	'높다'의 반대.
낙잡다	계산할 때 좀 넉넉하게 잡다.
낮잡다	실제보다 낮게 치다. 만만히 다루다.
얕잡다	상대방을 실제보다 낮추어 다루다.
내	시내보다는 크고 강보다는 작은 물줄기.
시내	골짜기나 평지에 흐르는 자그마한 내.
너더분하다	여럿이 널려 있어 갈피를 잡을 수 없이 어지럽다.
너저분하다	질서 없이 널려 있어 지저분하다.
너르다	공간적으로 이리저리 다 넓다. (너른 우주 공간에)
넓다	평면적으로 넓다. (넓고 넓은 태평양에)
너머	산 너머. 언덕 너머. (명사)
넘어	산을 넘어. 언덕을 넘어. (←넘다) (동사)

너의	네가 가진. (너의 책)
너희	'너'의 복수. (너희에게 주겠다)
-노라고	열심히 공부하노라고 했는데 성적이 좋지 않다.
-느라고	시험 기간이라 무두들 공부하느라고 정신이 없다.
노름	도박. (노름꾼)
놀음	노는 일. 놀이. ('놀다'에서 전성한 명사)
놀라다	총소리에 놀라다. (자동사)
놀래다	그를 놀래 주었다. ('놀라다'의 사동사)
-느니보다	억지로 공부하느니보다 취직하는 것이 낫겠다.
-는 이보다	찬성하는 이가 반대하는 이보다 많다.
느리다	속도가 느리다.
늘이다	아래로 길게 처지게 하다. 본디보다 더 길게 하다.
늘리다	'늘다'의 사동사. (재산을 늘린다)
늘비하다	죽 늘어서 있다. 죽 늘어 놓여 있다.
즐비하다	한 줄로 죽 늘어서다. 빗살처럼 빽빽하다.
님	바느질에 쓰는 토막 친 실을 세는 단위. (실 한 님)
임	사모하는 사람. (사랑하는 임을 위해)
닢	동전 한 닢. 가마니 한 닢.
잎	나무나 풀의 잎.
다님	'달님'을 멋스럽게 이르는 말.
달님	'달'을 의인화하여 높여 이르는 말.
다리다	다리미로 옷을 다린다.

달이다	끓여서 진하게 만들다. (한약을 달인다)
다치다	손을 다쳤다.
닫히다	'닫다'의 피동사. (문이 닫히다)
닫치다	문이나 창을 힘들여서 닫다. ('닫다'의 힘줌말)
달라다	남에게 요구하거나 청하다. (돈을 달라고 하다)
달래다	화난 사람을 달래다.
달리다	운영 자금이 달리다. 나무에 열매가 달리다.
딸리다	딸린 식구가 많다. 범은 고양잇과에 딸려 있다.
담그다	장을 담그다. 냇물에 발을 담그다.
담다	그릇에 밥을 담다.
닷새	다섯 날. 초닷샛날.
댓새	닷새 가량. (댓새 동안 못 나올 것 같다)
당기다	줄을 힘껏 당기다. 식욕이 당기다.
댕기다	아궁이에 불을 댕기다.
대로	본 대로 들은 대로 써라. ('대로'는 의존 명사)
	너는 너대로 나는 나대로. ('대로'는 조사)
데로	넓은 데로 나가라. 밝은 데로 가자.('데'는 의존 명사)
댓가지	대나무의 가지.
댓개비	대를 쪼개어 가늘게 깎은 개비.
더껑이	걸쭉한 액체의 거죽에 엉겨 굳은 꺼풀. (팥죽 더껑이)
더께	몹시 찌든 물건에 앉은 거친 때. (새카만 더께가 앉다)
더치다	병세가 다시 더하여지다.

데치다	끓는 물에 잠깐 넣어 슬쩍 익히다.
-던	읽던 책. 먹던 음식. ('더'는 과거의 일을 나타내는 어미) 얼마나 울었던지 눈이 퉁퉁 부었다.
-든	먹든(지) 말든(지) 네 마음대로 해라. ('-든'은 '-든지'의 준말로 선택의 뜻) 배든(지) 사과든(지) 마음대로 먹어라.
-던지	얼마나 놀랐던지 땀이 흠뻑 났다.
-든지	가든지 말든지 네 마음대로 해라.
데다 **데우다**	불에 손을 데다. 심한 괴로움을 겪어 진저리가 나다. 찬 것을 덥게 하다.
도랑 **두렁**	폭이 좁은 작은 개울. (도랑을 건너다) 논이나 밭의 가장자리로 작게 쌓은 둑이나 언덕. (논두렁)
도리다 **오리다**	돌려서 베어 내거나 파다. (썩은 부분을 도려내다) 가위나 칼로 베다. (종이를 오리다)
돋구다 **돋우다**	안경의 도수 따위를 더 높게 하다. 심지를 돋우다. 땅을 돋우다. 흥미를 돋우다.
돌장이 **돌쟁이**	석공(石工). 첫돌이 된 아이.
동그라지다 **동그래지다**	넘어지면서 구르다. 동그랗게 되다.
되돌아보다 **뒤돌아보다**	가던 방향에서 몸이나 얼굴을 돌려 돌아보다. 뒤쪽을 돌아보다. 지난 일을 돌이켜 생각해 보다.
두껍다	두꺼운 이불. 두꺼운 책. 안개가 두껍게 깔렸다.

두텁다	정이 두텁다. 신앙이 두텁다. 두터운 은혜.
두두룩하다	가운데가 솟아서 불룩하다.
두둑하다	매우 두껍다. 넉넉하다. (돈다발이 두둑하다. 배짱이 두둑하다)
두드리다	문을 두드리다. 목탁을 두드리다. 어깨를 두드리다.
두들기다	종을 두들기다. 빨랫방망이를 두들기다. 두들겨 패다.
뒷거름	곡식을 심은 뒤에 주는 거름.
뒷걸음	뒤로 걷는 걸음. (뒷걸음질하다)
드러나다	겉으로 보이게 되다. 두드러지게 알려지다.
드러내다	'드러나다'의 사동사. (본심을 드러내다)
들어내다	들어서 내놓다. (이삿짐을 밖으로 들어냈다)
드리다	문안을 드리다. 방 하나를 새로 드리다. 댕기를 드리다.
들이다	'들다'의 사동사. (힘을 들이다. 친구를 방에 들이다)
드새다	밤을 지내다. (오늘밤을 여기서 드새고 가자)
드세다	몹시 세거나 사납다. (바람이 드세게 불다)
들러 오다	퇴근하는 길에 시장에 들러 왔다.
들려오다	노래 소리가 들려왔다.
들렀다	집에 오는 길에 친구의 집에 들렀다가 왔다.
들렸다	시끄러운 소리가 들렸다.
들르다	지나가는 길에 어떤 곳에 잠깐 거치다.
들리다	소리가 들리다. 귀신 들린 사람. 건망증 들린 사람.
들썩들썩	물건이 들썩거리는 모양.
들썽들썽	마음이 들떠 있는 모양.

등살	등 쪽에 붙은 살.
등쌀	몹시 귀찮게 굴고 야단을 부리는 짓.
딴꾼	포도청에서 도둑 잡는 포교를 거들던 사람.
땅꾼	뱀을 잡아 파는 사람.
또는	혹은. 그렇지 않으면. (토요일 또는 일요일에)
또한	마찬가지로. 그 위에 더. (나 또한 그렇다)
뜨이다	'뜨다'의 피동사. (귀가 번쩍 뜨이다. 눈에 뜨이다)
띄다	띄어 쓰시오. 남의 눈에 띄지 않게 오시오.
띄우다	배를 띄우다. 줄 사이를 띄우다. 메주를 띄우다.
띠다	허리띠를 띠다. 역사적 사명을 띠고 태어났다.
떼다	벽보를 떼다. 영수증을 떼다. 기초 중국어를 다 뗐다.
-라야	너라야 이 일을 할 수 있다.
-래야	봉급이래야 생활비도 안 된다.
-러	공부하러 학교에 간다. (목적)
-려	그이와 결혼하려 한다. (의도)
로서	자격을 나타내는 조사. (학생으로서 해야 할 일)
로써	수단을 나타내는 조사. (죽음으로써 나라를 지키자)
-리만큼	나를 미워하리만큼 그에게 잘못한 것이 없다.
-ㄹ 이만큼	찬성할 이도 반대할 이만큼이나 많다.
마감	일을 마물러서 끝을 냄. 정한 기간의 끝. (마감 뉴스)
막음	'막다'의 명사형. 막는 일.
마무르다	일의 끝을 내다.

머무르다	도중에 멈추거나 어떤 곳에 묵다.
–마는	그걸 사고 싶다마는 돈이 모자란다.
–만은	너만은 그런 짓 하지 마라.
마치다	마지막으로 끝내다. (일을 마쳤다)
맞히다	'맞다'의 사동사. (여러 문제를 다 맞혔다)
맞는	발에 맞는 신을 신어야 한다. 그것은 맞지 않는 일이다. (동사)
알맞은	몸에 알맞은 운동 처방을 받았다. 그것은 알맞지 않은 일이다. (형용사)
매기다	값을 매기다. 점수를 매기다.
먹이다	'먹다'의 사동사. (밥을 먹이다)
메기다	화살을 시위에 물리다. 노래를 한 편이 먼저 부르다.
매무새	옷을 입은 맵시.
매무시	옷을 입고 나서 매고 여미는 뒷손질.
맵자하다	모양이 제격에 어울려 맵시가 있다.
맵짜다	맛이 맵고 짜다. 매섭게 독하거나 사납다.
먹먹하다	소리가 잘 들리지 아니하여 귀먹은 것 같다.
멍멍하다	정신이 빠진 것같이 어리벙벙하다.
모가지	'목'을 속되게 이르는 말.
모가치	제 앞에 돌아오는 한 몫의 물건.
모롱이	산모퉁이의 휘어 둘린 곳.
모퉁이	구부러지거나 꺾어져 돌아간 자리. 변두리나 구석진 곳.
모지다	둥글지 않고 모가 나 있다.
모질다	몹시 독하다. 매섭고 사납다.

목	목을 움츠리다.
몫	다섯 몫으로 나누다.

목거리	목이 붓고 아픈 병.
목걸이	목에 거는 장신구. (진주 목걸이)

몹쓸	악착하고 고약한. (이 몹쓸 사람. 관형사)
못쓰다	옳지 않다. (거짓말하면 못쓴다. 동사)
못 쓸	쓸모없는. (아무짝에도 못 쓸 물건)

무치다	나물을 무치다.
묻히다	땅에 묻히다. 옷에 흙을 묻히다.

바치다	정중하게 드리다. (독립 운동에 목숨을 바쳤다)
받치다	'받다'의 힘줌말. '-치-'는 강세 접사 (우산을 받치다. 책받침을 받치다)
받히다	'받다'의 피동사. '-히-'는 피동 접사 (자동차에 받혔다)
밭이다	'밭다(체에 걸러 국물만 받아내다)'의 사동사.
밭치다	'밭다'의 힘줌말.

-박이	점박이. 차돌박이. 덧니박이.
-배기	나이배기. 세 살배기 아이.
-뱅이	게으름뱅이. 주정뱅이.

반드시	꼭. 틀림없이.
반듯이	반듯하게.

받다	선물을 받다.
밭다	건더기가 있는 액체에서 국물만 받아내다.

발가지다	속의 것이 뒤집혀서 겉으로 드러나다.
발개지다	발갛게 되다. 큰말은 '벌게지다'.

발거리	간사한 꾀로 남을 해롭게 하는 짓.
발걸이	발을 걸쳐 놓을 수 있게 가로로 댄 나무.
발자국	발로 밟은 곳에 남아 있는 자국. (호랑이 발자국)
발자취	발로 밟은 흔적. 지나온 과거의 역정.
발짝	걸음을 세는 단위. (한 발짝도 움직이지 않았다)
밭고랑	밭의 이랑과 이랑 사이의 홈이 진 곳.
밭도랑	밭의 가장자리에 둘러져 있는 도랑.
밭두둑	밭이랑의 두둑한 부분.
밭이랑	밭의 고랑 사이에 흙을 올려서 만든 두둑한 부분.
배 속	배 속에 든 아기. (배의 속)
뱃속	뱃속이 편하지 않다. ('마음'을 속되게 이르는 말)
배짱	조금도 굽히지 않고 버티어 나가는 힘. (배짱부리다)
보짱	마음속에 품은 꿋꿋한 생각이나 요량. (보짱이 크다)
배다	새끼를 배다. 나무를 너무 배게 심지 마라.
베다	낫으로 풀을 베다. 베개를 베다.
비다	속이 비다. 집이 비다.
뱃숨	배에 힘을 주어 들이쉬었다 내쉬었다 하는 숨.
뱃심	염치나 두려움 없이 제 고집대로 버티는 힘. (뱃심 좋은)
벌리다	팔을 벌린다.
벌이다	물건을 벌여 놓는다. 쓸데없이 일을 많이 벌인다.
봉오리	꽃봉오리.
봉우리	산봉우리.
부닥치다	부딪쳐 닥치다. (뜻밖의 난관에 부닥쳤다)

부딪다	물건과 물건이 힘차게 마주 닿다. (그릇을 부딪지 마라)
부딪치다	'부딪다'의 힘줌말. (둘이 마주 부딪치다)
부딪치이다	'부딪치다'의 피동사.
부딪히다	'부딪다'의 피동사. (택시가 기차에 부딪히다)
부러지다	나무가 부러지다.
불어지다	피리가 잘 불어지다.
부리	새의 주둥이. 물건의 끝이 뾰족하게 된 부분.
뿌리	나무 뿌리.
부서지다	깨어져 조각이 나다. 깨어지거나 헐어지다.
부숴지다	'부서지다'의 잘못.
부스러지다	덩이가 헐어져 잘게 되다. (연탄재가 부스러지다)
부수다	돌을 잘게 부수다. 세간을 부수다. 집을 부수다.
부시다	눈이 부시다. 그릇을 물로 부시다.
부치다	힘이 모자라다. (힘에 부치는 일)
	남을 시켜 보내다. (편지를 부치다. 소포를 부치다)
	논밭을 다뤄서 농사를 짓다. (남의 논밭을 부치고 산다)
	부채나 풍석 같은 것을 흔들어서 바람을 일으키다.
	부엌에서 빈대떡을 부친다.
	광복절에 부치는 글.
	회의에 부치는 안건.
	원고를 인쇄에 부친다.
	친척 집에 숙식을 부친다.
붙이다	'붙다'의 사동사.
	벽보를 붙인다. 우표를 붙이다.
	농을 벽에 붙여 놨다.
	싸움을 붙인다.
	불을 붙인다.

감시원을 붙인다.

독서에 취미를 붙인다.

부프다 물건의 부피는 커도 무게는 매우 가볍다. (부픈짐 ↔ 몽근짐)

부풀다 거죽에 부푸러기가 일어나다. 부피가 커지다.

붇다 오래되어 불은 국수. 개울물이 붇다. 체중이 붇다.

붓다 솥에 물을 붓다. 병으로 간이 붓다. 울어서 눈이 붓다.

붙다 입학시험에 붙다. 불이 붙다.

불거지다 거죽으로 툭 비어져 나오다. 어떤 현상이 갑자기 생기다.

붉어지다 붉게 되어 가다.

불러오다 의사를 불러오다.

불러 오다 배가 점점 불러 오다.

불려 오다 선생님에게 불려 오다.

비계질 마소가 나무, 바위 등에 몸을 비비대는 짓.

비계 짐승의 가죽 바로 안쪽에 붙은 두꺼운 기름 조각.

비키다 옆으로 비키다. 저리 비켜라.

비끼다 비스듬하게 놓이거나 늘어지다. 옆으로 비스듬히 비치다.

(산마루에 무지개가 비끼다. 저녁 놀 비낀 서쪽 하늘)

비다 속에 든 것이 없다.

삐다 괸 물이 빠져서 줄다. 뼈마디가 어긋나게 접질리다.

비스듬하다 한쪽으로 기울어져 있다. (비스듬한 자세로 서 있다)

비스름하다 거의 비슷하다. (형제의 얼굴이 비스름하다)

비뚜로 비뚤어지게.

삐뚜로 '비뚜로'의 센말.

비추다	손전등을 비추다. 얼굴을 거울에 비추어 보다.
비치다	햇빛이 비치다. 옷이 얇아 속살이 비친다.
빌다	용서를 빌다. 밥을 빌러 다니다.
빌리다	은행에서 돈을 빌리다. 친구한테서 책을 빌리다.
빗	머리를 빗는 데 쓰는 물건.
빚	이자를 주기로 하고 꾸어 쓰는 돈.
빛	광선. 빛깔.
빗다	머리를 빗다.
빚다	술을 빚다. 송편을 빚다.
빨강이	빨간빛의 물감이나 물건.
빨갱이	'공산주의자'를 속되게 이르는 말.
뺏다	'빼앗다'의 준말. (물건을 뺏다시피 가져갔다)
뺐다	'빼다'의 과거형. (욕조의 물을 다 뺐다)
뻐기다	우쭐대며 자랑하다.
뻐개다	장작을 뻐개다. 다 된 흥정을 뻐개다.
사립문	잡목의 가지를 결어서 만든 문.
싸리문	싸릿가지를 엮어서 만든 문.
-사오니	하였사오니.
-자오니	듣자오니. ('ㄷ, ㅊ' 받침의 어간 다음에 쓰임)
삭이다	울분을 삭이다. 먹은 것을 삭이다.
새기다	도장을 새기다. 마음속에 새기어 두다.
삭정이	살아 있는 나무에 붙은 채 말라 죽은 작은 가지.

썩정이	썩어 빠진 물건.
살며시	가볍게 또는 드러나지 않도록 넌지시.
살포시	포근하게 살며시.
슬며시	'살며시'보다 느낌이 큰 말.
살별	혜성(彗星).
샛별	금성(金星).
살진	몸에 살이 많은. 땅이 기름진. (형용사)
살찐	몸에 살이 많아진. 살이 오른. (동사)
–소	먹었소. 갔소. 좋소. (받침 다음에 쓰임)
–오	가시오. 오시오.
솔가루	솔잎을 찧어 만든 가루.
솔가리	말라서 땅에 떨어져 쌓인 솔잎. 솔가지를 묶어 놓은 것.
솔가지	땔감으로 쓰려고 꺾어서 말린 소나무 가지.
수–	수컷을 이르는 접두사는 '수'로 통일. (수꿩. 수나사)
숫–	예외적으로 '숫양, 숫염소, 숫쥐'에는 '숫–'을 붙임.
숯	불 피우는 숯. 숯불.
숱	머리털 따위의 부피나 분량. (머리숱. 숱이 많다)
스러지다	점차 희미해지면서 없어지다. (스러지는 불꽃)
쓰러지다	한쪽으로 쏠려 넘어지다.
슬다	녹이 슬다. 벌레가 알을 슬다.
쓸다	줄로 쇠를 쓸다. 비로 마당을 쓸다. 휩쓸다.
–습니다	기다리고 있습니다. 사람이 많습니다.

-습디다	기다리고 있습디다. 사람이 많습디다.
승강이	서로 제 주장을 고집하여 옥신각신하는 짓.
실랑이	이러니저러니 하며 남을 못살게 굴거나 괴롭히는 짓.
싱갱이	경쟁이나 경기에서 서로 지지 않으려고 기를 씀.
시키다	어떤 일이나 행동을 하게 하다. (운동을 시킨다)
식히다	'식다'의 사동사. (뜨거운 물을 식히다)
싱겅싱겅하다	방이 차고 싸늘하다.
싱둥싱둥하다	기운이 줄지 않고 본디의 기운이 아직 남아 있다.
싸이다	'싸다'의 피동사. (둘러싸이다)
쌓이다	'쌓다'의 피동사. (눈이 쌓이다)
쏠리다	물체가 기울어져 한쪽으로 몰리다.
쓸리다	'쓸다'의 피동사. 옷 따위에 살이 문질려 살갗이 벗겨지다.
	비스듬히 기울어지다. (액자가 한쪽으로 좀 쏠리었다)
아귀	물건의 갈라진 곳. (문짝이 아귀가 잘 맞지 않는다. 손아귀)
어귀	드나드는 목의 첫머리. (동네 어귀. 골목 어귀)
아니오	그 사람은 범인이 아니오. (서술어)
아니요	"네가 했지?" "아니요, 제가 안 했습니다." (대답하는 말)
아둔하다	지혜롭지 못하고 어리석다.
어둔하다	말이 둔하다. (語鈍)
	대답하는 말이 군색하고 억지스럽다. (語遁)
아득하다	매우 멀다. 까마득하게 오래다.
아련하다	분간하기 어렵게 어렴풋하다.
아스라하다	위태롭게 높거나 까마득하게 멀다.

아름	두 팔을 벌리어 껴안은 둘레의 길이.(한 아름)
알음	사람끼리 서로 아는 일. (전부터 알음이 있는 사이다)
아무튼	아무튼 이겨야 한다. (부사)
아무렇든	옷이야 아무렇든 신경 쓰지 마라. (형용사)
안	'아니'의 준말. (부사) (밥을 안 먹는다)
않-	'아니하-'의 준말. (용언의 어간) (좋지 않다. 먹지 않고)
안치다	끓이거나 찔 물건을 솥에나 시루에 넣다.
앉히다	'앉다'의 사동사. 앉게 하다.
알갱이	열매나 곡식 따위의 낟알. 작고 동그랗고 단단한 물건.
알맹이	물건의 껍데기 속에 있는 부분. 사물의 중요 부분.
알렷다	이놈, 네 죄를 네가 알렷다.
알렸다	'알리다'의 과거형.
애끊다	마음이 몹시 슬퍼서 창자가 끊어질 듯하다.
애끓다	몹시 걱정이 되어 속이 끓는 듯하다.
애타다	너무 안타깝거나 걱정이 되어 속이 타는 것 같다.
어득하다	끝없이 멀다. 까마득하게 오래다. '아득하다'의 큰말.
어둑하다	제법 어둡다. 어수룩하다.
어떡해	지금 나 어떡해.("어떻게 해"가 줄어든 말)
어떻게	너 어떻게 된 거냐? 이 일을 어떻게 처리하지? ('어떠하다'가 역사적으로 줄어 '어떻다'가 됨)
어름	두 물건의 끝이 한데 닿은 자리.
얼음	'얼다'에서 전성한 명사. (얼음이 얼었다)

어름거리다	어리숭한 말이나 행동으로 우물쭈물하다.
	일을 대충 적당히 하고 눈을 속여 넘기다.
어물거리다	눈앞에서 보일락 말락 하게 잇달아 움직이다.
	똑똑히 하지 못하고 우물쭈물하다.
얽매어	얽어매어. (끈으로 범인의 다리를 얽매어 놓았다.)
얽매여	그의 팔다리는 밧줄로 얽매여 있다 ('얽매어'의 피동사)
얽히다	수세미 덩굴이 얽히다. 복잡한 생각이 얽히다.
엉기다	피가 엉기다. 쌓였던 불만들이 엉겨서 무슨 일이 날 것 같다.
엉키다	실이 엉키다. 머리카락이 엉키다.
-에요	'이다', '아니다'의 어간 뒤에 붙음. (-이에요. -아니에요)
-예요	모음으로 끝난 체언 다음에 붙음. ("누구냐?" "저예요.")
여위다	몸의 살이 빠져 파리하게 되다.
여의다	죽어서 이별하다. (부모님을 여의었다)
-오	어서 오시오. (종결 어미)
-요	이것은 책이요 저것은 붓이다. (연결 어미)
	많이 먹었어요. 빨리요, 빨리! (존대의 뜻을 나타내는 조사)
오래	시간상으로 길게. (오래 갈 것 같다) (부사)
오랜	아주 오래 된. (오랜 세월 동안) (관형사)
오른	우측(右側). (오른 다리. 오른 무릎) (관형사)
옳은	'옳다'의 관형사형. (옳은 일) (형용사)
오죽	얼마나. (오죽 먹고 싶었으면. 오죽 답답했으면)
오직	다만. 오로지. (오직 너만을 사랑한다)
옷거리	옷을 입은 맵시. (옷거리가 멋있다)

옷걸이	옷을 걸게 만든 물건. (옷을 옷걸이에 걸다)
옹기옹기	크기가 비슷한 작은 물건들이 여럿 모여 있는 모양.
옹기종기	크기가 고르지 않은 물건들이 여럿 모여 있는 모양.
용트림	거드름을 피우며 크게 힘을 들여 하는 트림.
용틀임(龍–)	용의 모양을 틀어 새긴 장식.
우거지다	무성해지다. (우거진 수풀)
욱어지다	얇은 판 따위가 안으로 우글어지다. ('욱다'의 피동사)
우기다	제 의견만 고집하여 주장하다. (제 잘못이 아니라고 우긴다)
욱이다	안쪽으로 우글게 하다. ('욱다'의 사동사)
우러나다	물에 잠긴 물건의 빛·맛 따위가 물에 풀려 나오다.
우러나오다	생각, 감정 따위가 마음속에서 저절로 생겨나다.
우물우물	음식을 우물우물 씹는다.
우물쭈물	우물쭈물하지 말고 빨리 결정하라.
웃–	상하의 대립이 없는 단어에 붙음. (웃어른. 웃돈)
위–	된소리나 거센소리의 앞에 붙음. (위짝. 위쪽. 위층)
윗–	위의 경우 이외의 말에 붙음. (윗니. 윗몸. 윗입술)
으깨어지다	눌려 부스러지거나 짓이겨지다.
으스러지다	물체가 깨져서 부스러지다.
–으러	점심 먹으러 간다. (목적)
–으려	그와 결혼하려 한다. (의도)
으레	두말할 것 없이. 마땅히. 틀림없이 언제나.
의례	의식[儀禮]. 전례(前例)에 의하는 것[依例].

−(으)므로	그가 나를 믿으므로 나도 그를 믿는다. (어미)
−(음)으로	이웃에게 봉사함으로(써) 보람을 느낀다. (어미＋조사)
으슥하다	무서운 느낌이 들 만큼 깊숙하고 후미지다.
이슥하다	밤이 꽤 깊다.
이따가	조금 지난 뒤에. (이따가 만나자) (부사)
있다가	잠깐 앉아 있다가 돌아갔다.
이때	바로 지금의 때. (한창 바쁜 이때에)
입때	여태. (입때까지 뭐 했어)
이제	바로 지금. (이제부터 조심하자)
인제	이제에 이르러. 바로 이때. (인제 오니)
잃어버리다	물건을 잃어버리다.
잃어버리다	노름판에서 가진 돈을 다 잃어버리고 말았다.
잊어버리다	약속 시간을 잊어버리다.
잇달아	연달아. (←잇달다).
	(ㄱ) 기관차에 객차들을 잇달았다.("이어 달다"의 뜻일 때는 '잇달다'만 가능
	(ㄴ) 청문회가 끝난 뒤에 증인들에 대한 비난이 잇따랐다/ 잇달았다/?연달았다. ("어떤 사건이나 행동 따위가 이어 발생하다"의 뜻일 때는 '잇달다, 잇따르다, 연달다'를 함께 쓸 수 있음.
	(ㄴ) 잇따른/잇단(←잇달−＋−ㄴ)/?연단(←연달−＋−ㄴ) 범죄 사건들 때문에 밤길을 다니기 두렵다.
	(ㄷ) 석교를 지나자마자 초가지붕의 꼴을 벗지 못한 주점과 점포들이 잇따라/잇달아/연달아 나타났다.
잇따라	뒤를 이어 따르다. (←잇따르다)
	대통령의 가두행진에 보도 차량이 잇따랐다/?잇달았다/?연달았다.
	유세장에 유권자들이 잇따라/?잇달아/?연달아 몰려들었다.("움직이는 물체가 다른 물체의 뒤를 이어 따르다"라는 뜻일 때에는 '잇따르다'가 자연스러움)

자갈	작은 돌.
재갈	말의 입에 재갈을 물리다.
작다	크기가 작다. '크다'의 반대.
적다	분량이 적다. '많다'의 반대.
잔득이	잔득하게. 침착하고 끈기가 있게. (좀 잔득이 앉아서 공부해라)
잔뜩	어떤 한도에 꽉 차도록. 아주 심하게. (잔뜩 먹었다)
장사	상업. (장사가 잘 안 된다)
장수	상인. (그는 채소 장수다)
저리다	오래 앉았다가 일어서니 다리가 저린다.
절이다	절게 하다. (생선을 소금에 절이다)
저버리다	약속을 저버리다. 가정을 저버리고 떠나다.
져 버리다	싸움에 져 버렸다.
저의	'나의'의 낮춤말. (저의 잘못입니다)
저희	'우리'의 낮춤말. (저희 때문에 고생하시는군요)
젓	새우젓. 조개젓.
젖	엄마의 젖을 먹다.
젓가락	젓가락으로 집어 먹다.
젓갈	젓으로 담근 음식.
젖히다	안쪽이 겉면으로 나오게 하다. 뒤로 기울어지게 하다.
제치다	거치적거리지 않게 치우다. 한 동아리에서 빼다.
제키다	살갗이 조금 다쳐서 벗겨지다.
제비초리	뒤통수나 앞이마에 뽀족이 내민 머리털.

제비추리	소의 안심에 붙은 고기.
조개	두족류(頭足類)를 제외한 대부분의 연체 동물의 총칭.
조가비	조개의 껍데기.
조그만	'조그마한'의 준말. (조그만 아이)
조금만	조금만 참아라.
조리다	국물이 바특하게 바짝 끓이다. (생선을 조린다)
졸이다	마음을 졸인다.
졸리다	빚쟁이에게 졸린다. 잠을 자고 싶은 느낌이 들다.
종작	대중으로 헤아려 잡은 짐작.
종작없다	말이나 태도가 똑똑하지 못하여 종잡을 수가 없다.
종적 없다	사라진 흔적이 없다.
좇다	명예를 좇는 군인. 부모님의 의견을 좇다.
쫓다	쫓고 쫓기는 추격전. 파리를 쫓았다.
주검	시체. (주검이 묻혀 있다)
죽음	죽는 것. (죽음으로써 나라를 지키자)
주리다	배를 곯다. (여러 날을 주렸다)
줄이다	줄게 하다. ('줄다'의 사동사. 옷을 줄인다)
주어라	그에게 주어라. (←주다)
주워라	휴지를 주워라. (←줍다)
–지	가지 마라. 먹지 않는다. (어미)
	생각지 않던 일. 넉넉지 않다. ('–하–'가 줄었음)
–치	확실치 않다. 정밀치 못하다. ('–하–'의 'ㅏ'가 줄었음)

지그시	손을 지그시 당기다. 지그시 눈을 감다.
지긋이	나이가 지긋이 든 신사. (←지긋하다)
지나다	기한이 지나다. 도가 지난 농담이다.
지내다	어렵게 지내고 있다. 그와 친하게 지내고 있다.
지어	집을 지어라. (←짓다)
지워	낙서를 지워라. (←지우다)
지척거리다	힘없이 다리를 끌면서 지친 걸음을 걷다.
질척거리다	진흙이 질척거리다.
지피다	아궁이에 불을 지피다.
짚이다	짐작이 가다. '짚다'의 피동사.
질퍽하다	진흙이나 반죽이 물기가 많아 부드럽게 질다.
질펀하다	땅이 넓고 평평하게 펼쳐져 있다.
집	건물.
짚	볏짚. 밀짚모자.
집다	연필을 집다.
짚다	지팡이를 짚다.
차간(車間)	차간 거리.(車間距離)
찻간[車間]	차에 사람을 태우거나 짐을 싣기 위하여 만든 칸.
	(한자어에 예외적으로 사이시옷이 붙는 말 6개 중 하나)
찬칼	반찬을 만들 때 쓰는 작은 칼.
창칼	여러 가지 작은 칼의 총칭. 창과 칼.
체	아는 체를 안 한다. 모르는 체한다. ('체하다'는 '척하다, 듯하다' 등과 같은

보조용언)

채	옷 입은 채 물에 들어갔다. 사과가 채 익지 않았다.
째	통째, 껍질째 (관형사형 어미 뒤에는 의존명사 '채', 명사 뒤에는 접미사 '–째')

추기다	다른 사람을 꾀어서 무엇을 하도록 하다.
축이다	축축하게 하다. (막걸리로 목을 축이다)

추키다	위로 가뜬하게 치올리다.
치키다	아래에서 위로 향하여 끌어 올리다.

턱거리	'언턱거리(말썽 부릴 핑계)'의 준말.
턱걸이	턱걸이 운동.

텃새	철 따라 옮기지 않고 한 지방에서만 사는 새
텃세	텃세(–勢)가 심하다. 텃세(–貰)를 내다

푸네기	가까운 혈족. (제 푸네기끼리 나누어 먹다)
푼내기	푼돈을 가지고 하는 놀음. 몇 푼어치씩 팔고 사는 일.
풋내기	경험이 없어서 일에 서투른 사람.

하노라고	열심히 하노라고 한 것이 이 모양이다.
하느라고	공부만 하느라고 운동을 못 했다.

–하매	집이 가난하매 어진 아내를 생각한다. (어미)
–함에	민주주의의 목표는 국민을 위함에 있다.

–하므로	그는 열심히 공부하므로 성공할 것이다. (어미)
–함으로	오직 열심히 공부함으로써 학생의 본분을 다하라.

한갓	고작해야 다른 것 없이 겨우.
한낱	기껏해야 대단한 것 없이 다만. 단지 하나의.

한참	시간이 상당히 지나는 동안. (한참 동안)
한창	가장 성하고 활기가 있을 때. (한창 젊은 나이)
해어지다	닳아서 떨어지거나 꿰어지다. (옷이 해어지다)
헤어지다	이별하다.
햇귀	해가 처음 솟아오를 때의 빛.
햇발	팔방으로 뻗친 햇살.
햇볕	해의 내리쬐는 뜨거운 기운.
햇빛	해의 빛.
햇살	해의 내쏘는 광선.
홀몸	배우자나 형제가 없는 사람. 단신(單身).
홑몸	딸린 사람이 없는 몸. 임신하지 않은 몸.
회수	도로 거두어들이는 것. (回收)
횟수	차례의 수효. 횟수가 많다. (回數)
	(한자어에 예외적으로 사이시옷이 붙는 말 6개 중 하나)
후일(後日)	뒷날.
훗일(後−)	뒷일.
훌치다	촛불, 등잔불의 불꽃이 바람에 쏠리다.
훑이다	많던 것이 다 빠져서 졸아들다. '훑다'의 피동사.
흔전만전	흔하고 넉넉함. 돈이나 물건을 아끼지 않고 마구 씀.
흥청망청	흥청거리며 마음껏 즐김. 돈이나 물건을 마구 쓰는 모양.
희나리	덜 마른 장작.
희아리	약간 상한 채로 말라서 희끗희끗하게 얼룩이 진 고추.

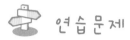 연습문제

1. 다음 각 항목의 낱말 중 맞춤법이 틀린 낱말 두 개를 골라 올바르게 고치시오.

(1) 해쓱하다, 꺼꾸로, 이따금, 훨신, 살짝, 국수, 나뭇꾼

(2.) 깎두기, 색시, 갑짜기, 몹시, 해돋이, 딱지, 자장면 곱배기

(3) 닫히다, 굳이, 윗어른, 계시다, 핑계, 게시판, 겸연적다

(4) 휴게실, 계집, 띠어쓰기, 하늬바람, 뇨소비료, 우뢰

(5) 실패율, 분열, 백분률, 연이율, 열력학, 당뇨병, 짜집기

(6) 동구능, 가정란, 연련불망, 유유상종, 씁쓸하다

(7) 꼿꼿하다, 중로동, 비논리적, 쌍룡, 급류, 신녀성

(8) 넘어지다, 흐터지다, 잘 가시요, 무거워서, 쉬우니

(9) 미닫이, 다드미, 고와서, 짓궂이, 가까와서

(10) 귀먹어리, 마중, 주검, 실업시, 벼훑이, 땀받이

(11) 쓰레기, 비로서, 바투, 코끼리, 괴로와서

(12) 바두기, 절름발이, 꼬락서니, 박아지, 끄트머리, 지붕

(13) 바깥, 자주, 지푸라기, 삿샅이, 값지다, 넉두리

(14) 빛갈, 넓다랗다, 굵다랗다, 실컷, 늙수그레하다

(15) 납작하다, 얇다랗다, 얄팍하다, 실쭉하다, 꺼매지다

(16) 뒤꼍, 빛깔, 낚씨, 넓적하다, 널따랗다, 싫컷

(17) 짧막하다, 뚫리다, 없새다, 미쁘다, 뻗치다, 넙치

(18) 일찌기, 오뚝이, 딱다구리, 더펄이, 푸석이, 딱히

(19) 개구리, 뻑국이, 더욱이, 슬멎이, 갑자기, 깨끗이

(20) 꾸준이, 부질없다, 숟하다, 싫증, 걸늙다, 며칠

(21) 부리나케, 없인여기다, 부삽, 하라버지, 윗니

(22) 이튿날, 섯부르다, 찻집, 아래마을, 훗일, 예삿일

(23) 벼씨, 접때, 살코기, 제사날, 셋방, 숫자, 베갯잇

(24) 냇물, 쇳조각, 나무잎, 댑싸리, 햅쌀, 숫가락

(25) 곳간, 온갖, 한갓, 벗꽃, 엊저녁, 됐다, 봤다

(26) 만만찮다, 적쟎은, 깨끗치 않다, 정결치 못한

(27) 영원토록, 간편케, 익숙치 않다, 생각타 못해

(28) 어떠튼, 하여튼, 아뭏든, 요컨대, 평생토록, 결코

(29) 그토록, 필연코, 하마트면, 아무러튼, 못지않다

(30) 됐습니다, 하였오, 갓난아이, 건널목, 담배불, 뒤탈

2. 다음 각 문장의 틀린 낱말을 찾아 바르게 고치시오.

(31) 홀몸이 아니라 몸이 무겁고 손발이 붓는다.

(32) 끼여들기를 하지 맙시다.

(33) 내노라하는 사람들이 모두 모였다.

(34) 맨날 공부하는데 성적은 왜 그 모양이냐?

(35) 진한 빛갈의 양복을 마추어도 좋다는 승락을 받았다.

(36) 지겟군의 희노애락을 문장으로 표현하기가 곤난하다.

(37) 다리를 뻐치다가 귓대기를 얻어맞고 겸연적게 물러섰읍니다.

(38) 차라리 굶을찌언정 네 심부름군 노릇은 않 하겠다.

(39) 개교 20돐에 붙이는 글을 정성껏 쓰느라고 쓴 것이 이 정도밖에 안다.

(40) 지금도 그 조악한 포장의 라면땅이 팔리고 있다는 사실이 마치 소꿉친구를 만나 것처럼 반가웠다.

(41) 나는 아무튼 옳다꾸나 하고 박적골로 갔다. 박적골의 봄이 그렇게 아름다운 줄은 처음 알았다.

(42) 수학여행이 내일로 닥치니 가슴이 설랜다.

(43) 거의 잊고 지내던 팜플렛을 보고 맛본 공산주의에 대한 최초의 감동과 매혹까지 생생하게 되살아났다.

(44) 현암은 힘껏 악셀레이터를 밟고 있었다.

(45) 승희는 현암의 머리속에서 지나가는 영상들을 마치 영화처럼 관람하기 시작했다.

(46) 주인에게 내일까지 아파트 잔금을 치뤄야 한다.

해 답

1. (1) 거꾸로　　훨씬　　　　　　(2) 깍두기　　갑자기　　　　　(3) 웃어른　　게시판
 (4) 띄어쓰기 요소비료　　　(5) 백분율　　열역학　　　　　(6) 동구릉　　연연불망
 (7) 중노동　　신여성　　　　(8) 흩어지다　잘 가시오　　　(9) 다듬이　　가까워서
 (10) 귀머거리 실없이　　　(11) 비로소　　괴로워서　　　(12) 바둑이　　바가지
 (13) 샅샅이　　넋두리　　　(14) 빛깔　　　널따랗다　　　(15) 얄따랗다　꺼메지다
 (16) 낚시　　실컷　　　　　(17) 짤막하다　없애다　　　　(18) 일찍이　　딱따구리
 (19) 뻐꾸기　슬며시　　　　(20) 꾸준히　　숱하다　　　　(21) 업신여기다 할아버지
 (22) 섣부르다 아랫마을　　(23) 볍씨　　　제삿날　　　　(24) 나뭇잎　　숟가락
 (25) 온갖　　벚꽃　　　　　(26) 적잖은　　깨끗지 않다　(27) 익숙지 않다 생각다 못해
 (28) 어떻든　아무튼　　　　(29) 하마터면 아무렇든　　　(30) 하였소　　담뱃불

2. (31) 홑몸　　　　　　　　(32) 끼어들기
 (33) 내로라하는　　　　　(34) 만날
 (35) 진한 빛갈의 양복을 <u>마추어도</u> 좋다는 승락을 받았다.
 　　　　빛깔　　　　　　맞추어도　　　　승낙

 (36) <u>지겟군</u>의 희노애락을 문장으로 표현하기가 <u>곤난</u>하다.
 　　　지게꾼　　희로애락　　　　　　　　　　곤란

 (37) 다리를 <u>뻐치다가</u> <u>귓대기</u>를 얻어맞고 <u>겸연적게 물러섰습니다</u>.
 　　　뻗치다가　귀때기　　　　　　겸연쩍게 물러섰습니다

 (38) 차라리 <u>굶을찌언정</u> 네 <u>심부름군</u> 노릇은 <u>않</u> 하겠다.
 　　　　굶을지언정　　심부름꾼　　　안

 (39) 개교 20<u>돐</u>에 <u>붙이는</u> 글을 정성껏 <u>쓰느라고</u> 쓴 것이 이 정도밖에 안 <u>됬다</u>.
 　　　돌　부치는　　　　　쓰노라고　　　　　　　　　됐다

 (40) 소꿉친구　　(41) 옳다구나　　(42) 설레다　　(43) 팸플릿
 (44) 액셀러레이터　(45) 머릿속　　(46) 치러야

1. '위-/윗/웃-'의 사용법에 대하여 설명하시오.

2. '의'의 표기와 발음에 대해 설명하시오.

3. '렬, 률'을 '열, 율'로 적는 경우에 대하여 쓰시오.

4. 한자음 '냐, 녀'가 단어 첫머리에 오더라도 두음법칙이 적용되지 않는 경우
　 와 그 예를 쓰시오.

5. 한자음 '랴, 려, 료, 류, 리'가 단어 첫머리에 오더라도 두음법칙이 적용되
   지 않는 경우와 그 예를 쓰시오.

6. '수-/숫-'의 사용법에 대하여 설명하시오.

7. 다음 문장에서 잘못 쓰인 단어를 바르게 고치시오.

(1) 그 일은 내가 대신 해줄께.

(2) 식량을 얻기 위해 늘어선 행열을 바라보았다.

(3) 부모님의 승락을 받아서 파티에 갔다.

(4) 영화를 보면서 나도 모르게 전률이 흘렀다.

(5) 여인이 한을 품으면 오육월에 서리가 내린다고 한다.

(6) 반지는 흙 속에 묻쳐 있었다.

(7) 더우기 그는 돈까지 잃어버렸다.

(8) 밖깥에는 비가 내리고 있었다.

(9) 한 평생을 오뚝이처럼 살다 갔다.

(10) 남편을 기다리며 그녀는 밤을 새워 뜨게질을 했다.

(11) 언니의 넉두리를 듣고 있자니 한숨이 났다.

(12) 비로서 사건이 해결되었다.

(13) 민밋한 줄거리가 소설을 재미없게 만든다.

(14) 요즘 TV 드라마 간에 시청율 경쟁이 뜨겁다.

(15) 가게에서 나오는 수입이 짭잘하다.

(16) 알림난에는 이 달의 소식을 쓴다.

(17) 그 아이의 성품은 몹씨 사나왔다.

(18) 십월 십일에 제천 행사를 한다.

(19) '깎두기'와 배추김치는 이를 건강하게 한다.

(20) 너무나 반가와서 손을 들었다.

(21) 임진강에서 소원을 실려서 풍선을 날렸다.

(22) 결혼식을 치루고 신혼여행을 떠났다.

(23) 짚푸라기를 잡는 심정으로 그 일을 했다.

(24) 이번에는 그 지역의 사투리를 낱나치 조사해야 한다.

(25) 벼랑의 끝트머리에 서 있다.

(26) 에너지량이 많아서 조절이 필요하다.

(27) 아침에 웃는 얼굴로 집을 나선 그는 죽음으로 발견되었다.

(28) 귀금속은 제 값어치를 한다.

(29) 얇팍한 지갑에 마음이 무거웠다.

(30) 도리켜 생각해 보면 대학 시절을 힘들게 보낸 것도 괜찮은 일이다.

(31) 뛰어 노는 아이를 앉치기가 힘들다.

(32) 마구 얼킨 실타래를 하나하나 풀기는 어렵다.

(33) 책가방에 꼭 이름표를 부쳐라.

(34) 밥으로 세 끼를 반듯이 해결해야 한다.

(35) 낡은 일기장을 없새지 않은 것이 다행이다.

(36) 나뭇꾼이 바위 뒤에 숨었다.

(37) 뒷쪽으로 바람이 들어 왔다.

(38) 제사날에 가족들이 모두 모였다.

(39) 치과에서 아랫이를 뺐다.

(40) 학교를 졸업한 지 해수로 5년이 지났다.

(41) 결석 회수가 10회를 넘는다.

(42) 소숫점을 잘못 찍어 큰 손해를 본 일이 있다.

(43) 머릿말과 서문은 같은 말이다.

(44) 쳇바퀴 돌 듯이 학교와 집을 오락가락 한다.

(45) 아침에 일어나니 날이 개여 있다.

(46) 멀지않아 그가 찾아 올 것이다.

(47) 우리는 나보다 가난한 사람을 없신여기지는 않는가.

(48) 왠일이야? 낙씨군 차림으로 오다니?

(49) 징이 울리면서 막이 '걷힌다/거친다/걷친다'.

(50) 오이 '소배기/소박이'가 맛있게 보인다.

7. (1) 그 일은 내가 대신 <u>해줄께</u>. (해줄게)
   (2) 식량을 얻기 위해 늘어선 <u>행열</u>을 바라보았다. (행렬)
   (3) 부모님의 <u>승락</u>을 받아서 파티에 갔다. (승낙)
   (4) 영화를 보면서 나도 모르게 <u>전률</u>이 흘렀다. (전율)
   (5) 여인이 한을 품으면 <u>오육월</u>에 서리가 내린다고 한다. (오뉴월)
   (6) 반지는 흙 속에 <u>묻쳐</u> 있었다. (묻혀)
   (7) <u>더우기</u> 그는 돈까지 잃어버렸다. (더욱이)
   (8) <u>밖같</u>에는 비가 내리고 있었다. (바깥)
   (9) 한 평생을 <u>오뚝이</u>처럼 살다 갔다. (오뚜기)
   (10) 남편을 기다리며 그녀는 밤을 새워 <u>뜨게질</u>을 했다. (뜨개질)
   (11) 언니의 <u>넉두리</u>를 듣고 있자니 한숨이 났다. (넋두리)
   (12) <u>비로서</u> 사건이 해결되었다. (비로소)
   (13) <u>민밋한</u> 줄거리가 소설을 재미없게 만든다. (밋밋한)
   (14) 요즘 TV 드라마 간에 <u>시청율</u> 경쟁이 뜨겁다. (시청률)
   (15) 가게에서 나오는 수입이 <u>짭짤</u>하다. (짭짤)
   (16) <u>알림난</u>에는 이 달의 소식을 쓴다. (알림란)
   (17) 그 아이의 성품은 <u>몹씨</u> <u>사나왔다</u>. (몹시) (사나웠다)
   (18) <u>십월</u> 십일에 제천 행사를 한다. (시월)
   (19) '<u>깎두기</u>'와 배추김치는 이를 건강하게 한다. (깍두기)
   (20) 너무나 <u>반가와서</u> 손을 들었다. (반가워서)
   (21) 임진강에서 소원을 <u>실려서</u> 풍선을 날렸다. (실어서)
   (22) 결혼식을 <u>치루고</u> 신혼여행을 떠났다. (치르고)
   (23) <u>짚푸라기</u>를 잡는 심정으로 그 일을 했다. (지푸라기)
   (24) 이번에는 그 지역의 사투리를 <u>낱나치</u> 조사해야 한다. (낱낱이)
   (25) 벼랑의 <u>끝트머리</u>에 서 있다. (끝으머리)
   (26) <u>에너지량</u>이 많아서 조절이 필요하다. (에너지양)
   (27) 아침에 웃는 얼굴로 집을 나선 그는 <u>죽음</u>으로 발견되었다. (주검)
   (28) 귀금속은 제 <u>갑어치</u>를 한다. (값어치)
   (29) <u>얄팍한</u> 지갑에 마음이 무거웠다. (얄팍한)
   (30) <u>도리켜</u> 생각해 보면 대학 시절을 힘들게 보낸 것도 <u>괜찬은</u> 일이다.
       (돌이켜)   (괜찮은)
   (31) 뛰어 노는 아이를 <u>앉치기가</u> 힘들다. (앉히기가)
   (32) 마구 <u>얼킨</u> 실타래를 하나하나 풀기는 어렵다. (얽힌)
   (33) 책가방에 꼭 이름표를 <u>부쳐라</u>. (붙여라)
   (34) 밥으로 세 끼를 <u>반듯이</u> 해결해야 한다. (반드시)
   (35) 낡은 일기장을 <u>없새지</u> 않은 것이 다행이다. (없애지)
   (36) <u>나뭇꾼</u>이 바위 뒤에 숨었다. (나무꾼)

(37) <u>뒷쪽</u>으로 바람이 들어 왔다. (뒤쪽)

(38) <u>제사날</u>에 가족들이 모두 모였다. (제삿날)

(39) 치과에서 <u>아랫이</u>를 뺐다. (아랫니)

(40) 학교를 졸업한 지 <u>해수</u>로 5년이 지났다. (햇수)

(41) 결석 <u>회수</u>가 10회를 넘는다. (횟수)

(42) <u>소숫점</u>을 잘못 찍어 큰 손해를 본 일이 있다. (소수점)

(43) <u>머릿말</u>과 서문은 같은 말이다. (머리말)

(44) 쳇바퀴 <u>돌 듯이</u> 학교와 집을 오락가락 한다. (돌듯이)

(45) 아침에 일어나니 날이 <u>개여</u> 있다. (개어)

(46) <u>멀지않아</u> 그가 찾아 올 것이다. (머지않아)

(47) 우리는 나보다 가난한 사람을 <u>없신</u>여기지는 않는가. (업신)

(48) 왠일이야? <u>낙씨군</u> 차림으로 오다니? (낚시꾼)

(49) 징이 울리면서 막이 '<u>걷힌다</u>/거친다/걷친다'.

(50) 오이 '소배기/<u>소박이</u>'가 맛있게 보인다.

 쪽지시험

1. 부사의 끝음절을 '-이'로 적는 경우를 정리하시오.

2. 다음 단어의 음이 틀린 것을 찾아 바르게 고치시오.

허락(許諾) 승낙(承諾)　　만란(萬難) 논란(論難)

안녕(安寧) 의녕(宜寧)　　분노(忿怒) 대노(大怒), 희노애락(喜怒哀樂)

토론(討論) 의론(議論)　　오륙십(五六十) 오뉴월 유월(六月)

목재(木材) 목과(木瓜)　　십일(十日) 시왕(十王) 시월(十月)

팔일(八日) 초파일(初八日)　　댁내(宅內) 자택(自宅)

동찰(洞察) 동굴(洞窟)　　사탕(砂糖) 탕분(糖分)

3. 된소리로 적는 접미사를 쓰시오.

4. 접미사 '-배기'와 '-빼기'를 구별하는 규칙을 쓰시오.

5. 접미사 '-적다'와 '-쩍다'를 구별하는 규칙을 쓰시오.

6. 된소리로 적을 수 있는 어미에 대하여 설명하시오.

제 3 부

띄어쓰기 익히기

Ⅰ. 띄어쓰기의 기본

현행 띄어쓰기는 1988년 1월에 문교부에서 제정 고시한 '한글 맞춤법'
의 띄어쓰기 규정에 따라 시행되고 있다.

한글 맞춤법 총칙의 제2항에 "문장의 각 단어는 띄어 씀을 원칙으로
한다."고 포괄적으로 규정하고, 제5장의 제41항에서 제50항까지 10개 항
목의 띄어쓰기 세부 규정을 두고 있다. 이 규정들을 이해하기 쉽게 재정
리하고 용례를 더 보완하였다.

띄어쓰기의 전체 내용은 '조사, 의존 명사, 단위 명사, 열거하는 말 등,
보조 용언, 고유 명사 및 전문 용어'의 네 가지로 구성되어 있다.

제1절 조사

제 1 항   조사는 그 앞말에 붙여 쓴다.

(1) 체언 다음에 오는 조사

사람이   지금으로부터   우리의   다섯이다

비행장에서부터   인생이야말로   성공은커녕   책을

교수님한테

(2) 부사 다음에 오는 조사

빨리도   멀리서   많이는   잘만

(3) 용언의 어미 다음에 오는 조사

위해서도   먹어서는   웃기만   괴롭히지는

(4) 문장의 끝에 오는 조사

자네 글씨 잘 쓰네그려.   빨리 갑시다요.

1-1. 조사가 둘 이상 겹쳐지거나, 어미 뒤에 붙는 경우에도 붙여 쓴다.

집에서처럼   학교에서만이라도   여기서부터입니다

어디까지입니까   나가면서까지도   들어가기는커녕

아시다시피   옵니다그려   "알았다."라고

제 2 절 의존 명사, 단위를 나타내는 명사 및 열거하는 말 등

제 2 항   의존 명사는 띄어 쓴다.

좋은 걸로 주시오.   네 깐에는 이길 것 같으냐?

다 사람 나름이다.   말할 나위 없이.

아침 나절에.   본 대로 들은 대로 써라.

열심히 공부할 따름이다.   제 딴에는 하노라고 했다.

저녁 무렵에 왔다.   네가 뜻한 바를 알겠다.

학교에 갈 적에.   나도 할 수 있다.

운전할 줄 안다.   그가 떠난 지가 오래다.

강 하류 쪽으로 내려가다.   집에 갈 터이다.

그럴 턱이 없다.   떠드는 통에 못 들었다.

제 3 항   단위를 나타내는 명사는 띄어 쓴다.

갓	그루	거리	끼	닢	님	대	두름
마리	말	명	섬	뭇	벌	손	바리
잔	죽	자루	축	쾌	근	바술	길
줌	냥(-쭝)	돈(-쭝)	마지기	모금	바퀴	발	사리
채	톨	톳	포기				

3-1. 순서를 나타내는 경우나 숫자와 어울리어 쓰이는 경우에는
     붙여 쓸 수 있다.

열한시	삼십분	오초	제일과
제1편	일학년	삼반	육층
10원	삼호실	1446년	10월
9일	십일	16동	502호
제5사단	15미터	12자루	

3-2. 연월일, 시각 등도 붙여 쓸 수 있다.

     일천구백팔십팔년 오월 이십일   여덟시 오십구분

3-3. 수효를 나타내는 '개년, 개월, 일(간), 시간' 등은 붙여 쓰지
     않는다.

     삼 (개)년   육 개월   이십 일(간)

제 4 항 수를 적을 적에는 '만(萬)' 단위로 띄어 쓴다.

     십오억 육천칠백팔십삼만 사천칠백구십칠   15억 6783만 4797
     사천구백마흔여섯(4,946)   일천구백구십육(1,996)
     삼만 오천여 명

4-1. 이 규정에 따라 '수십 년, 수천 명, 수만 개'의 '수'와 '몇
     십 년, 몇백 명, 몇만 개'의 '몇'도 붙여 쓴다.

4-2. 금액을 적을 때는 변조(變造) 등의 사고를 방지하려는 뜻에

서 붙여 쓰는 게 관례이다.

- 일금 : 삼십일만오천육백칠십팔원정.
- 돈 : 일백칠십육만오천원임.

제 5 항 두 말을 이어 주거나 열거하는 말들은 띄어 쓴다.

겸(兼)　　　　대(對)　　　　내지(乃至)　　　　및

'등(等), 등등(等等), 등속(等屬), 등지(等地)' 따위

제 6 항 단음절로 된 단어가 연이어 나타날 적에는 붙여 쓸 수 있다.

좀 더 큰 나무 / 좀더 큰 나무　　　　한 잎 두 잎 / 한잎 두잎

이 말 저 말 / 이말 저말　　　　그 때 그 곳 / 그때 그곳

6-1. 단음절어이면서 관형어나 부사인 경우라도, 관형어와 관형
어, 부사와 관형어는 원칙적으로 띄어 쓴다.

- 훨씬 더 큰 새 집→(×)훨씬 더큰 새집
- 더 큰 이 새 책상→(×)더큰 이새 책상

6-2. 부사와 부사가 연결되는 경우에도 다음과 같이 의미적 유
형이 다른 단어끼리는 붙여 쓰지 않는 게 원칙이다.

- 더 못 간다(×더못)　　　　• 꽤 안 온다(×꽤안)
- 늘 더 먹는다(×늘더)

제 3 절 보조 용언

제 7 항 보조 용언은 띄어 쓰되, 경우에 따라 붙여 씀도 허용한다.

보조 용언	원 칙	허 용
가다(진행)	늙어 간다, 되어 간다	늙어간다, 되어간다
내다(종결)	이겨 낸다, 참아 냈다	이겨낸다, 참아냈다
놓다(보유)	열어 놓다, 적어 놓다	열어놓다, 적어놓다

보조 용언	원칙	허용
대다(강세)	떠들어 댄다	떠들어댄다
두다(보유)	알아 둔다, 기억해 둔다	알아둔다, 기억해둔다
드리다(봉사)	읽어 드린다	읽어드린다
버리다(종결)	놓쳐 버렸다	놓쳐버렸다
보다(시행)	뛰어 본다, 써 본다	뛰어본다, 써본다
오다(진행)	참아 온다, 견뎌 온다	참아온다, 견뎌온다

7-1. '-아/-어' 뒤에 '서'가 줄어진 형식에서는 뒤의 단어가 보조 용언이 아니므로, 붙여 쓸 수 없다.

- 고기를 잡아(서) 본다(×잡아본다).
- 사과를 깎아(서) 드린다(×깎아드린다).

7-2. 의존 명사 '양, 척, 체, 만, 법, 듯' 등에 '-하다'나 '-싶다'가 결합하여 된 보조 용언(으로 다루어지는 것)의 경우도 앞 말에 붙여 쓸 수 있다.

보조 용언	원칙	허용
양하다	학자인 양한다.	학자인양한다.
체하다	모르는 체한다.	모르는체한다.
듯싶다	올 듯싶다.	올듯싶다.
뻔하다	놓칠 뻔하였다.	놓칠뻔하였다.

7-3. 조사가 개입되는 경우는 붙여 쓰지 않는다.

- 아는 체를 한다
- 비가 올 듯도 하다
- 값을 물어만 보고
- 믿을 만은 하다

7-4. 본 용언이 합성어인 경우는 띄어 쓴다.

- 밀어내 버렸다
- 잡아매 둔다
- 매달아 놓는다
- 집어넣어 둔다
- 물고늘어져 본다
- 파고들어 본다

7-5. 단음절로 된 어휘 형태소가 결합한 합성어 뒤에 연결되는
보조 용언을 붙여 쓸 수 있다.

- 나가버렸다　　　• 빛나보인다　　　• 손대본다
- 잡매준다

7-6. 보조 용언이 거듭되는 경우는 앞의 보조 용언만을 붙여 쓸
수 있다.

- 기억해둘 만하다　• 읽어볼 만하다　• 도와줄 법하다
- 되어가는 듯하다

제 4 절 고유 명사 및 전문 용어

제 8 항　성과 이름, 성과 호 등은 붙여 쓰고, 이에 덧붙는 호칭어, 관
직명 등은 띄어 쓴다.

김양수(金良洙)　서화담(徐花潭)　채영신 씨　　최치원 선생
박동식 박사　　강 선생　　　인구 군　　　총장 정영수 박사
백범 김구 선생 계 계장(桂係長) 사 사장(史社長) 여 여사(呂女史)
주 주사(朱主事)

8-1. 이름과 마찬가지 성격을 지닌 호(號)나 자(字)가 성에 붙는
형식도 이에 준한다.

정송강(鄭松江) ('송강'은 호)　　　이태백(李太白) ('태백'은 자)

8-2. 성과 이름, 성과 호를 분명히 구분할 필요가 있을 경우에
는 띄어 쓸 수 있다.

구양수(歐陽修) / 구양 수　　　남궁억(南宮檍) / 남궁 억
독고성(獨孤成) / 독고 성　　　동방삭(東方朔) / 동방 삭
사공도(司空圖) / 사공 도　　　사마광(司馬光) / 사마 광
제갈공명(諸葛孔明) / 제갈 공명　황보인(皇甫仁) / 황보 인

8-3. 우리 한자음으로 적는 중국 인명의 경우도 본항 규정이 적용된다.

  소정방(蘇定方)   이세민(李世民)   장개석(莊介石)

제 9 항 성명 이외의 고유 명사는 단어별로 띄어 씀을 원칙으로 하되, 단위별로 띄어 쓸 수 있다.

 대한 초등학교 / 대한초등학교
 대한 전문대학 / 대한전문대학
 대한 대학교 예술 대학 / 대한대학교 예술대학
 한국 국어 교육 연구회 / 한국 국어교육 연구회

9-1. '부설(附設), 부속(附屬), 직속(直屬), 산하(傘下)' 따위는 앞뒤의 말과 띄어 쓴다.

다만, '부속 학교, 부속 국민 학교, 부속 중학교, 부속 고등 학교' 등은 하나의 단위로 다루어 붙여 쓸 수 있다. 의과 대학에 부속시켜 설치한 병원의 경우도 이에 준한다.

- 학술원 부설 국어 연구소 / 학술원 부설 국어연구소
- 대통령 직속 국가 안전 보장 회의 / 대통령 직속 국가안전보장회의
- 서울 대학교 사범 대학 부속 고등 학교 / 서울대학교 사범대학 부속고등학교
- 한국 대학교 의과 대학 부속 병원 / 한국대학교 의과대학 부속병원

제10항 전문 용어는 단어별로 띄어 씀을 원칙으로 하되, 붙여 쓸 수 있다.

전문 용어는 붙여 쓸 만한 것이지만, 그 의미 파악이 쉽도록 하기 위하여 띄어 쓰는 것이 원칙이며 편의상 붙여 쓸 수 있다.

원 칙	허 용
탄소 동화 작용(炭素同化作用)	탄소동화작용
해양성 기후(海洋性氣候)	해양성기후
두 팔 들어 가슴 벌리기	두팔들어가슴벌리기
무릎 대어 돌리기	무릎대어돌리기
지구 중심설(地球中心說)	지구중심설
관상 동맥 경화증(冠狀動脈硬化症)	관상동맥경화증
손해 배상 청구(損害賠償請求)	손해배상청구
만성 골수성 백혈병	만성골수성백혈병
배당 준비 적립금(配當準備積立金)	배당준비적립금
중거리 탄도 유도탄	중거리탄도유도탄
무한 책임 사원(無限責任社員)	무한책임사원
긴급 재정 처분(緊急財政處分)	긴급재정처분
모음 조화(母音調和)	모음조화
만국 음성 기호(萬國音聲記號)	만국음성기호

10-1. 명사가 용언의 관형사형으로 된 관형어의 수식을 받거나,
두 개(이상의) 체언이 접속 조사로 연결될 때는 붙여 쓰
지 않는다.

- 간단한 도면
- 아름다운 노래
- 쓸모 있는 주머니
- 바닷말과 물고기

10-2. 두 개(이상의) 전문 용어가 접속 조사로 이어지는 경우는
전문 용어 단위로 붙여 쓸 수 있다.

- 감자찌기와 달걀삶기
- 도면그리기와 도면읽기
- 기구만들기와 기구다루기

Ⅱ. 그 밖의 띄어쓰기 관행

1. '빛, 색'이 붙은 빛깔 이름은 붙여 쓴다.

   (1) 빛
   붉은빛   연둣빛   파란빛   하늘빛

   (2) 색
   검은색   노란색   흰색   빨간색
   얼굴색

   1-1. '빛, 색'이 붙어 빛깔을 나타내는 경우라도 그 빛깔이 어떠함을
        나타내는 말이 앞에 오면 띄어 쓴다.

        누르스름한 빛   저 높은 하늘 빛   피보다 더 붉은 색
        좀더 파란 색

2. 조동사 '가다'가 붙는 복합어에서 '가다' 대신 '다니다'가 붙어 한
   낱말이 된 경우에는 붙여 쓴다.

걸어가다	걸어다니다	굴러가다	굴러다니다
날아가다	날아다니다	돌아가다	돌아다니다
따라가다	따라다니다	떠가다	떠다니다
뛰어가다	뛰어다니다	몰려가다	몰려다니다
밀려가다	밀려다니다	지나가다	지나다니다
쫓아가다	쫓아다니다	찾아가다	찾아다니다

3. 명사 아래에 피동을 나타내는 '받다, 당하다'가 붙어 한 낱말이 된 것은 붙여 쓴다.

고통받다	결박당하다	버림받다	고통당하다
압박받다	압박당하다	오해받다	약탈당하다
핍박받다	봉변당하다	학대받다	핍박당하다

3-1. 그러나 명사 앞에 그 명사를 꾸미는 관형어가 오는 경우에는 띄어서 쓴다.

심한 봉변　　심한 핍박　　터무니없는 오해
많은 고통

4. 명사에 접미사 '화(化)'가 붙은 말에 다시 '하다, 되다'가 붙을 경우에는 붙여 쓴다.

고급화하다　　고급화되다　　대중화하다　　대중화되다

5. 명사에 접미사 '하다'가 붙은 말이라도 그 앞에 명사를 꾸미는 관형어가 올 경우에는 '하다'를 띄어 쓴다.

말하다 : 쓸데없는 말 하지 마시오.　　남의 말 하기는 쉽다.
생각하다 : 무슨 생각 하고 있나?　　딴 생각 하지 마시오.
연구하다 : 새로운 연구 하기가 어렵다. 좋은 연구 하시오.

운동하다 : 과격한 운동 하지 마시오.   그런 운동 하지 마시오.
이야기하다 : 재미있는 이야기 하시오. 남의 이야기 하기는 쉽다.

5-1. 부사어가 올 경우에는 띄어 쓰지 않는다.

　　　말하다 / 크게 말하시오.　　　연구하다 / 열심히 연구하시오.
　　　이야기하다 / 재미있게 이야기하시오.

6. 형용사의 어미 'ㅏ, ㅓ, 워'에 '하다'가 붙어 하나의 동사가 된 말은
　　붙여 쓴다.

　　(1) -ㅏ(-ㅓ)하다
　　　　기뻐하다　　　　슬퍼하다　　　　싫어하다　　　　아파하다
　　　　예뻐하다　　　　좋아하다
　　(2) -워하다
　　　　고마워하다　　　괴로워하다　　귀여워하다　　그리워하다
　　　　노여워하다　　　두려워하다　　반가워하다　　서러워하다
　　　　아쉬워하다　　　안타까워하다　즐거워하다　　추워하다

7. 명사에 직접 붙어 용언을 만드는 '지다'와 어미 '아, 어, 워' 등에 붙
　　어 피동을 나타내는 '지다'는 앞말에 붙여 쓴다.

　　　값지다　　　　그늘지다　　　기름지다　　　달라지다
　　　더워지다　　　등지다　　　　숨지다　　　　아름다워지다
　　　어려지다　　　없어지다　　　오므라지다　　이루어지다
　　　젊어지다　　　점잖아지다　　좋아지다　　　지워지다
　　　흥겨워지다

8. 접두사로 쓰이는 한자어는 뒷말에 붙여 쓴다. 그러나 붙여 써서 이
　　해하기 어려운 경우와 관형사로 인정되는 경우에는 띄어 쓴다.

(붙여 씀)	(띄어 씀)
내주일(來週日)	내 25일에
대성황(大盛況)	대 올림픽 대회를
매시간(每時間)	매 회계 연도에
별천지(別天地)	별 해괴한 소리 다 듣겠다.
본회의(本會議)	본 한글 맞춤법은
순이익(純利益)	순 어머니의 정성으로
신학문(新學問)	신 한글 맞춤법은
전속력(全速力)	전 어린이들을 동원하여
전남편(前男便)	전 어머니회 회장
총동원(總動員)	총 수업 시간 수
현세기(現世紀)	현 어머니회 회장

9. 용언의 관형사형 어미 '-ㄴ', '-ㄹ' 다음에는 띄어 쓰지만, 어미의
   일부로 굳어진 것은 붙여 쓴다.

비록 <u>가난할망정</u>　　차라리 <u>굶을지언정</u>　　<u>굶어죽을지라도</u>
그 꼴을 <u>볼작시면</u>　　내가 읽어 <u>본바</u>　　아버님 <u>생신이온바</u>
언제 <u>올는지</u>　　가르침을 <u>따를지니라</u>

10. 성씨(姓氏)를 나타내는 '씨(氏)'와 '가(哥)'는 붙여 쓴다.

강씨(姜氏) 성 가진 이　　　권씨 문중
박가(朴哥) 성 가진 이　　　김해 김씨

10-1. 사람을 가리키는 경우의 '씨(氏)'는 띄어 쓴다.

철수 씨　　　형식 씨　　　김 씨의 집에　　정 씨의 논문

11. 역사적인 서명(書名), 사건명(事件名)은 붙여 쓴다. 그러나 뚜렷이
    별개의 단어로 인식되는 것은 띄어 쓴다.

계림유사   대동여지도   동국여지승람   삼국사기
삼국유사   갑오경장   병자호란   임진왜란
의암 선생 행장기   훈민정음

12. 동식물의 이름은 붙여 쓴다.

가문비나무   가는뿔꼬마새우   강장동물
긴팔원숭이   너도밤나무   며느리밑씻개
양치식물   이른봄산누에나방   조선호박
진돗개   통일벼

13. 첩어 또는 준첩어는 붙여 쓴다.

가만가만히   곤드레만드레   들락날락   흐느적흐느적
성큼성큼   요리조리   울긋불긋   예쁘디예쁜
여기저기   차디찬   차례차례   하루하루
머나먼

Ⅲ. 띄어쓰기 혼동하기 쉬운 말

가 [邊]	(붙) 개울가. 길가. 무덤가. 바닷가. 부둣가. 연못가. (띄) 도로 가에. 밭 가에. 운동장 가에. 저수지 가에.
가까운데 **가까운 데**	거리는 가까운데 바빠서 가지 못한다. 가까운 데로 놀러 가자.
가끔가다 **가끔 가다**	가끔가다 고향 생각이 난다. 고향에 가끔 간다.
가는 [細]	(붙) 가는귀먹다. 가는베 한 필. (띄) 가는 철사. 가는 목소리. 가는 모래.
가는데 **가는 데**	어제 학교에 가는데 비가 왔다. 지금 가는 데가 어디냐?
가져오다	읽을 책을 가져오다.

가져 오다	전부터 그런 생각을 가져 오다.
가지	(붙) 가지가지. 마찬가지. 속옷가지.
	(띄) 몇 가지 물건. 여러 가지 의견.
각(各)	(붙) 각가지 물건. 각살림하다.(접사)
	(띄) 각 개인별로. 각 마을. 각 학교.(관형사)
각기(各其)	(붙) 제각기.
	(띄) 성격이 각기 다르다.
간 (間)	(붙) 고부간. 남매간. 부부간. 부자간. 형제간.(관계)
	방앗간. 대장간. 외양간. 곳간. 찻간.(장소)
	가부간에. 고하간에. 피차간에. 잘잘못간에.
	(띄) 서울과 부산 간에. 수원 인천 간에.
	어느 나라고 간에. 이렇든 저렇든 간에.
	공부를 하든지 운동을 하든지 간에.
	사촌 간에. 친척 간에. 내외종 간에.
	상호 간에. 서로 간에. 동료 간에. 친구 간에.
	사람들 간에. 학생들 간에.
	여당 야당 간에. 부모 자식 간에.
간혹가다	간혹가다 실수도 한다.(부사)
간혹 가다	간혹 가기는 간다.
갈아주다	개업한 상점의 물건을 갈아주다.
갈아 주다	칼을 갈아 주다. 어항의 물을 갈아 주다.
감	(붙) 며느릿감. 사윗감. 신랑감. 장난감.
	(띄) 저고리 한 감.
값	(붙) 값비싼. 값싼. 외상값. 킷값. 덩칫값. 제값.

	(띄) 비싼 값으로 팔다.
강(江)	(붙) 낙동강. 두만강.(한국어 지명)
	(띄) 나일 강. 아마존 강.(외래어 지명)
갖은	(붙) 갖은것. 갖은색떡. 갖은소리.
	(띄) 갖은 고생. 갖은 양념. 갖은 풍상.
같은데 같은 데	비가 올 것 같은데 예정대로 소풍을 가겠다고 한다. 작년과 같은 데로 소풍을 갔다.('데'는 장소)
같이	(붙) 그림같이 아름답다.(체언 뒤에서는 조사)
	(띄) 그림과 같이 아름답다.(부사)
	모두 같이 가자.(부사)
같이하다 같이 하다	뜻을 같이하다. 일생을 같이할 사람. 운동을 같이 하다. 일을 같이 하다.
개비	(붙) 성냥개비. 장작개비.
	(띄) 담배 한 개비. 장작 두 개비.
개소리 개 소리	말도 안 되는 개소리다. 마을에서 개 소리 들리다.(개 짖는 소리)
거리	(붙) 걱정거리. 반찬거리. 웃음거리. 일거리.
	(띄) 일할 거리가 없다.(의존 명사)
	오이 한 거리.(50개. 의존 명사)
거짓말하다 거짓말 하다	거짓말하면 안 된다. 새빨간 거짓말 하고 있다.('거짓말'을 꾸미는 말이 있음)
건	(붙) 가건 말건 난 모르겠다.(어미)

	(띄) 오늘 먹을 건 있다.('것은'의 준말)
걸	(붙) 아마 집에 있을걸.(있을 것 같다)
	(띄) 깨끗한 걸 주시오.('것을'의 준말)
걸음	(붙) 걸음걸음. 걸음걸이. 발걸음.
	(띄) 몇 걸음 앞서 가다.
검사하다	철저히 검사하다.
검사 하다	철저한 검사 하다.('검사'를 꾸미는 말이 있음)
것	(붙) 이것. 들것. 물것. 날것. 새것.
	(띄) 내 것. 너의 것. 남의 것. 다른 것.
격(格)	(붙) 주격 조사. 목적격 조사.
	(띄) 엎친 데 덮친 격으로.
	터줏대감 격인. 대표자 격으로 오다.
결	(붙) 꿈결에. 무심결에.(접사)
	(띄) 자신도 모르는 결에. 쉴 결 없이. 어느 결에.
결정하다	아직 결정하지 않았다.
결정 하다	최종 결정 하진 않았다.('결정'을 꾸미는 말이 있음)
겸(兼)	(붙) 겸직하다. 겸하다.
	(띄) 국장 겸 과장. 아침 겸 점심.
	운동도 할 겸 해서 산에 올라갔다.
고(故)	(붙) 고향. 고인.
	(띄) 고 처칠 수상. 고 안중근 의사.
고생하다	몹시 고생하고 있다.

고생 하다	많은 고생 했다.('고생'을 꾸미는 말이 있음)
고통받다	병으로 고통받고 있다.
고통 받다	큰 고통 받고 있다.('고통'을 꾸미는 말이 있음)
공(公)	(붙) 이 충무공. 민 충정공. 태사공.
	(띄) 김 공. 이 공. 김철수 공.
공부하다	열심히 공부하고 있다.
공부 하다	입시 공부 하고 있다.('공부'만 꾸미는 말이 있음)
구만리(九萬里)	먼 거리를 비유적으로 나타낼 경우.
구만 리	실제 거리를 나타낼 경우.
군(君)	(붙) 대원군(大院君). 부원군(府院君).
	(띄) 김 군. 김주열 군.
귀(貴)	(붙) 귀국에서. 귀교에서.(접두사)
	(띄) 귀 신문사에서. 귀 회사에서.(관형사)
그것밖에	그것밖에 없다.('밖에'는 조사)
그것 밖에	그것 밖에도 많이 있다.
그런	(붙) 그런고로. 그런대로.
	(띄) 그런 다음에. 그런 사람.
그런데	그런데 얘가 왜 아직 안 올까?(부사)
그런 데	그런 데서 놀지 마라.('데'는 의존 명사)
그런지	왜 그런지 모르겠다.
그런 지	그런 지 10년 만에.('지'는 의존 명사)

그만	(붙) 직장을 그만두다. 병세가 그만하다.
	(띄) 그만 먹어라. 놀라서 그만 달아나다.
그만하다	병세가 더하지도 않고 그만하다.
그만 하다	거짓말 그만 해라.
그전	이것은 그전에 없던 제도다.(예전)
그 전	그 전에 돌아와라.(그 이전)
근(近)	(붙) 근거리. 근처.
	(띄) 근 한 달 동안.(관형사)
글쓰기	글쓰기 숙제를 하고 있다.
글 쓰기	좋은 글 쓰기가 어렵다.
긁어먹다	'남의 재물을 뜯어먹다.'를 뜻할 경우.
긁어 먹다	과일을 숟갈로 긁어 먹다.
김	(붙) 홧김에. 술김에.
	(띄) 서울 온 김에. 급한 김에.(의존 명사)
깊디깊은	깊디깊은 바다 속.(하나의 형용사)
깊고 깊은	깊고 깊은 바다 속.
깊은데	강이 깊은데 건널 배가 없다.
깊은 데	깊은 데서 수영하지 마라.('데'는 의존 명사)
까놓다	까놓고 말해서 내 잘못이다.
까 놓다	마늘을 까 놓다.(까서 놓다)
깎아내리다	명예를 깎아내리다.
깎아 내리다	언덕의 흙을 깎아 내리다.

꼴	(붙) 한 개에 천 원꼴이다.(접사)
	(띄) 이게 무슨 꼴이냐?
꽃피다	유교가 꽃핀 시기.
꽃 피다	꽃 피는 봄.
꾸밈없는	꾸밈없는 표현.
꾸밈 없는	아무 꾸밈 없는.('꾸밈'을 꾸미는 말이 있음)
꿈꾸다	과학자를 꿈꾸고 있다.
꿈 꾸다	좋은 꿈 꾸다.('꿈'을 꾸미는 말이 있음)
-ㄴ걸	(붙) 그거 반가운 소식인걸.(어미)
	(띄) 더 큰 걸 주시오.(-ㄴ 것을)
-ㄴ데	(붙) 얼굴은 예쁜데 마음씨는 나쁘다.(어미)
	(띄) 가까운 데서 오다.('데'는 장소)
	배 아픈 데 먹는 약.('데'는 경우)
	공부하는 데 힘쓰다.('데'는 일)
-ㄴ바	(붙) 먹어 본바 맛이 좋더라.(어미)
	(띄) 내가 본 바와 같다.('바'는 의존 명사)
-ㄴ지	(붙) 그가 누군지 아무도 모른다.(어미)
-ㄴ 지	(띄) 떠난 지 한 달 만에.('지'는 의존 명사)
나 같은	나 같은 사람.('같은'은 형용사)
나같이	나같이 착한 사람.('같이'는 조사)
나 같이	나 같이 가고 싶다.('같이'는 부사)
나밖에	거기에 갈 사람은 나밖에 없다.
나 밖에	나 밖에도 많이 있다.(나 이외에도)

나보고	나보고 가라고 한다.('보고'는 조사)
나 보고	나 보고 싶어 왔겠지.('보고'는 동사)
나쁜데	성적은 나쁜데 인간성은 좋다.
나쁜 데	배운 것을 나쁜 데 쓰지 마라.('데'는 의존 명사)
나아가다	앞으로 나아가고 있다.
나아 가다	병이 점점 나아 가고 있다.
나절	(붙) 반나절. 한나절. 아침나절. 저녁나절.
	(띄) 오전 나절. 점심 먹을 나절.
나하고	나하고 같이 일하자. 나하고 닮았다.('하고'는 조사)
나 하고	나 하고 싶은 대로 하겠다.('하고'는 동사)
나흘만	나흘만 참아라.('만'은 조사)
나흘 만	나흘 만에 돌아오다.('만'은 의존 명사)
날듯이	새가 공중을 날듯이 날아가다.('듯이'는 어미)
날 듯이	날 듯이 가벼운 기분.(날아갈 듯이)
낮은데	직위는 낮은데 수입은 많다.
낮은 데	물은 낮은 데로 흐른다.('데'는 의존 명사)
내(內)	(붙) 사내 방송. 국내 여행.
	(띄) 금주 내에. 그 교실 내에서.
내다	(붙) 빛내다. 성내다. 파내다. 밝혀내다.
	(띄) 견뎌 내다. 생각해 내다.(보조 동사)
내다보이다	바다가 내다보이는 방.
내다 보이다	창고에서 물건을 내다 보여 주다.

내오다	손님에게 과일을 내오다.
내 오다	매달 회비를 내 오고 있다.
내주다	집을 내주고 이사하다.
내 주다	모교의 빚을 내 주다. 돈을 대신 내 주다.
너 같은	너 같은 사람.('같은'은 형용사)
너같이	너같이 착한 사람.('같이'는 조사)
너 같이	너 같이 가야 한다.('같이'는 부사)
너무하다	장난치고는 너무하다.(도에 지나치게 심하다)
너무 하다	일을 너무 해서 병이 나다.('너무'는 부사)
너밖에	내 편은 너밖에 없다.('밖에'는 조사)
너 밖에	너 밖에도 많이 있다.(너 이외에)
너보고	누가 너보고 일하라고 했나?('보고'는 조사)
너 보고	너 보고 싶어 왔다.('보고'는 동사)
너하고	너하고 같이 가고 싶다.('하고'는 조사)
너 하고	너 하고 싶은 대로 하라.('하고'는 동사)
년	(붙) 이년. 그년. 저년. 도둑년.
	(띄) 나쁜 년. 미운 년.
년(年)	(붙) 갑자년. 기미년. 안식년.
	(띄) 십오 년. 삼백 년.(의존 명사)
년만(年-)	일 년만 기다려라.('만'은 조사)
년 만(年-)	일 년 만에 돌아오다.('만'은 의존 명사)
녘	(붙) 동녘. 서녘. 남녘. 북녘.

	(띄) 동틀 녘. 밝을 녘. 해 질 녘. 아침 녘.
노란빛 **노란 빛깔**	(붙) 노란빛의 신호등. (띄) 노란 빛깔의 신호등.
노란색 **노란 색깔**	(붙) 노란색의 신호등. (띄) 노란 색깔의 신호등.
노래하다 **노래 하다**	지금 노래하고 있다. 저속한 노래 하지 마라.
노예 같은 **노예같이** **노예와 같이**	노예 같은 생활.('같은'은 형용사) 노예같이 혹사당하다.('같이'는 조사) 노예와 같이 혹사당하다.('같이'는 부사)
놈	(붙) 이놈. 그놈. 저놈. 도둑놈. 아들놈. (띄) 나쁜 놈. 무슨 놈의. 역적 놈. 친구 놈 중에.
높디높은 **높고 높은**	높디높은 하늘.(하나의 형용사) 높고 높은 산.
높은데 **높은 데**	직위는 높은데 실속이 없다. 높은 데에 올려 놓다.('데'는 의존 명사)
눈뜨다 **눈 뜨다**	눈뜬장님. 학문에 눈뜨게 되다. 차마 두 눈 뜨고 볼 수 없을 정도다.
눌러보다 **눌러 보다**	잘못을 탓하지 않고 눌러보아 주다. 손가락으로 눌러 보다.
–는걸 **–는 걸**	비가 오겠는걸.(어미) 주는 걸 받아 오다.('–는 것을'의 준말)

-는데	비가 오는데 우산이 없다.(어미)
-는 데	가는 데가 어디냐?('데'는 '곳'을 뜻함)
	공부하는 데 힘쓰다.('데'는 '일'을 뜻함)
	피 나는 데 바르는 약.('데'는 '경우'를 뜻함)
능력밖	그런 능력밖에 없다.('밖에'는 조사)
능력 밖	자기 능력 밖의 일을 하려 한다.
다되다	다된 집안이다.
다 되다	뜻한 대로 모든 일이 다 되었다.
다른데	직위는 다른데 월급은 같다.
다른 데	다른 데로 가 봐라.('데'는 의존 명사)
다를뿐더러	성격이 다를뿐더러.('-ㄹ뿐더러'는 어미)
다를 뿐 아니라	성격이 다를 뿐 아니라.('뿐'은 의존 명사)
다시없다	다시없는 영광으로 알다.(하나의 형용사)
다시 없다	이런 실수는 다시 없어야 한다.('다시'는 부사)
다잡다	마음을 굳게 다잡다.
다 잡다	범인들을 다 잡았다.
다하다	정성을 다하다. 수명이 다하다.(하나의 동사)
다 하다	맡은 일을 다 하다. 갖은 고생을 다 하다.
다해 오다	최선을 다해 오다.
다 해 오다	숙제를 다 해 오다.
단(單)	(붙) 단세포 생물. 단벌 신사.
	(띄) 단 한 달 만에. 단 두 사람.

달뜨다 **달 뜨다**	마음이 달뜨다. 달 뜨는 저녁에.
달리하다 **달리 하다**	의견을 달리하다. 유명(幽明)을 달리하다. 그 이외에는 달리 해 보는 수가 없다.
닷새만 **닷새 만**	닷새만 기다려라.('만'은 조사) 닷새 만에 돌아오다.('만'은 의존 명사)
대(臺)	(붙) 전망대. 십억 원대의 집. (띄) 버스 열 대. 피아노 한 대.
대(對)	(붙) 대국민 사과. 대북한 전략. 대전차포. (띄) 칠 대 삼. 청팀 대 백팀의 경기.
대다	(붙) 덜컹대다. 울렁대다.(접사) (띄) 떠들어 대다. 먹어 대다.(보조 동사)
대로	(붙) 너는 너대로 나는 나대로.(조사) (띄) 본 대로 들은 대로 써라.(의존 명사)
대보다 **대 보다**	어느 것이 큰지 대보다. 이마에 손을 대 보다.('보다'는 조동사)
대신하다 **대신 하다**	(붙) 자식을 대신해서 사과하다. (띄) 일을 친구 대신 해 주다.
대우하다 **대우 하다**	후하게 대우하고 있다. 후한 대우 하고 있다.('대우'를 꾸미는 말이 있음)
댁(宅)	(붙) 새댁. 부산댁. 오라버니댁. 처남댁.(사람) (띄) 박 서방 댁에. 외할머니 댁에. 뉘 댁에.(집)

댓가지 댓 가지	'대나무의 가지'를 뜻할 경우. 할 일이 댓 가지 남아 있다.(다섯 가지 정도)
더러	(붙) 나더러 가라는 거야?(조사) (띄) 반대자도 더러 있다.(부사)
더미	(붙) 돈더미. 쌀더미. 잿더미. 흙더미. (띄) 두엄 더미. 쓰레기 더미. 장작 더미.
더없다 더 없다	더없는 영광이다. 남은 것이 더 없는 것 같다.
더하다 더 하다	병세가 더하다.(형용사) 하나에 둘을 더하다.(동사) 공부를 더 하고 싶다. 노력을 더 해라.('더'는 부사)
덜되다 덜 되다	그는 덜된 사람 같다. 밥이 아직 덜 되었다.
덜하다 덜 하다	약을 먹으니 두통이 덜한 것 같다.(형용사) 노력을 덜 한 것 같다.('덜'은 부사)
덮어놓고 덮어 놓고	그는 덮어놓고 우기기만 하다. 뚜껑을 덮어 놓고 와라.
데	(붙) 데생기다. 데익다.(접두사) (띄) 불 있는 데로 가다.(의존 명사) 　　　공부하는 데 힘쓰다.(의존 명사) 　　　배 아픈 데 먹는 약.(의존 명사)
돌듯 하다 돌 듯하다	다람쥐 쳇바퀴 돌듯 한다. 한 바퀴도 못 돌 듯하다.

돌려주다	빌린 책을 돌려주다.(반환하다)
돌려 주다	집집마다 돌려 주다.(배부해 주다)
동물	(붙) 등뼈동물. 원생동물. 연체동물.(분류학상의 명칭)
	(띄) 물뭍 동물. 양서 동물. 해양 동물.
동안	(붙) 그동안. 한동안. 오랫동안.
	(띄) 얼마 동안. 잠시 동안. 일 년 동안.
되는대로	아무렇게나 되는대로 지껄이다.(하나의 부사)
되는 대로	돈이 되는 대로 갚겠다.('대로'는 의존 명사)
되지못하다	되지못한 녀석이 거만하기만 하다.
되지 못하다	훌륭한 사람이 되지 못했다.
들	(붙) 사람들. 우리들. 고양이들.(접사)
	(띄) 개, 닭, 소 들이 있다.(의존 명사)
들고일어나다	국민이 들고일어나서 반대를 하다.
들고 일어나다	무거운 짐을 들고 일어나다.
들다	(붙) 걸려들다. 덤벼들다. 몰려들다.
	(띄) 따지고 들다. 싸우려 들다.
들어가다	방에 들어가다.
들어 가다	나이가 점점 들어 가다.
들어오다	방으로 들어오다.
들어 오다	여러 번 들어 온 이야기.
들여가다	안으로 들여가다.
들여 가다	돈을 들여 가며 운동하다.

들이다	(붙) 공들이다. 물들이다. 힘들이다. 받아들이다.
	(띄) 돈 들이다. 정성 들이다.
듯	(붙) 거짓말을 밥 먹듯 한다.(어미)
	구름에 달 가듯이 가는 나그네.('듯이'는 어미)
	비가 올 듯하다.('듯하다'는 보조 형용사)
	(띄) 비가 올 듯 말 듯 한 날씨.(의존 명사)
	화가 난 듯 소리치다.('듯이'의 준말)
듯이	(붙) 거짓말을 밥 먹듯이 하다.(어미)
	(띄) 뛸 듯이 기뻐하다.(의존 명사)
듯하다	살아날 듯하다.(보조 형용사)
듯 하다	다람쥐 쳇바퀴 돌듯 하다.('-듯'은 어미)
등(等)	(붙) 오등(吾等)은 자에 아 조선의…….
	일등 선실. 이등 선실.(등급)
	(띄) 여행 일정 등을 협의하다.(의존 명사)
	열 명 중 오 등을 했다.(석차. 의존 명사)
따라가다	선배의 뒤를 따라가고 있다.
따라 가다	산길을 따라 가고 있다.
따오다	남의 글에서 따온 것이다.
따 오다	과수원에서 과일을 따 오다.
딴	(붙) 딴마음. 딴말. 딴살림. 딴생각하다.
	(띄) 딴 나라. 딴 마을. 딴 세상 같다.(관형사)
	제 딴에는 잘하는 줄 안다.(의존 명사)
딴사람	결혼 후 딴사람이 되었다.(달라진 사람)
딴 사람	딴 사람에게 부탁해 봐라.(다른 사람)

때	(붙) 이맘때. 저녁때. 점심때. 한때. 때마침.
	그때. 이때. 그때그때.
	(띄) 결혼식 때. 식사 때. 아무 때나.
떠보다	남의 속마음을 떠보다.
떠 보다	눈 좀 떠 보아라.('보다'는 조동사)
떼어먹다	외상값을 떼어먹고 안 갚다.
떼어 먹다	떡을 손으로 조금씩 떼어 먹다.
뜬구름	인생은 뜬구름과 같다.
뜬 구름	하늘에 뜬 구름을 보라.
띄어쓰기	우리말 띄어쓰기는 대단히 어렵다.
띄어쓰기	합성어를 두 낱말로 띄어 쓰기 쉽다.
-ㄹ걸	너는 꼭 합격할걸.(어미)
-ㄹ 걸	승낙할 걸로 알고 있다.
-ㄹ시	그건 위조품일시 분명하다.
-ㄹ 시	법을 어길 시에는 처벌한다.
리(里)	(붙) 삼천리 금수 강산.(한 덩어리로 익은 말)
	(띄) 백 리 밖에서. 십 리 길.(의존 명사)
마음먹다	결혼하기로 마음먹다.
마음 먹다	엉뚱한 마음 먹지 마라.
마저	(붙) 이것마저 가져라.(조사)
	(띄) 이것도 마저 가져라.(부사)
만	(붙) 너만 와라. 짐승만도 못한.(조사)

	오래간만에.('오래간만'은 하나의 명사)
	(띄) 사흘 만에 돌아오다.(의존 명사)
만(滿)	(붙) 만기일(滿期日). 만원(滿員).
	(띄) 만 스무 살. 만 2년. 만 하루 동안.
만(灣)	(붙) 아산만(牙山灣). 영일만(迎日灣).
	(띄) 멕시코 만.(외래어 지명에는 띄어 씀)
만냥(萬兩) 만 냥(萬兩)	만냥판. 만냥태수.(녹봉이 많은 태수) 돈 만 냥.('냥'은 의존 명사)
만년(萬年) 만 년(萬年)	만년 과장. 만년 청춘. 천년만년 살고지고. 만 년 동안.(햇수로 일만 년을 뜻하는 경우)
만리(萬里) 만 리(萬里)	만리장성. 만리장천.(먼 거리를 뜻할 경우) 만 리 길.(실제로 일만 리를 뜻할 경우)
만큼	(붙) 너만큼은 한다.(조사) 　　　지나치리만큼 친절하다.(어미의 일부) 　　　너는 학생이니만큼 공부나 해라.(어미의 일부) (띄) 일한 만큼만 받겠다.(의존 명사) 　　　너도 학생인 만큼.(의존 명사)
많은데 많은 데	돈은 많은데 안 쓰고 있다. 많은 데를 구경하고 오다.('데'는 의존 명사)
말(末)	(붙) 연말. 월말. 주말. 학기말. (띄) 금년 말에. 금주 말에. 20세기 말에.
말아먹다 말아 먹다	재산을 다 말아먹다.(송두리째 날리다) 밥을 국에 말아 먹다.(말아서 먹다)

말없이	말없이 떠나 버리다.
말 없이	아무 말 없이 떠나다.('말'을 꾸미는 말이 있음)
말하다	그렇게 말하지 마라.
말 하다	그런 말 하지 마라.('말'을 꾸미는 말이 있음)
맛없다	맛없는 음식.
맛 없다	아무 맛 없는 물.('맛'을 꾸미는 말이 있음)
매(毎)	(붙) 매시간. 매주. 매년. 매월.
	(띄) 매 회계 연도에. 매 회의 기간마다.
맨	(붙) 맨땅바닥. 맨몸뚱이. 맨손. 맨주먹.(접사)
	(띄) 맨 처음. 맨 나중. 시장에 맨 외국 상품이다.
먹는데	밥은 많이 먹는데 살은 안 찐다.
먹는 데	먹는 데에만 힘쓰다. 밥 먹는 데로 가다.
먼데	갈 길은 먼데 해가 저물다.
먼 데	먼 데로 가지 마라.(먼 곳)
며칠만	며칠만 기다려라.('만'은 조사)
며칠 만	며칠 만에 돌아오다.('만'은 의존 명사)
면(面)	(붙) 신문의 정치면과 사회면.
	(띄) 모든 면에서. 부족한 면이 있다.
몇	(붙) 몇몇 사람.
	(띄) 몇 개월. 몇 년. 몇 백 명. 몇 십 년.
모	(붙) 쓸모없는. 이모저모.
	(띄) 어느 모로 보나. 여러 모로.

모(某)	(붙) 모년(某年). 모씨(某氏). 모일(某日). (띄) 모 지역에서. 김 모가 관련돼 있다.
몰아오다 몰아 오다	젖소 떼를 몰아오다. 오래 전부터 택시를 몰아 왔다.
못되다 못 되다	못된 장난. 못되면 조상 탓. 장관은커녕 국장도 못 되었다. 일 년도 못 되어.
못살다 못 살다	못산다고 얕보지 마라. 못살게 굴다. 이 동네에서 못 살겠다. 시끄러워 못 살겠다.
못쓰다 못 쓰다	거짓말하면 못쓴다. 얼굴이 못쓰게 상했다. 아무짝에도 못 쓸 물건. 못 쓰는 물건.
무엇하다 무엇 하다	직접 말하기가 좀 무엇하다.(난처하다) 돈은 벌어서 무엇 하느냐?
문안(門-) 문 안(門-)	서울의 문안에 사는 사람.(서울 사대문 안) 문 안에 들여놓다.
뭇	(붙) 뭇매. 뭇매질. 뭇발길. 뭇입.(접두사) (띄) 뭇 백성. 뭇 사람. 뭇 사내.(관형사)
뭣하다 뭣 하다	직접 말하기가 좀 뭣하다.(난처하다) 그렇게 돈 벌어서 뭣 하느냐?
밀려오다 밀려 오다	밀려오는 파도. 외국 자본이 밀려오다. 여러 달 밀려 오던 방세를 내다.
바람	(붙) 겨울바람. 봄바람. 하늬바람. (띄) 떠드는 바람에. 내의 바람으로.

실 한 바람. 한 바람의 새끼.

밖	(붙) 문밖 출입. 밖사랑(큰사랑).
	(띄) 그 밖의. 예상 밖의. 문 밖으로.
밖에	(붙) 그렇게 할 수밖에 없다.('밖에'는 조사)
	돈이 이것밖에 없다.('밖에'는 조사)
	(띄) 이 밖에도 또 있다.(이것 이외에도)
	집 밖에 내놓다.(집의 밖에)
반(半)	(붙) 반나절. 반나체. 반만년. 반죽음 상태.
	(띄) 생선 반 토막. 반 이상의 찬성.
반대하다	결사적으로 반대하다.
반대 하다	결사적인 반대 하다.('반대'를 꾸미는 말이 있음)
방밖에(房—)	편히 쉴 곳은 방밖에 없다.
방 밖에(房—)	방 밖에 내놓다.(방의 밖에)
백년(百年)	백년가약. 백년해로. 사위는 백년손님이다.
백 년(百年)	몇 백 년 전에. 오백 년 동안.
백일	백일잔치. 백일기도.
백 일	백 일 동안. 백 일간 기도하다.
번(番)	(붙) 이번 행사. 먼젓번.
	(띄) 열 번 찍다. 한두 번이 아니다.
변함없다	변함없는 우정.
변함 없다	아무 변함 없는.('변함'을 꾸미는 말이 있음)
별(別)	(붙) 별걱정. 별문제. 별세계. 능력별로. 학년별로.

	(띄) 별 부담 없이. 별 성과 없이.(관형사)
병들다 **병 들다**	병들어야 설움을 안다. 병들고 굶주린 사람. 죽을 병 들었나 보다.('병'을 꾸미는 말이 있음)
병중에(病中一) **병 중에**(病中一)	병중에는 조심해야 한다.(병을 앓고 있는 동안) 병 중에 가장 무서운 병.
보고	(붙) 나보고 가라는 거냐? 누구보고 하는 소리냐? (띄) 많이 보고 많이 들어야 한다.
보고하다 **보고 하다**	허위로 보고하다. 허위 보고 하다.('보고'를 꾸미는 말이 있음)
보다	(붙) 쳐다보다. 들여다보다.(하나의 동사) 너보다 크다.(조사) (띄) 보다 더 빨리, 보다 더 높게.(부사) 먹어 보다. 두드려 보다.(보조 동사) 너 피곤한가 보다.(보조 형용사)
보름만 **보름 만**	보름만 기다려라.(조사) 보름 만에 돌아오다.(의존 명사)
보물찾기 **보물 찾기**	보물찾기 놀이를 하다. 보물 찾기 위하여 헤매다.
보아주다 **보아 주다**	형편 좀 보아주십시오.(살펴 이해하다) 아기를 보아 주다.
본(本)	(붙) 본값. 본맛. 본바닥. 본바탕. 본받다. 본보다. (띄) 본 법정에서는. 본 대학에서. 본 협회에서.

본데없이 **본 데 없이**	본데없이 자라서 예의가 없다. 안 가 본 데 없이 다 가 보다.('데'는 의존 명사)
본보다 **본 보다**	애들이 본볼까 두렵다. 나쁜 본 볼까 두렵다.('본'을 꾸미는 말이 있음)
본회의(本會議) **본 회의(本會議)**	국회 본회의에 회부하다.(국회법상의 본회의) 본 회의는 중요한 회의이므로.(이번 회의)
봐주다 **봐 주다**	편의를 봐주다. 사정을 봐주다. 아기를 봐 주다.
부탁하다 **부탁 하다**	무리하게 부탁하지 마라. 무리한 부탁 하지 마라.('부탁'을 꾸미는 말이 있음)
분	(붙) 이분. 그분. 저분. (띄) 어떤 분. 착한 분. 손님이 여러 분 오다.
빈	(붙) 빈말. 빈방. 빈손. 빈주먹. 빈집. 빈칸. (띄) 빈 교실. 빈 그릇. 빈 택시.
빈틈 **빈 틈**	빈틈이 없는 사람. 빈틈없이 처리하다. 집이 빈 틈에 도둑이 들다.
빼놓다 **빼 놓다**	자료를 빼놓고 오다. 빼놓을 수 없는 사람. 잘 때는 틀니를 빼 놓아 둔다.
빼먹다 **빼 먹다**	강의를 빼먹다. 말을 빼먹다. 곶감을 손으로 빼 먹다.(빼서 먹다)
뻘	(붙) 할아버지뻘이다. 조카뻘 된다.(접사) (띄) 무슨 뻘 되는 일가인가?(의존 명사)

뿐	(붙) 너뿐 아니라.(접사)
	(띄) 오직 노력할 뿐이다.(의존 명사)
	마음이 착할뿐더러.('-ㄹ뿐더러'는 어미)
사정없이	비가 사정없이 내리고 있다.
사정 없이	특별한 사정 없이 결근하다.
사흘만	사흘만 기다려라.(조사)
사흘 만	사흘 만에 돌아오다.(의존 명사)
산(山)	(붙) 금강산. 태백산.(한국 지명)
	(띄) 에베레스트 산.(외래어 지명)
산돼지(山-)	멧돼지를 뜻할 경우.
산 돼지	살아 있는 돼지를 뜻할 경우.
산밖에(山-)	둘러보아도 산밖에 없다.('밖에'는 조사)
산 밖에(山-)	산 밖에 난 범 신세.(산의 밖에)
산사람(山-)	산에서 사는 사람을 뜻할 경우.
산 사람	살아 있는 사람을 뜻할 경우.
산짐승(山-)	산에서 사는 짐승을 뜻할 경우.
산 짐승	살아 있는 짐승을 뜻할 경우.
살아오다	행복하게 살아오다.
살아 오다	전쟁터에서 살아 온 사람.(살아서 돌아오다)
삼다	(붙) 사냥을 일삼고 있다.
	(띄) 딸 삼아 기르다. 짚신 삼는 사람.
삼천리(三千里)	삼천리 우리 강산. 삼천리금수강산.

삼천 리(三千里)	차로 삼천 리나 달리다.(실제 거리)
삼촌댁(三寸宅) **삼촌 댁(三寸宅)**	저분이 우리 삼촌댁이다.(삼촌의 아내) 삼촌 댁에 묵고 있다.(삼촌의 집)
상(上)	(붙) 관계상. 미관상. 사실상. 역사상. 인터넷상의. (띄) 지구 상의. 도로 상에서.
상관없다 **상관 없다**	안 와도 상관없다. 너와는 상관없는 일이다. 아무 상관 없다.('상관'을 꾸미는 말이 있음)
상식밖(常識-) **상식 밖(常識-)**	기본적인 상식밖에 없다.('밖에'는 조사) 상식 밖의 일을 하고 있다.
새	(붙) 새달. 새해. 새싹. 새집. 새마을 운동. (띄) 새 신. 새 옷. 새 친구. 새 학교.
생각나다 **생각 나다**	고향 친구들이 생각난다. 고향 생각 난다.('생각'을 꾸미는 말이 있음)
생각하다 **생각 하다**	달리 생각하지 마라. 다른 생각 하지 마라.('생각'을 꾸미는 말이 있음)
석(石)	(붙) 천석꾼. 만석꾼. (띄) 쌀 백 석.(수를 세는 단위)
섬[島]	(붙) 동백섬. 밤섬.(한국 지명) (띄) 코르시카 섬. 쿠바 섬.(외래어 지명)
성공하다 **성공 하다**	의외로 성공하다. 의외의 성공 하다.('성공'을 꾸미는 말이 있음)

세기말(世紀末)	세기말 현상.
세기 말	20세기 말에.
소문나다	나쁘게 소문나다.
소문 나다	나쁜 소문 나다.('소문'을 꾸미는 말이 있음)
속	(붙) 가슴속. 마음속. 땅속. 물속. 속눈썹. 속마음.
	(띄) 바다 속에. 바닷물 속에. 집 속에. 흙 속에.
손색없다	선진국에 비해도 전혀 손색없다.
손색 없다	아무 손색 없다.('손색'을 꾸미는 말이 있음)
손위	손위 처남. 손위 동서.
손 위	내 손 위에 놓아라.
수(數)	(붙) 수많은. 수백 명. 수십 명. 정족수(定足數).
	수개월간. 수년간. 수주 동안.
	(띄) 사람 수. 지원자 수. 청중 수. 학생 수.
순	(붙) 순수입. 순이익. 순이자. 순매도.
	(띄) 순 도둑놈이다. 순 한국식. 순 우리말 신문.
승리하다	뜻밖에 승리하다.
승리 하다	뜻밖의 승리 하다.('승리'를 꾸미는 말이 있음)
시(時)	(붙) 비상시. 표준시.
	(띄) 비행 시에. 주행 시에. 평화 시에.
	법을 어길 시에는. 배반할 시에는.
시(市)	(붙) 특별시. 직할시. 수원시. 시의회.
	(띄) 시 단위로. 시 주최로. 시 주관 하에.

시간만(時間−)	한 시간만 기다려라.('만'은 조사)
시간 만	한 시간 만에 돌아오다.('만'은 의존 명사)
식(式)	(붙) 동양식. 기계식. 개업식. 거저먹기식으로.
	(띄) 그런 식으로. 울며 겨자 먹기 식으로.
심부름하다	심부름해 주다.
심부름 하다	남의 심부름 해 주다.
십년(十年)	십년감수하다. 십년공부. 십년지기.
십 년(十年)	십 년 동안. 십 년 만에.
싶다	(붙) 올 듯싶다. 많을 성싶다.
	(띄) 먹고 싶다. 누가 볼까 싶어서.
쏘아보다	무서운 눈으로 쏘아보다.
쏘아 보다	총을 쏘아 보다.('보다'는 보조 동사)
씨(氏)	(붙) 김해 김씨. 박씨 문중.(성씨)
	(띄) 김 씨. 박 씨.(사람을 가리킬 경우) 홍길동 씨. 철수 씨.
아는데	남들은 다 아는데 넌 왜 모르나?
아는 데	아는 데를 찾아가다.('데'는 의존 명사)
아니하다	노력하지 아니하다. 아름답지 아니하다.(보조 용언)
아니 하다	일을 아니 하다.('아니'는 부사)
안됐다	실패했다니 참 안됐다. 그것 참 안됐다.
안 됐다	시간이 아직 안 됐다.('안'은 부사)
알속	알속 있는 부자.
알 속	알 속에서 병아리가 나오다.

암만해도	이건 암만해도 네 잘못인 것 같다.
암만 해도	일을 암만 해도 끝이 없다.(아무리 해도)
앞가림하다	앞가림해 나가다.
앞가림 하다	제 앞가림 해 나가다.
양(兩)	(붙) 양국. 양극단. 양다리. 양손. 양쪽. 양편.
	(띄) 양 갈래로. 양 무릎. 양 단체. 양 방향.
양	(붙) 다 아는 양하다.('양하다'는 보조 동사)
	(띄) 다 아는 양 떠들다.('양'은 의존 명사)
얘기하다	남에게 얘기하지 마라
얘기 하다	남의 얘기 하지 마라.('얘기'를 꾸미는 말이 있음)
어린것	어린것이 고생을 한다.(어린아이. 어린 자식)
어린 것	너무 어린 것을 잡다.('어린'을 한정하는 말이 있음)
어린아이	어린아이를 돌보다.(하나의 명사)
어린 아이	너무 어린 아이.('어린'을 한정하는 말이 있음)
어제오늘	어제오늘의 일이 아니다.(요 며칠. 아주 최근)
어제 오늘	어제 오늘 연휴다.(어제와 오늘)
어찌하다	어찌하여 내 마음을 그렇게 몰라 주느냐?
어찌 하다	차마 그런 짓을 어찌 하겠느냐?('어찌'는 부사)
없는데	돈도 없는데 병이 났다.
없는 데	사람 없는 데로 가다.('데'는 의존 명사)
없이하다	졸음을 없이하는 약.(없어지게 하다)
없이 하다	건축을 허락도 없이 하다.('없이'는 부사)

여러	(붙) 국민 여러분. 여러해살이.
	(띄) 여러 나라. 여러 도시. 여러 사람.
여러분	손님 여러분, 어서 드십시오.(대명사)
여러 분	손님이 여러 분 왔다.(여러 사람)
여지없이	준비를 안 해서 여지없이 실패하다.
여지 없이	더 생각할 여지 없이 승낙하다.
역(役)	(붙) 일인이역. 악역을 맡다.
	(띄) 춘향 역을 맡다. 이 도령 역을 맡다.
역(驛)	(붙) 종착역. 철도역. 서울역. 부산역.
	(띄) 역 대합실. 역 앞에서. 다음 역에서.
연(延)	(붙) 연건평. 연인원. 연일수.
	(띄) 연 만여 명. 연 나흘째.
연(年)	(붙) 연말연시. 연말 정산. 연이율. 연회비.
	(띄) 연 강우량. 연 평균. 연 400% 보너스.
연구하다	열심히 연구하고 있다.
연구 하다	중요한 연구 하고 있다.('연구'를 꾸미는 말이 있음)
옛	(붙) 옛것. 옛길. 옛말. 옛사랑. 옛이야기. 옛일. 옛집.
	(띄) 옛 마을. 옛 모습. 옛 추억. 옛 친구.
오늘내일	오늘내일 끝날 일이 아니다.(가까운 시일 안에)
오늘 내일	오늘 내일 이틀간 쉰다.(오늘과 내일)
오라기	(붙) 실오라기 같은.
	(띄) 실 한 오라기 남기지 않고.

오라는데 오라는 데	놀러 오라는데 가고 싶지 않다. 오라는 데가 없다.('데'는 의존 명사)
오라버니댁 오라버니 댁	오빠의 부인을 뜻할 경우. 오빠의 집을 뜻할 경우.
온	(붙) 온갖. 온달. 온마리. 온몸. 온종일. 온통. (띄) 온 집안에. 온 마을. 온 세상.(관형사)
올라오다 올라 오다	산에 올라오다. 일 년 동안 물가가 계속 올라 왔다.
외(外)	(붙) 예외. 해외. 상상외의. 예상외로. (띄) 그 외에. 이것 외에. 나 외에도. 정원 외로.
외삼촌댁 외삼촌 댁	저분이 우리 외삼촌댁이다.(외숙모) 외삼촌 댁에 묵고 있다.(외삼촌의 집)
요즘같이 요즘 같이	요즘같이 어려운 때.('같이'는 조사) 그들은 요즘 같이 일한다.('같이'는 부사)
우는소리 우는 소리	부자인데도 우는소리만 한다. 애 우는 소리가 들린다.
우리글 우리 글	우리말 우리글을 사랑해야 한다.(한글) 선생님이 우리 글을 읽고 있다.(우리들이 쓴 글)
우리말 우리 말	외래어 대신 우리말을 쓰자.(한국어) 부모님은 우리 말을 믿어 주신다.(우리들의 말)
운동하다 운동 하다	아침에 운동하고 출근하다. 무리한 운동 하지 마라.('운동'을 꾸미는 말이 있음)

월(月)	(붙) 월간지. 월평균. 삼월. 월말. 월초.
	(띄) 월 생산량. 월 소비량. 월 수출량.

월말(月末)	월말 결산. 월말경에.
월 말(月末)	삼월 말에. 구월 말에.

웬	(붙) 웬걸. 웬만큼. 웬셈인지. 웬일로.
	(띄) 웬 떡이냐? 웬 영문인지.(관형사)

웬일	네가 웬일로 여길 왔느냐?
웬 일	너는 웬 일을 그렇게 많이 하느냐?

-은데	구경은 하고 싶은데 돈이 없다.
-은 데	가고 싶은 데는 다 가 봐라.('데'는 의존 명사)

-은지	얼마나 좋은지 모르겠다.(어미)
-은 지	죽은 지 십 년 된다.('지'는 의존 명사)

의심받다	의심받을 짓 하지 마라.
의심 받다	남의 의심 받을 짓을 하다.('의심'을 꾸미는 말이 있음)

이	(붙) 늙은이. 젊은이. 어린이.(하나로 익은 낱말)
	(띄) 전혀 모르는 이다. 아는 이가 왔다.(의존 명사)

이것밖에	가진 돈이 이것밖에 없다.('밖에'는 조사)
이것 밖에	이것 밖에도 많이 있다.(이것 외에도)

이런	(붙) 이런고로. 이런대로. 이런저런 잘못.
	(띄) 이런 것. 이런 일. 이런 사람. 이런 적이 없다.

이런데	날씨가 이런데 어떻게 가니?
이런 데	이런 데서는 못 살겠다.('데'는 의존 명사)

이를테면	그는 이를테면 살아 있는 역사책이다.(부사)
이를 테면	선생님께 이를 테면 일러 봐라.('터'는 의존 명사)
이야기하다	남과 이야기하지 마라.
이야기 하다	남의 이야기 하지 마라.('이야기'를 꾸미는 말이 있음)
이외	우리 학교 학생 이외에는 들어오지 마라.
이 외	좋은 물건이 이 외에도 많이 있다.(이것 외에)
이틀만	이틀만 기다려라.('만'은 조사)
이틀 만	이틀 만에 돌아오다.('만'은 의존 명사)
일	(붙) 나랏일. 농사일. 집안일. 허드렛일. 일자리.
	(띄) 동네 일. 마을 일. 목수 일. 학교 일. 회사 일.
일년(一年)	일년근(一年根). 일년생초(一年生草).
일 년(一年)	일 년에 한 번씩. 일 년 동안.
일없다	네가 화를 내도 일없다.(소용 없다)
일 없다	그간 아무 일 없었다. 일 없는 날.
일하는데	남들은 일하는데 그는 안 한다.
일하는 데	일하는 데 방해가 된다.('데'는 의존 명사)
일하다	열심히 일하고 있다.
일 하다	힘든 일 하고 있다.('일'을 꾸미는 말이 있음)
일회(一回)	일회용 주사기. 일회용품. 일회전.
일 회(一回)	일 회에 한하여 연임할 수 있다.
입밖에	그는 자기 입밖에 모른다.
입 밖에	이 비밀을 입 밖에 내지 마라.

자리하다 **자리 하다**	남쪽에 자리하고 있다.(자리 잡고 있다) 벼슬 한 자리 하고 싶다.
작은	(붙) 작은아버지. 작은어머니. 작은형. (띄) 키가 작은 형.
작은아이 **작은 아이**	우리 작은아이.(작은아들, 작은딸) 키가 작은 아이.
작은집 **작은 집**	큰집 잔치에 작은집 돼지 잡는다. 그는 작은 집에서 살고 있다.
잔	(붙) 잔돌. 잔소리. 잔심부름. 잔솔밭. (띄) 잔 도토리. 잔 살구.('잘다'의 관형사형)
잘	(붙) 잘난 체한다. 잘생긴 얼굴. (띄) 잘 먹는다. 잘 어울린다.(부사)
잘라먹다 **잘라 먹다**	장사 밑천을 잘라먹다. 바나나를 잘라 먹다.(잘라서 먹다)
잘못 먹다 **잘 못 먹다**	음식을 잘못 먹어 탈이 나다. 술은 잘 못 먹는다.(잘 먹지는 못한다)
잘생기다 **잘 생기다**	너무나 잘생긴 얼굴. 돈이 잘 생기는 자리.
잠깐만 **잠깐 만**	잠깐만 기다려라.('만'은 조사) 잠깐 만에 다 완성하다.('만'은 의존 명사)
장군(將軍)	(붙) 장군석(將軍石). 장군목(將軍木). (띄) 이순신 장군. 이 장군.

장난하다	너무 장난하지 마라.
장난 하다	위험한 장난 한다.('장난'을 꾸미는 말이 있음)
장사하다	그는 장사해서 먹고 산다.
장사 하다	밑지는 장사 하다.('장사'를 꾸미는 말이 있음)
저것밖에	남은 것은 저것밖에 없다.('밖에'는 조사)
저것 밖에	저것 밖에도 많이 있다.(저것 이외에)
전(全)	(붙) 전교생. 전국. 전속력으로.
	(띄) 전 가족. 전 국민. 전 시민. 전 회원.
전(前)	(붙) 전날. 전달. 전전달. 전처. 전해.
	(띄) 전 대통령. 전 시대. 전 학기. 전 회장.
	십 년 전에 졸업하다.
점(點)	(붙) 가운뎃점. 꼭짓점. 문제점.
	(띄) 고기 한 점. 백 점 받다. 나쁜 점.
점찍다	사윗감으로 점찍어 두다.
점 찍다	맞는 답에 점 찍어 보다.
접어놓다	그런 욕심은 접어놓아라.
접어 놓다	우산을 잘 접어 놓아라.
접어들다	장마철에 접어들다.
접어 들다	우산을 잘 접어 들고 가다.
정들다	깊이 정들기 전에. 정든 고향 땅에.
정 들다	깊은 정 들기 전에.('정'을 꾸미는 말이 있음)
제(劑)	(붙) 소화제. 진통제.

	(띄) 보약 한 제 지어 오다.(의존 명사)
조각나다	조각난 거울. 조각나 버리다.
조각 나다	산산조각 나다. 여러 조각 나다.
좀더	너는 좀더 쉬었다 와라.
좀 더	생각 좀 더 해라.
좋은데	물건은 좋은데 너무 비싸다.('-은데'는 어미)
좋은 데	좋은 데로 가서 살다.('데'는 의존 명사)
주는데	월급은 많이 주는데 일이 힘들다.
주는 데	월급 많이 주는 데로 가다.('데'는 의존 명사)
주인집	셋방살이하며 주인집 신세를 지다.
주인 집	그 배의 주인 집으로 가다.(주인의 집)
준비하다	철저히 준비해 가지고 오다.
준비 하다	철저한 준비 하다.('준비'를 꾸미는 말이 있음)
줄걸	그 사람에겐 아마 안 줄걸요.
줄 걸	틀림없이 줄 걸로 알고 있다.(줄 것으로)
중(中)	(붙) 은연중에. 무의식중에. 상중(喪中)이다.
	(띄) 너희 중에. 꽃 중에서. 그 중에.(여럿의 가운데)
	근무 중이다. 회의 중이다. 식사 중.(하는 동안)
	금년 중에. 내일 중으로. 오전 중에.(기간 안에)
	임신 중에. 수감 중. 재학 중에. 휴가 중.(상태)
	공기 중에. 진흙 중에. 해수 중에.(안이나 속)
즈음	(붙) 그즈음. 요즈음. 이즈음. 즈음하여.
	(띄) 나가려 할 즈음에.(의존 명사)

지	(붙) 올지 안 올지. 꿈인지 생시인지.(어미의 일부)
	(띄) 만난 지 오래 된다. 떠난 지 일 년.(의존 명사)
지금같이	지금같이 어려운 때.(조사)
지금 같이	그들은 지금 같이 살고 있다.(부사)
지시하다	특별히 지시하다.
지시 하다	특별한 지시 하다.('지시'를 꾸미는 말이 있음)
지어먹다	지어먹은 마음 사흘 못 간다.
지어 먹다	밥을 지어 먹다.(지어서 먹다)
지은이	이 책의 지은이가 누구냐?(저자)
지은 이	이 책을 지은 이가 누구냐?(목적어가 있음)
집밖	편한 곳은 우리 집밖에 없다.('밖에'는 조사)
집 밖	집 밖에 내놓다. 집 밖 청소.(건물의 밖)
집안	가까운 집안끼리. 집안 어른. 집안이 기울다.
집 안	집 안을 청소하다. 집 안에 들여놓다.(건물의 안)
집어넣다	감방에 집어넣다. 순서에 집어넣다.
집어 넣다	손으로 조금씩 집어 넣다.(집어서 넣다)
집어먹다	남의 재산을 집어먹다. 겁을 집어먹다.
집어 먹다	떡을 손으로 집어 먹다.(집어서 먹다)
짓	(붙) 눈짓. 발짓. 손짓.
	(띄) 나쁜 짓. 하는 짓이 모두 그렇다.
짓다	(붙) 결론짓다. 결말짓다. 관련짓다. 매듭짓다.
	(띄) 글 짓다. 밥 짓다. 집 짓다.

쪽 (방향)	(붙)	동쪽. 서쪽. 남쪽. 북쪽. 동남쪽. 북서쪽.
	(띄)	고향 쪽으로. 정거장 쪽으로.
쪽 (조각)	(붙)	대쪽. 마늘쪽. 종이쪽.
	(띄)	유리 쪽. 깨진 그릇 쪽. 사과 한 쪽.
차(次)	(붙)	인사차 오다. 사업차. 연구차.
		일차적. 이차적. 삼차 방정식.
	(띄)	제일 차 토론회. 수십 차 방문하다
		서울에 왔던 차에 친구를 만나다.
차가다		독수리가 토끼를 차가다.
차 가다		기한이 거의 차 간다.('가고'는 보조 동사)
차다	(붙)	기운차게. 활기차게.
	(띄)	가득 차다.
채	(붙)	사랑채. 안채. 바깥채. 머리채. 장구채.
	(띄)	집 한 채. 이불 한 채. 옷 입은 채.
책임지다		내가 책임지고 해결하겠다.
책임 지다		내가 모든 책임 지겠다.('책임'을 꾸미는 말이 있음)
천근(千斤-)		천근만근.(매우 무거움을 나타냄)
천 근(千斤-)		무게가 천 근 정도 된다.(실제의 무게)
천년(千年)		어느 천년에. 천년만년 살고지고.
천 년(千年)		천 년 동안.(실제의 기간)
천리(千里)		천리마. 천리안. 천리만리 달아나다.
천 리(千里)		거리가 천 리나 된다.(실제의 거리)

첫	(붙) 첫가을. 첫눈에. 첫머리. 첫사랑. 첫인사.
	(띄) 첫 거래. 첫 남편. 첫 직장. 첫 휴가.
첫날밤	결혼 첫날밤.
첫날 밤	도착한 첫날 밤에.
첫여름	어느새 첫여름이 되었다.(初夏)
첫 여름	취직한 후의 첫 여름 휴가.
쳐내다	오물을 쳐내다.
쳐 내다	공을 쳐 내다.
쳐주다	값을 쳐주다. 제일인자로 쳐주다.
쳐 주다	전보를 쳐 주다. 식초를 쳐 주다.
초(初)	(붙) 초가을. 초여름. 초간택.
	(띄) 내년 초에. 학기 초에. 조선 초에.
총(總)	(붙) 총감독. 총결산. 총공격. 총동원.
	(띄) 총 오천만 원의 예산. 총 1,000명이 일하다.
취급하다	바보처럼 취급하고 있다.
취급 하다	바보 취급 하고 있다.('취급'을 꾸미는 말이 있음)
측(側)	(붙) 상대측. 적측에서. 좌측. 우측
	(띄) 학교 측. 아군 측. 야당 측. 우리 측.
층(層)	(붙) 이층집. 위층. 노년층. 일층 더 노력하다.
	(띄) 꼭대기 층에. 여러 층.
치고	(붙) 학생치고 그것 모르는 사람 없다.(조사)
	(띄) 그 돈 기부한 셈 치고 잊어버려라.(동사)

| | 수석은 둘째 치고 합격이나 했으면.(동사) |
| | 도랑 치고 가재 잡는다.(동사) |

| 치료하다 | 무료로 치료해 주다. |
| 치료 하다 | 무료 치료 해 주다.('치료'를 꾸미는 말이 있음) |

| 칸 | (붙) 빈칸. 칸막이. |
| | (띄) 방 한 칸. 맨 앞 칸. 찬장 아래 칸에. |

| 코앞 | 코앞에 두고도 몰라보다.(가까운 거리) |
| 코 앞 | 냄새 맡아 보라고 코 앞에 대다.(코의 앞) |

| 큰 | (붙) 큰아버지. 큰어머니. 큰형. 큰일. 큰돈. |
| | (띄) 키가 큰 형. 큰 나무. |

| 큰놈 | 얘가 우리 큰놈이다.(큰아들) |
| 큰 놈 | 더 큰 놈을 가져와라.(큰 것) |

| 큰사람 | 어머니 덕에 큰사람이 되다.(위대한 사람) |
| 큰 사람 | 키가 큰 사람. |

| 큰소리 | 말로만 큰소리 치고 있다.(호언 장담) |
| 큰 소리 | 큰 소리로 외치다.(크게 내는 소리) |

| 큰손 | 증권가의 큰손.(대규모 투자자) |
| 큰 손 | 그 큰 손으로 집다.(실제로 큰 손) |

| 큰아이 | 얘가 우리 큰아이다.(큰아들이나 큰딸) |
| 큰 아이 | 큰 아이들은 뒤에 서라.(키가 큰 아이) |

| 큰집 | 큰집 잔치에 작은집 돼지 잡는다.(종가나 큰형의 집) |
| 큰 집 | 큰 집을 사서 이사하다.(큰 건물) |

타(他)	(붙) 타곳. 타국. 타도. 타동네. 타향.
	(띄) 타 업소. 타 지역. 타 학교.(관형사)
타고난	그는 타고난 천재다.
타고 난	차에 타고 난 후에.
탓하다	남을 탓하지 마라.
탓 하다	남의 탓 하지 마라.('탓'을 꾸미는 말이 있음)
터	(붙) 낚시터. 놀이터. 싸움터. 일터.
	(띄) 시장할 터인데. 그럴 테지.
턱	(붙) 한턱내다. 문턱. 창턱.
	(띄) 승진 턱. 알 턱이 없다. 그냥 그 턱이다.
토막	(붙) 나무토막. 토막고기. 토막글. 토막말.
	(띄) 생선 토막. 토막 소식. 토막 기사. 토막 뉴스.
통(通)	(붙) 소식통에 의하면. 그는 미국통이다. 종로통.
	(띄) 편지 한 통. 서류 한 통.
통(桶)	(붙) 나무통. 물통. 술통. 양철통. 드럼통(drum桶).
	(띄) 물 한 통. 막걸리 한 통.
투	(붙) 글투. 말투.
	(띄) 편지 투. 한문 투. 반말 투로. 비꼬는 투로.
티	(붙) 막내티. 소녀티. 시골티. 촌티.
	(띄) 궁한 티가 나다. 신입 사원 티가 나다.
판	(붙) 씨름판. 노름판. 도박판. 먹자판.
	(띄) 궁금한 판에. 마지막 판에.

편(便)	(붙) 교통편. 동편 하늘. 상대편. 아래편짝.
	(띄) 같은 편이다. 우리 편이다.
	기차 편에. 동생 편에. 가는 사람 편에.
편(篇)	(붙) 전편. 후편. 단편 소설. 장편 소설.
	(띄) 기초 편. 뒤쪽 편. 마지막 편. 소설 한 편.
품속	품속에 지니고 다니다.
품 속	넓은 품 속에.('품'을 꾸미는 말이 있음)
피나는	피나는 노력을 하다.('힘든'을 뜻할 경우)
피 나는	피 나는 상처를 싸매다.(실제로 피가 날 경우)
하고	(붙) 연필하고 책하고 노트를 사다.(조사)
	너하고 비슷하다. 나하고 놀자.(조사)
	(띄) 공부를 하고 있다.
	"네" 하고 대답을 하다.
하는데	공부를 하는데 친구가 찾아오다.('−는데'는 어미)
하는 데	공부하는 데 힘쓰다. 일하는 데로 가 있다.
하루만	하루만 기다려라.('만'은 조사)
하루 만	하루 만에 돌아오다.('만'은 의존 명사)
하며	(붙) 연필하며 책하며 노트를 사다.(조사)
	(띄) 노래를 하며 걸어가다.(동사)
한	(붙) 한가운데. 한걱정. 한밤중. 한복판. 한시름.
	한동안. 한세상. 한마음 한뜻. 한집안처럼.
	(띄) 한 고향 사람.(같은 고향 사람)
한가지	모두 한가지다.(서로 같음. 같은 종류)

한 가지	한 가지만 알고 두 가지는 모른다.
한걸음 **한 걸음**	먼 길을 한걸음에 달려오다. 한 걸음만 뒤로 물러서라.
한군데 **한 군데**	휴지를 한군데에 버리다.(일정한 곳) 갈 곳이 한 군데가 아니라 두 군데다.
한나라 **한 나라**	'漢나라', '韓나라'를 뜻할 경우. '하나의 나라'를 뜻할 경우.
한민족 **한 민족**	'漢民族', '韓民族'을 뜻할 경우. '민족, 같은 민족'을 뜻할 경우.
한밤 **한 밤**	한밤중에 누가 찾아오다. 한 밤만 자고 나면 내 생일이다.
한번 **한 번**	언제 한번 놀러 와라. 춤 한번 잘 춘다. 턱걸이를 한 번밖에 못 한다.(횟수가 一回)
한잔 **한 잔**	잠깐 한잔하고 가자.(간단히 한 차례 마시는 술) 소주를 한 잔밖에 못 마신다.
한쪽 **한 쪽**	한쪽 눈. 한쪽으로 기울다. 사과 한 쪽. 마늘 한 쪽.
한철 **한 철**	지금 수박이 한철이다. 여름 한 철 벌어 일 년 산다.(한 계절)
한층 **한 층**	생활이 한층 윤택해지다.(한 단계 더) 한 층만 더 올라가라. 호텔 한 층을 다 예약하다.

한판 **한 판**	한판 승부를 겨루다. 바둑 한 판을 더 두다.
함께하다 **함께 하다**	생사고락을 함께하다. 어려움을 함께한 친구. 저녁 식사를 함께 하다.
해(海)	(붙) 동해. 북극해. 지중해.(우리말 지명) (띄) 아라비아 해. 카리브 해.(외래어 지명)
해묵은 **해 묵은**	해묵은 사건을 해결하다. 여러 해 묵은 사건.
헌	(붙) 헌것. 헌계집. 헌솜. 헌신짝. (띄) 헌 가구. 헌 구두. 헌 양복.(관형사)
현(現)	(붙) 현세대. 현존재. 현주소. (띄) 현 대통령. 현 정권. 현 서울시장.(관형사)
형(兄)	(붙) 큰형. 작은형. (띄) 사촌 형. 이종 형. 김 형. 박 형. 김철수 형.
활동하다 **활동 하다**	열심히 활동하고 있다. 중요한 활동 하고 있다.('활동'을 꾸미는 말이 있음)
후(後)	(붙) 후백제. 후보름. 후서방. (띄) 그 후에. 방과 후에. 십 년 후에. 퇴근 후에.
훑어보다 **훑어 보다**	편지를 대충 훑어보다. 손으로 벼를 훑어 보다.
훔쳐보다 **훔쳐 보다**	몰래 훔쳐보지 마라. 남의 것을 훔쳐 본 적 없다.

힘들이다	힘들여 일을 하다.
힘 들이다	큰 힘 들이지 않고.('힘'을 꾸미는 말이 있음)
힘없다	힘없는 걸음으로 오다.
힘 없다	아무 힘 없는 사람이다.('힘'을 꾸미는 말이 있음)

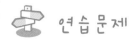
※ 다음 문장을 올바르게 띄어 쓰시오.

1. 채영신씨가온지사흘만에청군대백군의경기가이곳저곳에서시작된듯하다.

2. 그는될성싶지도않은일을하느라고집밭논등돈이될만한재산을다팔아버렸다.

3. 너는너대로그때그곳에서본대로들은대로정직하게말해야한다.

4. 반장및반원들이책상걸상등을정리하는체하다가떠나가버렸다.

5. 내가귀국한지십년이되었지만여기서지낸이일년동안은잊을수없을것같다.

6. 제딴에는하노라고한듯하지만뜻한바를이루지못하고십년만에병이든채돌아온듯싶다.

7. 근십분동안30여미터앞에있는검은색코트를입은우리큰형의보일듯말듯한모습을바라보고있었다.

8. 다친데바르는약을준비안한건우리둘다잘못이므로큰사고나기전에나는집에갈터이다.

9. 삼십만톤급의선박이삼천명가량의승객을태우고틀림없이한달만에돌아온듯하다.

10. 철호는집떠난지십년만에결혼도하지못하고돈도못벌고몸도약해진채
    쓰러질듯말듯한걸음걸이로돌아온듯싶다.

11. 머리아픈데먹는약을파는데에가보았더니쓸데없는약만팔고있었다.

12. 큰아버지께서나에게너는너대로뜻한대로변함없이해나가야한다하고
    말씀하셨다.

13. 열내지스무명의학생들이부산목포등지를여행하다가떠난지십여일만
    에돌아온듯싶다.

14. 띄어쓸수있는부분을붙여쓰는등띄어쓰기가잘못된곳이한두군데가아
    니다.

15. 그사람은심심하던차에이곳저곳을세상사는재미있는일을찾아헤매기
    만하다가이십여일만에돌아왔다.

1. 채영신 씨가 온 지 사흘 만에 청군 대 백군의 경기가 이곳저곳에서 시작된 듯하다.
2. 그는 될 성싶지도 않은 일을 하느라고 집, 밭, 논 등 돈이 될 만한 재산을 다 팔아 버렸다.
3. 너는 너대로 그때 그곳에서 본 대로 들은 대로 정직하게 말해야 한다.
4. 반장 및 반원들이 책상, 걸상 등을 정리하는 체하다가 떠나가 버렸다.
5. 내가 귀국한 지 십 년이 되었지만, 여기서 지낸 이 일 년 동안은 잊을 수 없을 것 같다.
6. 제 딴에는 하노라고 한 듯하지만 뜻한 바를 이루지 못하고 십 년 만에 병이 든 채 돌아온 듯 싶다.
7. 근 십 분 동안 30여 미터 앞에 있는 검은색 코트를 입은 우리 큰형의 보일 듯 말 듯한 모습을 바라보고 있었다.
8. 다친 데 바르는 약을 준비 안 한 건 우리 둘 다 잘못이므로 큰 사고 나기 전에 나는 집에 갈 터이다.
9. 삼십만 톤 급의 선박이 삼천 명가량의 승객을 태우고 틀림없이 한 달 만에 돌아온 듯하다.
10. 철호는 집 떠난 지 십 년 만에 결혼도 하지 못하고 돈도 못 벌고 몸도 약해진 채 쓰러질 듯 말 듯한 걸음걸이로 돌아온 듯싶다.
11. 머리 아픈 데 먹는 약을 파는 데에 가 보았더니 쓸데없는 약만 팔고 있었다.
12. 큰아버지께서 나에게, "너는 너대로 뜻한 대로 변함없이 해 나가야 한다." 하고 말씀하셨다.
13. 열 내지 스무 명의 학생들이 부산, 목포 등지를 여행하다가 떠난 지 십여 일 만에 돌아온 듯 싶다.
14. 띄어 쓸 수 있는 부분을 붙여 쓰는 등 띄어쓰기가 잘못된 곳이 한두 군데가 아니다.
15. 그 사람은 심심하던 차에 이곳저곳을 세상사는 재미있는 일을 찾아 헤매기만 하다가 이십여 일 만에 돌아왔다.

※ 다음 문장에서 띄어쓰기가 틀린 곳을 찾아 바르게 고치시오.

1. 쌀, 보리, 콩, 조, 기장들을 오곡(五穀)이라 한다.

2. 온 사람이 아이 들뿐이어서 웃을뿐이었다.

3. 이번 작전은 약속한대로 그대로 이행한다.

4. 여자도 남자만큼 일한다. 누구나 일한만큼 얻는다.

5. 그 사실을 둘 만 몰랐다.

6. 온지 1년만에 떠나갔다.

7. 집이 큰 지 작은 지 모르겠다.

8. 그를 처음 만난 지 일년이 되었다. 그가 떠난지는 보름이 지났다.

9. 고향에 갔던차에 선을 본 그녀는 부모에게 연수차(研修次) 떠나겠다고 했다.

10. 노름판에서 내기 장기를 세판이나 두었다.

11. '몇년동안'을 올바로 띄어 쓰시오.

1. 쌀, 보리, 콩, 조, <u>기장 들을</u> 오곡(五穀)이라 한다.
2. 온 사람이 <u>아이들뿐이어서</u> <u>웃을 뿐이었다.</u>
3. 이번 작전은 <u>약속한 대로</u> 그대로 이행한다.
4. 여자도 남자만큼 일한다. 누구나 <u>일한 만큼</u> 얻는다.
5. 그 사실을 <u>둘만</u> 몰랐다.
6. <u>온 지</u> 1년 만에 떠나갔다.
7. 집이 <u>큰지</u> <u>작은지</u> 모르겠다.
8. 그를 처음 <u>만난 지</u> 일 년이 되었다. 그가 <u>떠난 지는</u> 보름이 지났다.
9. 고향에 <u>갔던</u> <u>차에</u> 선을 본 그녀는 부모에게 연수차(研修次) 떠나겠다고 했다.
10. 노름판에서 내기 장기를 <u>세 판</u>이나 두었다.
11. 몇 년 동안

제 4 부

문장 부호 익히기

Ⅰ. 마침표

1. 온점(.), 고리점(○)

가로쓰기에는 온점, 세로쓰기에는 고리점을 쓴다.

1-1. 서술, 명령, 청유 등을 나타내는 문장의 끝에 쓴다.

젊은이는 나라의 기둥이다.　　황금 보기를 돌같이 하라.
집으로 돌아가자.

1-2. 표제어나 표어에는 쓰지 않는다.

압록강은 흐른다 (표제어)　　꺼진 불도 다시 보자 (표어)

1-3. 아라비아 숫자만으로 연월일을 표시할 적에 쓴다.

1919. 3. 1. (1919년 3월 1일)

1-4. 표시 문자 다음에 쓴다.

1. 마침표　　ㄱ. 물음표　　가. 인명

1-5. 준말을 나타내는 데 쓴다.

서.　1987. 3. 5. (서기)

2. 물음표(?)

의심이나 물음을 나타낸다.

2-1. 직접 질문할 때에 쓴다.

이제 가면 언제 돌아오니?　　이름이 뭐지?

2-2. 반어나 수사 의문(修辭疑問)을 나타낼 때 쓴다.

제가 감히 거역할 리가 있습니까?
이게 은혜에 대한 보답이냐?

2-3. 특정한 어구 또는 그 내용에 대하여 의심이나 빈정거림, 비웃음 등을 표시할 때, 또는 적절한 말을 쓰기 어려운 경우에 소괄호 안에 쓴다.

그것 참 훌륭한(?) 태도야.
우리 집 고양이가 가출(?)을 했어요.

2-4. 한 문장에서 몇 개의 선택적인 물음이 겹쳤을 때에는 맨 끝의 물음에만 쓰지만, 각각 독립된 물음인 경우에는 물음마다 쓴다.

너는 한국인이냐, 중국인이냐?
너는 언제 왔니? 어디서 왔니? 무엇하러 왔니?

2-5. 의문형 어미로 끝나는 문장이라도 의문의 정도가 약할 때에는 물음표 대신 온점(또는 고리점)을 쓸 수도 있다.

아무도 그 일에 찬성하지 않을 거야. 혹 미친 사람이면 모를까.

3. 느낌표(!)

감탄이나 놀람, 부르짖음, 명령 등 강한 느낌을 나타낸다.

3-1. 느낌을 힘차게 나타내기 위해 감탄사나 감탄형 종결 어미 다음에 쓴다.

앗!   아, 달이 밝구나!

3-2. 강한 명령문 또는 청유문에 쓴다.

지금 즉시 대답해!   부디 몸조심하도록!

3-3. 감정을 넣어 다른 사람을 부르거나 대답할 적에 쓴다.

춘향아!   예, 도련님!

3-4. 물음의 말로써 놀람이나 항의의 뜻을 나타내는 경우에 쓴다.

　　이게 누구야!　　　　　내가 왜 나빠!

3-5. 감탄형 어미로 끝나도 감탄의 정도가 약할 때에는 온점 (또는 고리점)을 대신 쓸 수도 있다.

　　개구리가 나온 것을 보니, 봄이 오긴 왔구나.

II. 쉼표

1. 반점(,), 모점(�)

문장 안의 짧은 휴지에 가로쓰기에는 반점, 세로쓰기에는 모점을 쓴다.

1-1. 같은 자격의 어구가 열거될 때에 쓴다.

　　근면, 검소, 협동은 우리 겨레의 미덕이다.
　　충청도의 계룡산, 전라도의 내장산, 강원도의 설악산은 모두 국립공원이다.

1-2. 같은 자격의 어구가 조사로 연결될 적에는 쓰지 않는다.

　　매화와 난초와 국화와 대나무를 사군자라고 한다.

1-3. 짝을 지어 구별할 필요가 있을 때에 쓴다.

　　닭과 지네, 개와 고양이는 상극이다.

1-4. 바로 다음의 말을 꾸미지 않을 때에 쓴다.

　　슬픈 사연을 간직한, 경주 불국사의 무영탑.

1-5. 대등하거나 종속적인 절이 이어질 때에 절 사이에 쓴다.

　　콩 심으면 콩 나고, 팥 심으면 팥 난다.
　　흰 눈이 내리니, 경치가 더욱 아름답다.

1-6. 부르는 말이나 대답하는 말 뒤에 쓴다.

애야, 이리 오너라.　　　　예, 지금 가겠습니다.

1-7. 제시어 다음에 쓴다.

빵, 빵이 인생의 전부이더냐?

1-8. 도치된 문장에 쓴다.

이리 오세요, 어머님.　　　　다시 보자, 한강수야.

1-9. 가벼운 감탄을 나타내는 말 뒤에 쓴다.

아, 깜빡 잊었구나.

1-10. 문장 첫머리의 접속이나 연결을 나타내는 말 다음에 쓴다.

첫째, 몸이 튼튼해야 된다.　　　아무튼, 나는 집에 돌아가겠다.

1-11. 일반적으로 쓰이는 접속어(그러나, 그러므로, 그리고, 그런데 등) 뒤에는 쓰지 않음을 원칙으로 한다.

그러나 너는 실망할 필요가 없다.

1-12. 문장 중간에 끼어든 구절 앞뒤에 쓴다.

나는, 솔직히 말하면, 그 말이 별로 탐탁지 않소.

1-13. 되풀이를 피하기 위하여 한 부분을 줄일 때에 쓴다.

여름에는 바다에서, 겨울에는 산에서 휴가를 즐겼다.

1-14. 문맥상 끊어 읽어야 할 곳에 쓴다.

갑돌이가 울면서, 떠나는 갑순이를 배웅했다.
갑돌이가, 울면서 떠나는 갑순이를 배웅했다.

1-15. 숫자를 나열할 때에 쓴다.

1, 2, 3, 4

1-16. 수의 폭이나 개략의 수를 나타낼 때에 쓴다.

    5, 6 세기   6, 7 개

1-17. 수의 자릿점을 나열할 때에 쓴다.

    14, 314

2. 가운뎃점

열거된 여러 단위가 대등하거나 밀접한 관계임을 나타낸다.

2-1. 쉼표로 열거된 어구가 다시 여러 단위로 나누어질 때에 쓴다.

    공주·논산, 천안·아산·천원 등 각 지역구에서 2 명씩 국회의원을
뽑는다.
    시장에 가서 사과·배·복숭아, 고추·마늘·파, 조기·명태·고등어
를 샀다.

2-2. 특정한 의미를 가지는 날을 나타내는 숫자에 쓴다.

    3·1 운동   8·15 광복

2-3. 같은 계열의 단어 사이에 쓴다.

    경북 방언의 조사·연구   중·고등학교
    충북·충남 두 도를 합하여 충청도라고 한다.

3. 쌍점

3-1. 내포되는 종류를 들 적에 쓴다.

    문장 부호 : 마침표, 쉼표, 따옴표, 묶음표 등

3-2. 소표제 뒤에 간단한 설명이 붙을 때에 쓴다.

    일시 : 1984년 10월 15일 10시
    마침표 : 문장이 끝남을 나타낸다.

3-3. 저자명 다음에 저서명을 적을 때에 쓴다.

　　정약용 : 목민심서, 경세유표

　　주시경 : 국어 문법, 서울 박문서관, 1910.

3-4. 시(時)와 분(分), 장(章)과 절(節) 따위를 구별할 때나, 둘 이상을
　　대비할 때에 쓴다.

　　오전 10 : 20　　　　　요한 3 : 16　　　　　대비 65 : 60

4. 빗금

4-1. 대응, 대립되거나 대등한 것을 함께 보이는 단어와 구, 절 사이
　　에 쓴다.

　　남궁만 / 남궁 만　　　착한 사람 / 악한 사람

　　-뜨리다 / -트리다

4-2. 분수를 나타낼 때에 쓰기도 한다.

　　3/4 분기　　　　　　3/20

Ⅲ. 따옴표[引用符]

1. 큰따옴표(" "), 겹낫표(『 』)

가로쓰기에는 큰따옴표, 세로쓰기에는 겹낫표를 쓴다.

대화, 인용, 특별 어구 따위를 나타낸다.

1-1. 글 가운데서 직접 대화를 표시할 때에 쓴다.

　　"전기가 없었을 때는 어떻게 책을 보았을까?"

1-2. 남의 말을 인용할 경우에 쓴다.

　　예로부터 "민심은 천심이다."라고 하였다.

2. 작은따옴표(' '), 낫표(「 」)

가로쓰기에는 작은따옴표, 세로쓰기에는 낫표를 쓴다.

2-1. 따온 말 가운데 다시 따온 말이 들어 있을 때에 쓴다.

> "여러분! 침착해야 합니다. '하늘이 무너져도 솟아날 구멍이 있다.'고 합니다."

2-2. 마음속으로 한 말을 적을 때에 쓴다.

> '만약 내가 이런 모습으로 돌아간다면 모두들 깜짝 놀라겠지.'

2-3. 문장에서 중요한 부분을 두드러지게 하기 위해 드러냄표 대신에 쓰기도 한다.

> 지금 필요한 것은 '지식'이 아니라 '실천'입니다.

IV. 묶음표[括弧符]

1. 소괄호(( ))

1-1. 원어, 연대, 주석, 설명 등을 넣을 적에 쓴다.

> 커피(coffee)는 기호 식품이다.
> 3·1운동(1919) 당시 나는 중학생이었다.
> '무정(無情)'은 춘원(6·25 때 납북)의 작품이다.

1-2. 특히 기호 또는 기호적인 구실을 하는 문자, 단어, 구에 쓴다.

> (1) 주어   (ㄱ) 명사   (라) 소리에 관한 것

1-3. 빈 자리임을 나타낼 적에 쓴다.

> 우리나라의 수도는 (   )이다.

2. 중괄호({ })

여러 단위를 동등하게 묶어서 보일 때에 쓰인다.

주격 조사 { 이 가 }

3. 대괄호([ ])

3-1. 묶음표 안의 말이 바깥 말과 음이 다를 때에 쓴다.

나이[年歲]　　낱말[單語]　　手足[손발]

3-2. 묶음표 안에 또 묶음표가 있을 때에 쓴다.

명령에 있어서의 불확실[단호(斷乎)하지 못함]은 복종에 있어서의 불확실[모호(模糊)함]을 낳는다.

V. 이음표[連結符]

1. 줄표(―)

이미 말한 내용을 다른 말로 부연하거나 보충함을 나타낸다.

1-1. 문장 중간에 앞의 내용에 대해 부연하는 말이 끼어들 때에 쓴다.

그 신동은 네 살에―보통 아이 같으면 천자문도 모를 나이에― 벌써 시를 지었다.

1-2. 앞의 말을 정정 또는 변명하는 말이 이어질 때에 쓴다.

어머님께 말했다가―아니, 말씀드렸다가― 꾸중만 들었다.

2. 붙임표(‐)

2-1. 사전, 논문 등에서 합성어를 나타낼 적에, 또는 접사나 어미임을 나타낼 적에 쓴다.

겨울–나그네	불–구경	손–발
휘–날리다	슬기–롭다	–(으)ㄹ걸

2-2. 외래어와 고유어 또는 한자어가 결합되는 경우를 보일 때에 쓴다.

나일론–실	디–장조	빛–에너지	염화–칼륨

3. 물결표(~)

3-1. '내지'라는 뜻에 쓴다.

9월 15일 ~ 9월 25일

3-2. 어떤 말의 앞이나 뒤에 들어갈 말 대신 쓴다.

새마을 : ~운동 ~노래   –가(家) : 음악~ 미술~

Ⅵ. 드러냄표[顯在符]

온점(·)이나 고리점(○)을 가로쓰기에는 글자 위에, 세로쓰기에는 글자 오른쪽에 쓴다.

문장 내용 중에서 주의가 미쳐야 할 곳이나 중요한 부분을 특별히 드러 내 보일 때 쓴다. 가로쓰기에는 밑줄을 치기도 한다.

한글의 본이름은 훈민정음이다.
다음 보기에서 명사가 아닌 것은?

Ⅶ. 안드러냄표[潛在符]

1. 숨김표(××, ○○)

알면서도 고의로 드러내지 않음을 나타낸다.

1-1. 금기어나 공공연히 쓰기 어려운 비속어의 경우, 그 글자 수효
만큼 쓴다.

　　배운 사람 입에서 어찌 ○○○란 말이 나올 수 있느냐?
　　그 말을 듣는 순간 ×××란 말이 목구멍까지 치밀었다.

1-2. 비밀을 유지할 사항일 경우, 그 글자의 수효만큼 쓴다.

　　육군 ○○부대 ○○○명이 작전에 참가하였다.
　　그 모임의 참석자는 김×× 씨, 정×× 씨 등 5명이었다.

2. 빠짐표(□)

글자의 자리를 비워 둠을 나타낸다.

2-1. 옛 비문이나 서적 등에서 글자가 분명하지 않을 때에 그 글자
의 수효만큼 쓴다.

　　大師爲法主□□□賴之大□薦 (옛 비문)

2-2. 글자가 들어가야 할 자리를 나타낸다.

　　훈민정음의 초성 중에서 아음(牙音)은 □□□의 석 자다.

3. 줄임표(……)

3-1. 할 말을 줄였을 때 쓴다.

　　"어디 나하고 한 번……"하고 철수가 나섰다.

3-2. 말이 없음을 나타낼 때에 쓴다.

　　"빨리 말해!"
　　"……."

※ 다음 글을 올바르게 띄어 쓰고, 문장 부호를 붙이시오.

1. 그는나에게선생님배부른돼지보다는배고픈소크라테스가되고싶습니다 하고진지하게말하였다

2. 영호는미소를띠고속으로는화가났지만너는한국인이냐미국인이냐그렇 잖으면우주인이냐하고물었다

3. 놔라놔얘들아저리들좀가있어원숨이막혀서살수가없네

4. 선생님께그내용을말했다가아니말씀드렸다가꾸중만들었다

5. 어머니는큰언니에게영숙아너시장에가서대추밤사과배콩나물시금치오 이등을사오너라하고돈삼만원을주어보냈다

6. 학생여러분문자文字중에서소리글자表音文字와뜻글자表意文字의차이점 을아십니까

7. 그비행기의기장은스피커를통해탑승객들에게손님여러분놀라지마십시
   오하늘이무너져도솟아날구멍이있다는말도있지않습니까하고일단안정
   을시키려고했다

8. 그는유권자들에게여러분못살겠다갈아보자라는자유당때의선거구호를
   들어본적이있지요라고질문을했다

9. 그는속으로아공부한것도없이한학기가벌써다지나갔구나하고생각하며
   아무튼나는빨리집에돌아가공부해야겠다하고말했다

10. 그는쉰두살에보통사람같으면손자를볼나이에결혼을했다

해답

1. 그는 나에게, "선생님, 저는 '배부른 돼지'보다는 '배고픈 소크라테스'가 되고 싶습니다." 하고 진지하게 말하였다.
2. 영호는 미소를 띄고, 속으로는 화가 났지만, "너는 한국인이냐, 미국인이냐? 그렇잖으면 우주 인이냐?" 하고 물었다.
3. "놔라, 놔! 얘들아, 저리들 좀 가 있어. 원, 숨이 막혀서 살 수가 없네."
4. 선생님께 그 내용을 말했다가—아니, 말씀드렸다가— 꾸중만 들었다.
5. 어머니는 큰언니에게, "영숙아, 너 시장에 가서 대추·밤·사과·배, 콩나물·시금치·오이 등을 사 오너라." 하고, 돈 삼만 원을 주어 보냈다.
6. "학생 여러분, 문자(文字) 중에서 소리글자[表音文字]와 뜻글자[表意文字]의 차이점을 아십니 까?"
7. 그 비행기의 기장은 스피커를 통해 탑승객들에게, "손님 여러분, 놀라지 마십시오. '하늘이 무 너져도 솟아날 구멍이 있다.'는 말도 있지 않습니까?" 하고, 일단 안정을 시키려고 했다.
8. 그는 유권자들에게, "여러분, '못 살겠다. 갈아 보자.'라는 자유당 때의 선거 구호를 들어 본 적이 있지요?"라고 질문을 했다.
9. 그는 속으로 '아, 공부한 것도 없이 한 학기가 벌써 다 지나갔구나.' 하고 생각하며, "아무튼, 나는 빨리 집에 돌아가 공부해야겠다." 하고 말했다.
10. 그는 쉰두 살에—보통 사람 같으면 손자를 볼 나이에—결혼을 했다.

※ 다음 글에 문장 부호를 올바르게 붙이시오.

1. 나는 3 1절날 선생님께 그런 말을 했다가 아니 말씀드렸다가 금방 후회를 하고 아 나는 사람이 되려면 아직 멀었구나 생각하고 탄식을 했다

2. 그분은 또 병원까지 달려오셨다 아니 왜 또 입원이야 뭬 좋은 곳이라고 병원엘 자주 들락거려 이번에 병원에서 나올 땐 아주 졸업장까지 받고 나오라구 알겠어 그분은 이렇게 나를 끔찍이 위해 주셨다

3. 언니는 영자 정자 애자 숙자가 서로 짝이 되어 윷놀이를 하는 것을 구경하다가 시장에 가서 사과 배 바나나 시금치 상추 파 동태 오징어 굴 등을 사 왔다

4. 몇 달 후 그이와 청첩장을 가지고 인사를 갔더니 아유 요런 깍쟁이 이선생하고 사귀고 있어서 중매해 준대도 아무 소리 안 했구나 그래 아주잘했네 꼭 맞는 한 쌍이야 하고 놀리며 축하해 주셨다

5. 사모님께서 고 깍쟁이 심 선생이 어떻게 전화할 생각을 다 했을까 사모님 저 점심을 굶게 생겼어요 떡국 좀 끓여 주세요 하는데 얼마나 반갑고 신통한지 나한테 그렇게 스스럼없이 부탁한 게 정말로 기쁘고 신통했어하고 여러 번 그때의 말씀을 하시곤 했다

해 답

1. 나는 지난 3 · 1절날 선생님께 그런 말을 했다가 — 아니, 말씀드렸다가 — 금방 후회를 하고,
'아, 나는 사람이 되려면 아직 멀었구나.'
생각하고 탄식을 했다.

2. 그분은 또 병원까지 달려오셨다.
"아니, 왜 또 입원이야? 뭬 좋은 곳이라고 병원엘 자주 들락거려? 이번에 병원에서 나올 땐 아주 졸업장까지 받고 나오라구. 알겠어?"
그분은 이렇게 나를 끔찍이 위해 주셨다.

3. 언니는 영자 · 정자, 애자 · 숙자가 서로 짝이 되어 윷놀이를 하는 것을 구경하다가, 시장에 가서 사과 · 배 · 바나나, 시금치 · 상추 · 파, 동태 · 오징어 · 굴 등을 사 왔다.

4. 몇 달 후 그이와 청첩장을 가지고 인사를 갔더니,
"아유, 요런 깍쟁이. 이 선생하고 사귀고 있어서 중매해 준대도 아무 소리 안 했구나. 그래, 아주 잘했네. 꼭 맞는 한 쌍이야."
하고 놀리며 축하해 주셨다.

5. 사모님께서,
"고 깍쟁이 심 선생이 어떻게 전화할 생각을 다 했을까? '사모님, 저 점심을 굶게 생겼어요. 떡국 좀 끓여 주세요.' 하는데, 얼마나 반갑고 신통한지. 나한테 그렇게 스스럼없이 부탁한 게 정말로 기쁘고 신통했어."
하고 여러 번 그때의 말씀을 하시곤 했다.

※ 다음 글에 문장 부호를 올바르게 붙이시오.

1. 그는 적군 병사들에게 놔라 놔 이놈들아 너희들도 사람이냐 원 세상에 이런 법이 어디 있느냐 하고 소리를 질렀다

2. 그는 청중들에게 아니 학생들에게 외쳤다 여러분 집에서 새는 바가지 나가서도 샌다는 말을 들은 적이 있지요 학교에서 성실하게 생활해야 사회에 나가서도 성실하게 생활할 수 있는 것입니다 하고 눈물을 글썽이며 말했다

3. 친정어머니는 나오는 대로 사양 안 하고 맛있게 먹는 그이를 감탄의 눈으로 보시면서 아유 저 이 선생 먹는 것 좀 봐 늘 저렇게 맛있게 먹어 그러믄요 맛있게 그리고 많이 먹어요 어쩌믄 하며 진정 감탄해하는 얼굴이었다

4. 올라간 이 도령인지 삼 도령인지 그놈의 자식은 일거후(一去後) 무소식(無消息)하니 인사가 그렇고는 벼슬은커녕 사람 구실도 못하지 어그게 무슨 말인고 왜 어찌 됩나 되기야 어찌 되어마는 남의 말이라고 구습(口習)을 너무 고약히 하는고 자네가 철모르는 말을 하매 그렇지 수작을 파하고 돌아서며 허허 망신이로고 자 농부네들 일하오

5. 주위에서는 사람 노릇 못할 거라고들 수군거릴 때였다 심 선생 걱정 말고 이겨 내야 돼 잘 먹어야 한다구 내가 맛있는 거 사 왔어 다른 사람 주지 말고 심 선생이 다 먹어 하며 내 손을 꼬옥꼬옥 쥐어 주셨다

6. 어머니는 작은언니에게 얘야 너는 빨리 길 건너 시장에 가서 사과 배 감 시금치 파 오이를 사 와라 하고 돈 이만 원을 주었다

7. 병화는 덕기에게 언제 떠나든 상관있나마는 상당히 탔겠네그려 영감 님 솜씨에 주판질 안 하시고 내놓으시겠나 우는소리 말게 누가 기댈 까 봐 그러나 기대면 줄 것은 있구 앗 그래도 한달치는 해 주어야 떠 나보낼 텐데 있는 놈의 집 같으면 그대로 먹여 주겠지만 주인 딸이 공장에를 다녀서 요새 그 흔한 쌀값에 되되이 팔아먹네 그려 차마 볼 수가 있어야지 흥 하고 덕기는 동정하는 눈치더니 자네 따월 두 기가 불찰이지 하고 웃어버린다

8. 성질이 급한 철수의 누이동생이 오빠 친구에게 너는 한국인이냐 중 국인이냐 하고 소리를 질렀다 그러나 그 친구는 미소를 띠고 속으로 는 화가 치밀었지만 아 달도 밝다 하고 엉뚱한 말을 하였다 그때 어 머니가 사과 귤 배 사이다 콜라 등을 가지고 들어오셨다

9. 아저씨께서 그 신동神童은 네 살에 보통 사람 같으면 천자문千字文도 모를 나이에 벌써 시詩를 짓고 매화 난초 국화 대나무 四君子 등을 그릴 수 있었다 하고 말씀하시기에 나는 속으로 그래서 저더러 어쩌란 말씀이에요 하고 불평을 했다

10. 내가 지금 이런 생각을 하니 그날 아내에게 그런 말을 한 것이 후회가 났다 어느 때라도 제 은공을 갚아 줄 날이 있겠지 나는 마음을 좀 너그러이 먹고 이런 생각을 하며 아내를 보았다 나도 어서 출세를 하여 비단신 한 켤레쯤은 사 주게 되었으면 좋으련만 아내가 이런 말을 듣기는 참 처음이다 네에 아내는 제 귀를 못 미더워하는 듯이 의아한 눈으로 나를 보더니, 얼굴에 살짝 열기가 올랐다

해답

1. 그는 적군 병사들에게,
"놔라, 놔! 이놈들아, 너희들도 사람이냐? 원, 세상에 이런 법이 어디 있느냐?"
하고 소리를 질렀다.

2. 그는 청중들에게 – 아니, 학생들에게 – 외쳤다.
"여러분, '집에서 새는 바가지 나가서도 샌다.'는 말을 들은 적이 있지요? 학교에서 성실하게 생활해야 사회에 나가서도 성실하게 생활할 수 있는 것입니다."
하고 눈물을 글썽이며 말했다.

3. 친정어머니는 나오는 대로 사양 안 하고 맛있게 먹는 그이를 감탄의 눈으로 보시면서,
"아유, 저 이 선생 먹는 것 좀 봐. 늘 저렇게 맛있게 먹어?"
"그럼은요. 맛있게 그리고 많이 먹어요."
"어쩜!"
하며 진정 감탄해하는 얼굴이었다.

4. "올라간 이 도령인지 삼 도령인지 그놈의 자식은 일거후(一去後) 무소식(無消息)하니, 인사가 그렇고는 벼슬은커녕 사람 구실도 못하지."
"어, 그게 무슨 말인고?"
"왜? 어찌 됩나?"
"되기야 어찌 되어마는 남의 말이라고 구습(口習)을 너무 고약히 하는고."
"자네가 철모르는 말을 하매 그렇지."
수작을 파하고 돌아서며,
"허허, 망신이로고. 자, 농부네들 일하오."

5. 주위에서는 사람 노릇 못할 거라고들 수군거릴 때였다.
"심 선생, 걱정 말고 이겨 내야 돼. 잘 먹어야 한다구. 내가 맛있는 거 사 왔어. 다른 사람 주지 말고 심 선생이 다 먹어."
하며 내 손을 꼬옥꼬옥 쥐어 주셨다.

6. 어머니는 작은언니에게,
"얘야, 너는 빨리 길 건너 시장에 가서 사과·배·감, 시금치·파·오이를 사와라."
하고 돈 이만 원을 주었다.

7. 병화는 덕기에게,
"언제 떠나든 상관있나마는, 상당히 탔겠네그려?"
"영감님 솜씨에 주판질 안 하시고 내놓으시겠나?"
"우는소리 말게. 누가 기댈까 봐 그러나?"
"기대면 줄 것은 있구……."
"앗! 그래도 한 달 치는 해 주어야 떠나보낼 텐데. 있는 놈의 집 같으면 그대로 먹여 주겠지만, 주인 딸이 공장를 다녀서 요새 그 흔한 쌀값에 되되이 팔아먹네그려. 차마 볼 수가 있어야지……."
"흥……."
하고 덕기는 동정하는 눈치더니,
"자네 따윌 두기가 불찰이지."
하고 웃어 버린다.

8. 성질이 급한 철수의 누이동생이 오빠 친구에게,
"너는 한국인이냐, 중국인이냐?"
하고 소리를 질렀다. 그러나 그 친구는 미소를 띠고, 속으로는 화가 치밀었지만,
"아, 달도 밝다."
하고 엉뚱한 말을 하였다. 그때 어머니가 사과·귤·배, 사이다·콜라 등을 가지고 들어오셨다.

9. 아저씨께서,
"그 신동(神童)은 네 살에 – 보통 사람 같으면 천자문(千字文)도 모를 나이에 – 벌써 시(詩)를

짓고, 매화·난초·국화·대나무[四君子] 등을 그릴 수 있었다."
하고 말씀하시기에, 나는 속으로,
'그래서 저더러 어쩌란 말씀이에요?'
하고 불평을 했다.

10. 내가 지금 이런 생각을 하니, 그날 아내에게 그런 말을 한 것이 후회가 났다.
    '어느 때라도 제 은공을 갚아 줄 날이 있겠지.'
    나는 마음을 좀 너그러이 먹고 이런 생각을 하며 아내를 보았다.
    "나도 어서 출세를 하여 비단신 한 켤레쯤은 사 주게 되었으면 좋으련만……."
    아내가 이런 말을 듣기는 참 처음이다.
    "네에?"
    아내는 제 귀를 못 미더워하는 듯이 의아한 눈으로 나를 보더니, 얼굴에 살짝 열기가 올랐다.

제 5 부

잘못된 글 바로잡기

Ⅰ. 문장과 논리

1. 문장의 부정확성

문장은 우리의 다양한 생각과 느낌을 문자 언어로 기록한 것인데, 논리적으로 완전무결한 표현을 한다는 것은 대단히 어려운 일이다. 문장 표현 이전에, 우선 우리가 표현하고자 하는 생각이나 판단 자체가 부정확한 경우도 있다. 철학자들이 지적한 다음과 같은 예를 살펴보자.

"예외 없는 법칙은 없다."

이런 말을 흔히 들을 수 있는데, 우리는 이 명제(命題)를 정당한 판단이라고 간과하기 쉽다. 그러나 조금만 더 따져 보면 이 명제에는 모순이 있다는 것을 알게 된다. "예외 없는 법칙은 없다."라는 것도 하나의 법칙이라고 할 수밖에 없는데, 그러면 이 "예외 없는 법칙은 없다."라는 그 법칙 자체에는 예외가 있는가, 없는가?

만약 "예외 없는 법칙은 없다."라는 법칙에는 예외가 없다고 한다면, 다른 모든 법칙에는 예외가 있지만, 오직

"'예외 없는 법칙은 없다.'라는 법칙에는 예외가 없다."

라는 명제가 된다. 다른 모든 법칙에는 예외가 있지만, 오직 "예외 없는 법칙은 없다는 그 법칙에는 예외가 없다."는 것이다. 즉,

"예외 없는 법칙도 있다."

라는 것이므로, "예외 없는 법칙은 없다."라는 명제와 모순된다.

또, 만약 "예외 없는 법칙은 없다."라는 법칙에 예외가 있다고 하면, 마찬가지로

"예외 없는 법칙도 있다."

라는 결론이 되어, "예외 없는 법칙은 없다."라는 명제와 모순된다.

그래서 "예외 없는 법칙은 없다."라는 법칙에는, 예외가 있다고 해도 모순되고, 예외가 없다고 해도 모순된다. 이런 모순성이 있는 "예외 없는 법칙은 없다."라는 말을 우리가 흔히 쓰고 있는 것이다.

우리가 잘못 생각하고 잘못 판단하는 사례는 우리 주위에서 많이 찾아볼 수 있다. 국제회의에서 강대국의 발언 내용은 어쩐지 정당한 것처럼 생각되고, 약소국의 발언 내용은 어쩐지 시시한 것으로 생각되는 '위력(威力)에 의한 오류'도 있을 수 있다. 권력자나 저명인사의 말을 더 신용하려고 하는 '사람에 의한 오류'도 있을 수 있다. 어느 여대생이 어렸을 때부터 자기를 성폭행한 의붓아버지를 살해했다는 신문 기사를 보고, 선량한 시민들이 그 여대생의 무죄 판결을 기대하는 것 같은 '연민(憐憫)에 의한 오류'도 있을 수 있다. 정치인의 연설회에 청중이 많이 모일수록 그 정치인이 위대해 보이고, 그의 말도 모두 정당한 것처럼 돋보이는 '대중(大衆)에 의한 오류'도 있을 수 있다. 이와 같이 타당하지 못한 것이 일견 타당

한 것처럼 보이는 추리 형식을 논리학에서는 오류(fallacy)라고 한다.

다음으로 생각해 볼 것은 표현 수단인 언어의 문제다. 우리가 사용할 수 있는 어휘가 부족해서 우리의 다양한 사상과 감정을 정확하게 표현하기가 어려운 경우도 있다. 그 단적인 예를 하나 들어 보자.

"쌀밥의 독특한 맛을 한 단어의 형용사로 말해 보시오."

이런 질문을 받는다면 한참 망설이게 된다. '달짝지근하다'도 적합하지 않고, '구수하다'도 딱 들어맞지 않는다. 우리가 쌀밥을 거의 매일 먹으면서도 그 맛을 표현할 우리말 형용사가 마땅한 게 없다.

혹시 입맛은 눈으로 볼 수 없는 감각적인 것이기 때문에 어휘가 부족하다고 할는지 모르지만, 눈으로 볼 수 있는 시각적인 것도 마찬가지다. 우리가 매일 보는 자기 가족의 얼굴 빛깔을 정확하게 뭐라고 해야 하는가? 동양 사람을 '황색 인종'이라고도 하지만, 우리의 피부색은 황색이 아니다. 그러면 무슨 빛깔인가? 우리의 피부색에 딱 들어맞는 색채어가 우리의 일상용어 중에는 없다. 이렇게 우리의 생각과 느낌을 표현할 어휘가 부족하기 때문에 여러 가지 비유와 상징의 기법을 쓰기도 한다.

그리고 언어의 표면 구조(表面構造)만으로는 심층 구조(深層構造)의 본뜻을 정확히 이해하기 어려운 경우도 있다. 표현의 본뜻과 표현 결과인 말이 같지 않은 수도 있기 때문이다. 한창 배가 고플 때 누가 먹을 것을 주면, 속으로는 먹고 싶으면서도 입에서는 사양하는 말이 나오는 것도 그런 예이다.

또, 문장의 통사 구조(統辭構造)가 애매하여 두 가지 이상의 뜻으로 해석할 수 있는 중의성(重義性)의 문장도 있다.

"자가용 승용차가 중앙선을 넘어 달려오는 시외버스와 정면충돌했다."
라는 신문 기사를 더러 볼 수 있는데, 이 기사만 보고는 어느 차가 중앙선을 넘었는지 알 수가 없다. 자가용 승용차가 중앙선을 넘었다고 볼 수도 있고, 시외버스가 중앙선을 넘었다고 볼 수도 있다.

　"나는 나의 약혼자인 철호의 동생 철수를 만났다."

라는 말에서, 나의 약혼자는 '철호'인가, '철수'인가? 이 말만 가지고는 내 약혼자가 '철호'인지 '철수'인지 금방 단언하기가 어렵다. 문장의 전후 관계로 보아 짐작할 수도 있겠지만, 일단 이 문장만 가지고 본다면 앞에 나오는 철호가 약혼자라고 할 수밖에 없다. 만약 뒤에 있는 철수가 약혼자라면, 음성 언어인 말로 표현할 때에는 '약혼자인'의 다음에 약간의 쉼 (pause)을 주고, 문장으로 표현할 때에는 그 자리에 쉼표를 찍어서,

　"나는 나의 약혼자인, 철호의 동생 철수를 만났다."

라고 표기해야 한다.

　이런 예를 하나 더 들어 보자.

　"철수가 웃으면서 다가오는 영수의 손을 잡았다."

　이 말에서도 '웃으면서'의 주체가 철수인지 영수인지 분명하지 않다. 만약 '웃으면서'의 주체가 앞에 나오는 철수라면, '웃으면서'의 뒤에 쉼표를 찍어서,

　"철수가 웃으면서, 다가오는 영수의 손을 잡았다."

라고 표기해야 하고, 뒤에 나오는 영수가 웃으면서 다가왔을 경우에는, '철수가'의 다음에 쉼표를 찍어서,

　"철수가, 웃으면서 다가오는 영수의 손을 잡았다."

라고 표기해야 한다.

　"자가용 승용차가 중앙선을 넘어 달려오는 시외버스와 정면 충돌했다."

라는 말에서도, 시외버스가 중앙선을 넘었을 경우에는 '승용차가'의 다음에 쉼표를 넣어서,

"자가용 승용차가, 중앙선을 넘어 달려오는 시외버스와 정면 충돌했다."
라고 표현해야 혼동이 없게 된다.

2. 논리학과의 관련

문장에는 논리학의 이론이나 용어를 사용하여 표현 효과를 높인 문장
도 있고, 또 논리적으로 잘못 진술된 문장도 있다. 이런 예문들을 가지고
문장과 논리와의 관련을 검토해 보자.

> **예문1**
>
> <u>문학은 어디까지나 문학이고 非文學은 아니다.</u> 문학과 非文學을 구별 짓는 것은
> 표현과 전달이다. (최재서 : 문학과 사상)

밑줄 친 부분에는 논리학의 3공리(公理) 중 동일률(同一律)과 모순율(矛盾
律)이 들어 있다. 논리학에서 말하는 사유(思惟)의 근본 원리인 공리는, 다
시 증명할 여지가 없고 다른 법칙으로부터 연역할 수도 없는 자명한 최고
의 원리이다. 그래서 이런 공리 형식의 문장은 너무나 명료하여 다른 사
람들이 논박할 여지가 거의 없다.

위의 밑줄 친 부분 중,

"문학은 어디까지나 문학이고"

는 동일률(the principle of identity)에 해당된다. 동일률은 모든 긍정 판단의
기초가 되는데,

"甲은 甲이다."
"A is A."

의 형식이다.

"학생은 어디까지나 학생이다."
"선생은 어디까지나 선생이다."

도 여기에 해당된다.

위에 제시한 예문에서 모순율(the principle of contradiction)에 해당되는 것은,

"문학은……非文學이 아니다."

라고 한 부분이다. 모순율은 동일률을 다시 전개한 것으로 모든 부정 판단의 기초가 되는 것인데,

"甲은 非甲이 아니다."
"A is not non-A."

의 형식이다. 어떤 명제가 동시에 '참'이며 '거짓'일 수 없다는 것으로 우리의 사유가 올바른 사유가 되기 위해서는 이런 모순이 없어야 한다.

| 예문2 |

20년 전에 자기를 성폭행하여 일생을 망쳐 놓은 남자에게 보복하기 위해 그를 죽였더라도 <u>그것은 살인이 아닌 것이 아니다</u>. (일간 신문의 독자 투고)

밑줄 친 부분은 모순율을 응용하여

"보복 살인도 역시 살인은 살인이다."

라는 것을 주장하고 있다. 당시의 사회 분위기는 보복 살인을 한 여인을 무죄로 판결해 주기를 바라는 경향이 있었고, 일부 여성 단체는 무죄 석방을 요구하는 등, 보복 살인은 죄가 안 되는 것처럼 여기고 있을 때, 냉정한 입장에서 보복 살인도 역시 살인이라는 것을 일깨워 준 글이다.

예문3

> 병화의 말이 옳지 않은 것은 아니요, 그 기분을 아주 이해하지 못하는 것은 아니다. (염상섭 : 삼대)

밑줄 친 부분도 모순율을 응용하여 "병화의 말도 옳다."라고 표현한 것과는 좀 다른 뉘앙스를 풍기고 있다.

사유의 3공리에는 위에서 살펴본 동일률, 모순율 이외에 배중률(排中律)이 있다. 배중률(the principle of excluded middle)은

"甲은 乙이거나 非乙이거나이다."
"A is either B or non–B."

의 형식이다.

"동일한 명제는 '참'이거나 '거짓'이거나이다."
"모든 사물은 존재하거나 존재하지 않거나이다."

등이 여기에 해당된다. 이 배중률은 동일률이나 모순율과 전혀 이질적인 것이 아니라, 동일률이 뜻하는 내용을 다시 전개한 특수 표현이라고 할

수 있다.

그는 "지금도 '국시(國是)는 반공(反共)이 아니라, 통일이어야 한다.'는 소신에는
변함이 없으며, 한 나라의 국시는 '······에 반대한다'는 소극적 개념이 아니라,
'통일·자유 민주주의' 등 적극적 개념이어야 한다고 생각한다."고 말했다. (91.
11. 15. 조선일보 인터뷰 기사)

우리나라의 국시는 반공(反共)이 아니라 민주주의라고 주장하다가 감옥
살이를 하고 나온 어느 야당 국회의원과의 인터뷰 내용이다. '적극적 개
념(積極的 槪念)'과 '소극적 개념(消極的 槪念)'이라는 논리학의 개념 분류 용
어를 적절히 사용하여, 자기주장의 논리적 타당성을 나타내고 있다. '無,
不, 非, 反' 등 부정의 뜻을 가진 접두사를 붙여 부정적 소극성을 나타낸
것을 소극적 개념이라고 하고, 그와 반대로 긍정적 적극성을 나타낸 것을
적극적 개념이라고 한다.

소극적 개념인 '反共'이 우리나라의 국시라면, 공산주의가 없어진 후에
는 어떻게 되는 것인가? 공산주의가 없어진 후에도 계속 우리나라의 국시
는 '반공'이라고 할 수 있는가? 현재의 국제 정세는 동구 공산권이 무너
지고 소련이 해체되었는데, 지금도 우리나라의 국시를 여전히 '반공'이라
고 해야 하는가? 반공의 대상인 공산주의가 없어져서 '반공'이란 말이 무
의미해지면, 우리나라의 국시도 없어져야 한단 말인가? 그 국회의원은 이
런 뜻을 나타내기 위해서 '소극적 개념'과 '적극적 개념'이라는 논리학 용
어를 사용한 것으로 생각된다.

소를 느리다고 하는가. 빠르기야 벼룩 같은 짐승이 또 있으랴. 고양이는 그 다음으로나 갈까. (이광수 : 우덕송)

'벼룩'과 '짐승'의 두 낱말 중 앞에 있는 것은 종개념(種槪念)이고, 뒤에 있는 것은 그것을 포함하는 유개념(類槪念)이라야 한다. 종개념은 유개념 속에 포함되어야 하는데, 위의 예문에 있는 '벼룩'이라는 종개념은 '짐승'이라는 유개념에 포함될 수 없다. 즉, 종개념과 유개념의 관계가 성립되지 않는다. '벼룩'은 벼룩과에 속하는 곤충이므로 '짐승'의 외연(外延)에 들지 않는다. 그러므로 '벼룩'이라는 종개념을 포함할 수 있도록 '짐승'이라는 낱말을 '곤충'이나 '동물'로 바꿔야 한다.

면화, 과수, 양잠, 저마, 기타 원예 작물 등이 이 지역 내에서 재배된다. (지리 교과서)

같은 유개념에 포함되는 종개념들을 동류개념(同類槪念)이라고 하고, 내포상(內包上) 공통적인 속성이 없어서 동일한 유개념에 포함될 수 없는 개념을 이류개념(異類槪念)이라고 한다. '면화, 과수, 저마(苧麻)'는 다 식물이라는 유개념에 포함되는 동류 개념이지만, '양잠(養蠶)'은 '누에를 치는 일'이므로 식물에 포함될 수 없는 이류개념이다. 동류 개념을 열거해야 할 부분에 이류개념이 하나 들어가 있는 잘못된 문장이다. 이 '양잠'을 동류 개념의 낱말로 바꾸어 '뽕나무'라고 해야 한다.

기술의 기여도를 높이고, 자본 축적에 노력하여 외자 도입과 기술 도입을 <u>최소한으로</u> 줄여 나가야 하겠다. (지리 교과서)

분량이나 정도의 차이를 나타내는 두 동위 개념(同位槪念)으로서 그 중간 정도도 허용될 수 있는 개념을 반대 개념(反對槪念)이라고 한다. '明'과 '暗', '大'와 '小', '强'과 '弱' 등의 관계가 여기에 속한다. 예문의 밑줄 친 부분 '최소한으로'는 그 반대 개념을 가진 '최대한으로'로 바꿔야 한다. 통사론적으로 보아 '최소한으로'는 바로 뒤에 있는 '줄여 나가야'를 한정하는 부사어인데, 우리에게 불리한 것은 많이 줄여 나갈수록 좋은 것이므로, '최소한으로' 적게 줄일 것이 아니라 '최대한으로' 많이 줄이는 것이 바람직하다. 혹시 필자의 의도는 '최소한이 되도록 줄여 나가야 하겠다.'라는 뜻을 나타내려고 했는지도 모르지만, 그런 경우에도 위와 같은 표현보다는 '최소한으로 해야 하겠다'라고 하는 것이 좋다.

반대 개념과 유사하게 쓰이는 개념으로 모순 개념(矛盾槪念)이 있는데, 반대 개념은 그 중간에 제3의 개념이 허용되지만, 모순 개념은 중간에 제3의 개념이 허용되지 않는다. 예를 들면, '生'과 '死'라는 모순 개념 사이에는 生死의 중간 개념이 허용될 수 없다.

원생동물은 <u>동물 중에서 가장 간단한 생물이다.</u> (중학교 과학 교과서)

밑줄 친 구절은 종개념(種槪念)인 '원생동물'을 정의(定義)하는 말인데, '원생동물'의 유개념(類槪念)인 '동물'보다 외연이 더 넓은 개념인 '생물'이

들어가서 논리적인 정의를 내릴 수가 없게 되었다. '생물'을 '동물'이나 '것'으로 바꾸어야 문맥이 통하게 된다.

논리학에서 정의(定義)를 내리는 방법에도 몇 가지가 있지만, '유(類)'와 '종차(種差)'에 의한 정의 방법이 일반적이다. 예를 들면,

"인간은 이성을 가진 동물이다."

라는 정의에서, '유(類)'에 해당되는 것은 '동물'이고 '종차(種差)'에 해당되는 것은 '이성을 가진'이다. '인간'이 정의하고자 하는 종개념이고, '동물'은 '인간'보다 외연(外延)이 더 넓은 유개념이며, '이성을 가진'이라는 말은 '인간'과 다른 동물과의 차이점을 나타내는 종차(specific difference)이다.

위의 예문도 이런 방법으로 정의를 하면,

"원생동물은 (동물 중에서) 가장 간단한 동물이다."

라고 할 수 있다. 이 정의에서 '원생동물'은 종개념이고, '가장 간단한'은 다른 동물과의 차이를 나타내는 종차이며, '동물'은 유개념이다.

예문9

가을은 독서의 계절이다. 그것은 무슨 습관이나 제도로서가 아니라, 자연과 人事가 독서에 적의하게 되는 까닭이다. (한용운 : 독서 삼매경)

밑줄 친 부분은 흔히 듣는 말이지만, 이 문장도 '유'와 '종차'에 의한 정의(定義)에 해당된다. '가을'과 '계절' 중 '가을'은 종개념이고, '계절'은 유개념이다. '독서의'는 '가을'과 동위 개념(同位概念)인 다른 계절과의 차이를 나타내는 종차이다.

정의(定義) 방법에는 내포적(內包的) 방법과 외연적(外延的) 방법이 있는데, 위에서 살펴본 유(類)와 종차(種差)에 의한 정의 방법은 내포적 정의에 해당

된다. 외연적 정의 방법은, "동물이란 사람, 소, 개, 닭, 물고기, 새, 곤충 등을 말한다."와 같이 개념이 지시하는 대상들 중 하나 또는 그 이상을 제시하는 것이다.

예문10

철도 선로 내를 통행·출입하면 <u>누구든지 철도법에 따라 처벌됩니다.</u> (서울 지하철역 구내 안내문)

밑줄 친 부분은 전칭 긍정 판단(全稱肯定判斷)에 해당되는 표현이다. 전칭 긍정 판단은 "모든 사람은 동물이다."와 같이 주개념(主槪念)의 외연(外延) 전부에 관한 긍정 판단이다. 그 포섭 관계는 주개념이 빈개념(賓槪念)에 예외 없이 다 포섭되는 것이지만, "서울은 대한민국의 수도이다."처럼 주개념과 빈개념의 외연이 정확히 일치하는 경우도 있다.

특칭 긍정 판단(特稱肯定判斷)은 외연의 일부만 해당되므로 예외가 허용되지만, 전칭 긍정 판단은 외연(外延)의 전체에 관한 판단이므로 예외가 허용되지 않아 문제성이 있을 수 있다. 위의 표현대로 철도 선로 내를 통행·출입하는 사람은 예외 없이 누구나 다 처벌된다고 하면, 철도 선로를 보수하는 직원들이 정당한 직무 수행을 위해 선로 내에 들어간 경우도 처벌된다는 말인가? 이와 같이 외연 전부에 해당되는 전칭 긍정 판단은 예외가 없이 다 해당되므로 처벌 규정 같은 문장에서는 삼가는 것이 좋다.

이 안내문에서는 '누구든지'를 빼는 것이 좋다. 이 말만 없으면 특칭 긍정 판단이 되므로 아무런 문제가 없게 된다.

어린이들 가운데에는 과자나 사탕 같은 단것만을 즐겨 먹고 식사를 걸러서 건강을 해치는 일도 있다. (초등학교 실과 교과서)

이 예문은 주개념의 외연 일부에 관하여 무엇을 주장하는 특칭 긍정 판단(特稱肯定判斷)의 문장이다. 어떤 어린이들은 과자나 사탕 같은 단것만 즐겨 먹고 식사를 걸러서 건강을 해치기도 한다는 것이다. 밑줄 친 '어린이들'은 전체 어린이들을 가리키는 것이고, 건강을 해치는 것은 일부 어린이들이므로,

"어린이들 가운데는……건강을 해치는 어린이도 있다."

라고 하는 것이 좋다.

아버지와 어머니의 피와 뼈와 살이 합하여 '나'라고 하는 존귀한 존재가 되었다. 나는 부모의 뼈의 한 부분이요 피의 한 부분이다. 자식은 부모의 분신이다. ……피로 얽힌 부모와 자식의 관계는 인륜(人倫)의 근본이다. 그것은 인간의 천륜(天倫)이다. 하늘이 맺어 준 인간관계다. (안병욱 : 효심)

문장 전개는 논리학의 추리(推理, inference)와 깊은 관련이 있다. 추리에는 직접 추리(直接推理)와 간접 추리(間接推理)가 있는데, 단 하나의 판단(명제)으로부터 직접적으로 새로운 판단인 결론을 이끌어 내는 추리를 직접 추리라고 하고, 두 개 또는 그 이상의 판단을 전제로 하여 새로운 판단인 결론을 이끌어 내는 추리를 간접 추리라고 하며, 간접 추리에는 연역추리(演繹推理)와 귀납추리(歸納推理)가 있다.

위의 글은 효(孝)를 주제로 쓴 수필의 일부분인데, 앞뒤의 문맥이 다 논

리적으로 연결이 되어 있다. 앞의 명제를 근거로 해서 뒤의 명제가 성립되어 나가는 직접 추리(直接推理)의 연속으로 되어 있다. 문장 전개가 다 추리의 형식을 취할 수는 없지만, 필요에 따라 위와 같이 부분적으로 직접 추리의 형식을 원용하면 좀 더 정확하고 효과적인 표현을 할 수 있을 것이다.

예문13

(1) 모든 인간은 실수를 범한다. 교육자도 인간이다.
(2) 성직자도 인간이다. 그러므로 성직자도 감정이 있다.

연역 추리는 일반적 지식이나 보편적 원리를 전제로 하여 그것으로부터 특수한 지식 · 원리를 이끌어 내는 삼단 논법(三段論法)이다.

> 모든 인간은 죽는다.　　(大前提)
> 나도 인간이다.　　　　(小前提)
> 그러므로 나도 죽는다.　(結論)

의 경우는, 대전제, 소전제, 결론이 다 갖추어진 정언적 삼단 논법(定言的三段論法)이지만, 문장 전개 과정에서 이 세 가지 중 어느 하나가 빠지는 경우도 있다. 이것을 약식 삼단 논법(略式 三段論法)이라고 한다.

위의 예문 (1)에는 결론이 생략되어 있다. "그러므로 교육자도 실수를 범한다."라는 결론이 빠졌다. 경우에 따라 이렇게 뻔한 결론을 생략하면 독자의 상상력을 자극하게 되어 더 여운이 있고 함축된 표현이 될 수도 있다. 예문 (2)에는 "모든 인간은 감정이 있다."라는 대전제(大前提)가 생략되었다.

Ⅱ. 실용문의 오류

1. 생활 언어

저는 ○○학과 ○학년 ○○○입니다. ○월 ○○일 오전에 지갑을 분실하였습니다. 지갑은 검정색 반지갑입니다. 지갑을 <u>잊어 버리신</u> 적이 있으신 분들은 아시겠지만 습득하신 분은 꼭 연락주십시오. (학교 게시물)

'잊어버리다'는 '한번 알았던 것을 모두 기억하지 못하거나 전혀 기억하여 내지 못하다'를 뜻하고 '잃어버리다'는 '가졌던 물건이 없어져 그것을 아주 갖지 아니하게 되다'를 뜻하여서 여기서는 '잃어버리다'로 고쳐야 한다.

곁에서 보니 참 훌륭한 <u>신랑감이대.</u>
사람들이 그러는데 진옥이가 <u>예쁘데.</u> (생활언어)

화자가 몸소 겪은 바를 표현하는 종결어미는 '-데'이고 남에게서 들어서 알게 되는 경우에는 '-대'이다. 그러므로 '신랑감이데'이고 '예쁘대'이다.

아이들이 몹시 떠들어서 참다못해 "조용히 해. 떠들지 <u>말아라</u>"라고 말했다.

'마라'는 '말-+아라'의 준말인데 더 널리 쓰이는 준말만을 표준어로 인정하고 있어서 '떠들지 마라'가 올바른 표기이다.

'-어라/-아라'는 직접 명령(특정된 청자에게 직접적으로 명령하는 형식)에 사용되는 명령형 어미이다.

예) 이것 좀 보아라.　천천히 먹어라.

'-(으)라'는 간접 명령(특정되지 않은 다수의 청자나 발화 현장에 없는 청자에게 간접적으로 명령하는 형식)에 사용되는 명령형 어미이다.

예) 알맞은 답을 고르라.　기대하시라, 개봉박두!

<u>문 닫고</u> 들어와. (생활 언어)

추운 겨울철에 방문을 열어 놓은 채 방 안으로 들어오는 사람에게 흔히 하는 말이다.

'-고'라는 연결 어미가 붙은 동사와 그 뒤에 있는 동사의 주어가 같을 경우에는, 앞에 있는 동작이 먼저 이루어지고 뒤에 있는 동작이 나중에 이루어진다.

가령, "그는 운동을 하고 목욕을 했다."라는 말을 보아도 운동을 한 동작이 먼저이고, 목욕을 한 동작은 나중이다. "문 닫고 들어와."라는 말에서도 '문 닫고'라는 동작이 먼저 이루어지고, '들어와'라는 동작이 나중에 이루어지는 것이므로, 문을 닫은 후에 방에 들어오라는 말은 잘못된 말이다.

그러면 어떻게 해야 올바른 말이 될 것인가? 이 말을 듣는 상대방은 이미 방 안에 들어와 있는 상태이므로, '들어와'라는 말은 어울리지 않는다.

"문 닫아." / "문 닫고 와."

라고 하는 것이 합당하다.

예문5

김장 담그던 날은 몹시 추웠다. (생활 언어)

'김장'이란, '김장철에 김치, 깍두기, 동치미 따위를 한꺼번에 많이 담그는 행위나, 그렇게 담근 김치, 깍두기, 동치미 따위를 통틀어 일컫는 말'이다. '김장'이라는 말에는 '김치, 깍두기를 담그다'의 뜻이 들어 있으므로 '김장 담그다'라는 말은 중복 표현이다. '김장'에 접미사 '하다'를 붙여서 '김장하던 날'이라고 해야 한다.

예문6

흡연을 <u>삼가해</u> 주십시오. (생활언어)'

'삼가하다'라는 단어는 없으며 '삼가다'가 원형이다. 그러므로 '흡연을 삼가 주십시오.'로 고쳐야 한다.

예문7

좋은 사람 있으면 <u>소개시켜</u> 줘. (생활언어)

'-시키다'는 명사 아래에 쓰이어 '(남에게 무엇을) 하게 하다'는 뜻을 나타내는 접미사이다. '나는 공부했다'와 '나는 공부시켰다'를 비교해 보면 '-시키다'가 사동을 뜻하는 것을 알 수 있다. 전자에서는 공부한 이가 나이지만, 후자에서 공부한 이는 내가 아니다. '좋은 사람 있으면 소개시켜 줘'라는 말은 '좋은 사람 있으면 (그 사람을) 나 말고 다른 사람에게 소개하게 해 달라'는 뜻이 된다. 그러므로 '좋은 사람 있으면 소개해 줘'로 고쳐야 한다. 그 외에 '검찰이 용의자를 구속시켰다', '생활하수를 마구 버리는 것은 환경을 파괴시키는 일이다' 따위도 '용의자를 구속했다', '환경을 파괴하는 일이다' 등으로 고쳐야 한다.

예문8

어디 가시오? <u>이발하러</u> 갑니다.
어디 가요? <u>머리하러</u> 가요. (생활 언어)

이발소나 미장원에 가는 길에 아는 사람을 만났을 때 흔히 주고받는 대화이다. 별로 신경 쓰지 않고 관습적으로 써 오는 말이지만, 밑줄 친 부분의 문법적인 주어를 따지자면 불합리한 점이 있는 말이다. '이발하러'와 '머리하러'의 주어가 이 응답자 자신이기 때문이다. 직업적인 이발사나 미용사의 경우에는 위와 같은 대답이 어울릴 수도 있지만, 일반인의 경우에는 자기 자신이 이발을 하거나 머리 손질을 하는 것이 아니므로 합당하지 않다.

그러면 어떻게 해야 올바른 말이 될 것인가? "어디 가시오?"라는 물음은 '가는 목적'을 물은 것이 아니라 '가는 장소'를 물은 것이므로, '……하러 간다'는 식으로 '가는 목적'을 말할 필요가 없다. 그냥 장소만 대면 된다.

"이발소에 갑니다."

"미장원에 가요."

라고 응답하는 것이 합당하다.

예문9

그 사람 <u>주책이야.</u> (생활 언어)

'주책'은 한자어 '主着'에서 온 말인데, '일정하게 자리 잡힌 생각'을 뜻한다. 흔히 일정한 주견이나 줏대 없이 몹시 실없는 행동을 할 때 '주책없다'와 '주책이다'가 거의 같은 뜻으로 혼용되고 있다. 그런데 1989년부터 시행되고 있는 '표준어 규정'에는 '주책없다'를 표준어로 정하고, '주책이다'는 비표준어로 규정해 놓았다. 그러므로 "그 사람 주책없어."는 올바른 말이지만, "그 사람 주책이야."는 잘못된 말이다.

학교 간 아이가 안 와서 종일 <u>안절부절했다.</u> (생활 언어)

마음이 초조하고 불안하여 어찌할 바를 모르는 상태를 말할 때 '안절부절못하다'와 '안절부절하다'를 흔히 혼용하고 있다. 그런데 이번에 제정된 표준어 규정에서는 '안절부절못하다'만을 표준어로 정해 놓았으므로 '안절부절하다'는 잘못된 말이다.

"학교 간 아이가 안 와서 종일 <u>안절부절못했다.</u>"
라고 해야 한다.

예문11

음성이 <u>곱지가</u> 않다. 꽃이 <u>아름답지가</u> 않다. (생활 언어)

우리 주변에서 흔히 들을 수 있는 위와 같은 말에는 불필요한 주격 조사 '가'가 들어 있다. 독특한 표현상의 뉘앙스를 나타낼 수는 있겠지만, 문법적으로는 합당하지 못하다. '곱지가'와 '아름답지가'는 '않다'의 주어가 될 수 없다. '않다'는 보조 동사이고, '곱지'와 '아름답지'는 본동사로 이들 사이에는 '가'라는 주격 조사가 사용될 수 없다.

예문12

빨리 <u>달리지를</u> 못한다. 많이 <u>먹지를</u> 않는다. (생활 언어)

여기에도 불필요한 목적격 조사가 들어 있다. '달리지를'과 '먹지를'은 뒤에 있는 보조 동사의 목적어가 될 수 없다. 표현상의 특이한 뉘앙스를 나타낼 수는 있겠지만, 목적어가 아닌 말에 목적격 조사가 붙어 있어서 자연스럽지 못하다. 본동사와 보조 동사 사이에 있는 목적격 조사 '를'을 빼야 한다. 그러나 '-지' 다음에 조사가 전혀 붙을 수 없는 것은 아니다. '는'은 자연스럽게 붙어서 특이한 의미의 차이를 나타내는 보조사이다.

예문13

> ……하시길 빌며 <u>축사에 대신합니다</u>. (축사)
> ……간단하나마 이것으로 인사말에 <u>代하고자 합니다</u>. (인사말)
> ……무궁한 발전을 빌며 이것으로 <u>기념사에 갈음합니다</u>. (기념사)

축하 연설이나 기념 연설을 한 후 위와 같은 맺음말로 마무리하는 경우가 더러 있다. 의례적인 인사말이라 흔히 그냥 들어 넘기고 말지만, 밑줄 친 부분을 좀 검토해 볼 필요가 있다. '代身하다'나 '代하다'는, 마땅히 해야 할 것으로 하지 않고 다른 것으로 대리를 한다는 말이다. '갈음하다'도 다른 것으로 바꾸어 대신한다는 말이다. 즉, 마땅히 해야 할 진짜를 한 것이 아니라 딴것을 했다는 얘기다. 그러니까 '축사에 대신합니다.'라는 말은, 꼭 해야 할 진짜 축하 인사를 한 것이 아니라, 다른 말을 가지고 축하 인사에 대용했다는 얘기가 된다. 마찬가지로 '기념사에 갈음합니다.'라는 말도 진짜 기념사가 아닌 가짜 기념사를 했다는 얘기다.

이런 인사말의 끝 부분은 '다시 한 번 축하의 말씀을 드립니다.'라고 하거나, '무궁한 발전을 빕니다.'라는 말로 마무리하고, 자기의 말을 잘 들어 주어서 고맙다는 뜻으로 요즈음 흔히 하는 '감사합니다'나 '고맙습니다'를 나직하게 덧붙이는 것이 자연스럽다.

2. 노래 가사

누가 이 사람을 <u>모르시나요</u>? (노래 가사)

노래 가사는 가락을 살리고 음절수를 맞추기 위하여 어법을 무시한 변형을 할 수도 있으므로 어법적인 검토의 대상으로는 적합하지 않다. 그리고 위와 같은 말은 실제로 일반인들의 담화에서 별 저항감 없이 통용되기도 하므로 애초에 검토의 대상이 안 될 수도 있다. 그러나 정확한 문장에 대해 연구하는 측면에서 한번 검토해 보는 것도 무의미한 일은 아니라고 생각된다.

실제 담화에서 상대방에게,

"이 사람을 모르시나요?"

라고 물었다면, 이것은 상대방이 당연히 '이 사람'을 알고 있는 줄 알았다가 의외에도 모르고 있는 것 같을 때 하는 질문이다. 상대방이 '이 사람'을 아는지 모르는지 확실하지 않을 때에는,

"이 사람을 아세요?"

라고 질문을 하는 것이 정상적이다. 사진이나 이름을 내보이며 사람을 찾으러 다닐 때에도 알기를 기대하며 묻는 것이므로,

"이 사람을 아세요?"

라고 물어야 한다.

"누가 이 사람을 모르시나요?"

라는 질문은 상대방이 알기를 기대하고 묻는 것이 아니라, 모르기를 기대

하고 질문하는 것으로 생각할 수도 있다. 모르기를 기대하고 질문하는 것은 사람을 찾으러 다니는 목적에 부합되지 않는다.

> **예문15**
>
> 가지 마오. <u>가지를</u> 마오. (노래 가사)

'가지'는 본동사이고, '마오'는 보조 동사이다. 본동사와 보조 동사 사이에 목적격 조사 '를'이 들어가는 것은 정상적이 아니다.

> **예문16**
>
> <u>화무는</u> 십일홍이요, 달도 차면 기우나니. (노래 가사)

"열흘 동안 붉게 피어 있는 꽃은 없다."
라는 뜻의 한문 '화무십일홍(花無十日紅)'이라는 구절을 노래할 때, '화무' 다음에 조사 '는'을 잘못 삽입하는 경향이 있다. 한문에 토를 붙인다고 하더라도 '화무' 다음에는 '는'이 들어갈 수 없다.

> **예문17**
>
> 울며 울며 <u>날으는</u> 갈매기도 내 마음을 수평선 아득한 곳에 계시는 내 님에게 말해줘요. (노래 가사)

'날다'가 기본형이고 ㄹ 불규칙용언이다. 그러므로 '나는'이 되어야 옳다.

3. 광고문

비너스 후렌치 스타킹은 12 데니아 울로 조직되어 놀라운 <u>신축성과 투명이 뛰</u><u>어나</u> 당신의 각선미를 탄력 있게 가꿀 수 있는 썸머 울스타킹입니다. (스타킹 광고문)

'신축성과 투명이 뛰어나'라는 구절이 어색하다. '투명(透明)'을 '투명도(透明度)'로 바꾸어서, '투명도가 뛰어나'라고 하는 것이 좋다. 그리고 앞에 '신축성'이라는 말이 있으므로 '투명'을 '투명성'이라고 해도 좋다.

<u>옛 우리 속담에 "여자와 그릇은 바깥에 나돌아 다니면 안 된다."고 일렀다.</u> 사실 그릇이 집안에 있지 않고 나돌아 다니면 그것은 쉽게 깨어져 종말을 보게 되고, 여자도 나돌아 다니면 흠집이 생기게 마련이다. (도자기 광고문)

밑줄 친 부분의 서술어 '일렀다'의 주어가 없다. 그런대로 뜻은 통하지만 주어 서술어의 관계가 제대로 성립되지 않기 때문에 약간 어색하다. 끝 부분 '……고 일렀다'를 '……는 말이 있다'라고 고쳐서,

"옛 우리 속담에, '여자와 그릇은 바깥에 나돌아 다니면 안 된다.'는 말이 있다." 라고 하는 것이 좋다. 그리고 속담을 인용한 구절의 '여자와 그릇은 나돌아 다니면'에서, '나돌아 다니면'이라는 능동 표현도 어법에 맞지 않는다. '여자와 그릇' 중 '여자'는 능동적으로 나돌아 다닐 수 있지만, '그릇'은 능동적으로 나돌아 다닐 수 없으므로, '나돌아 다니면'이라는 동사를 바꿔야 한다. 능동 표현인 '나돌아 다니면'을 사동으로 고쳐서 '내돌리면'이라고 하는 것이 좋다.

누구나 좋아하는 아이스크림, 부라보콘이 더욱 사랑받기 위해 <u>맛에서 모양에서</u> <u>더욱 좋아졌습니다.</u> (아이스크림 광고문)

밑줄 친 부분의 주어는 '맛과 모양에서'인데, 주격을 나타내는 조사 '에서'가 적합하지 않다. '에서'는 "국가에서 책임을 진다."의 경우처럼 단체를 나타내는 명사 다음에서는 주격을 나타낼 수 있지만, 이 글에서는 어울리지 않는다. 좋아진 것은 맛과 모양이므로 주격 조사 '이'를 써서,

"맛과 모양이 더욱 좋아졌습니다."

라고 하는 것이 좋다.

왼쪽 가슴에 황금 코뿔소 한 마리! <u>이 상표는</u> 지난 여름부터 P.A.T.에서 예술적인 상품을 공급하기 위하여 왼쪽 가슴에 황금 코뿔소 한 마리를 <u>부착했습니다.</u> (옷 광고문)

'이 상표는'과 '부착했습니다'의 주어·서술어 관계가 성립되지 않는다. 그렇다고 목적어·타동사의 관계가 성립되는 것도 아니다. '이 상표는'을 삭제하는 것이 좋다. 이 말을 굳이 넣으려면 서술어인 '부착했습니다'를 '부착한 것입니다'로 고치는 것이 좋다.

아름다운 분위기는 호화스럽고 비싼 가구로만 꾸민다고 <u>아름다워지지 않습니다.</u> (가구 광고문)

주어와 서술어에 '아름답다'는 내용이 중복되어 있어서 어색하다. 본체부를 연결해 보면,

"아름다운 분위기는……아름다워지지 않습니다."

라는 말이 되어 중복 표현이 된다. 서술어인 '아름다워지지 않습니다'를 '이루어지는 것이 아닙니다'라고 고쳐서,

"아름다운 분위기는 호화스럽고 비싼 가구로만 꾸민다고 이루어지는 것이 아닙니다."

라고 해야 주어와 서술어가 잘 어울린다.

예문23

창포 성분의 피오레 샴푸는 주로 물가에 자생하며, 향기가 독특한 창포를 함유하여, <u>두피와 모발 보호는 물론</u>, 자연의 신선한 향기를 느낄 수 있습니다. (샴푸 광고문)

'두피와 모발 보호는 물론'을 완전한 목적어·타동사의 관계로 만드는 것이 좋다. 뒤에 오는 구절이 목적어·타동사의 관계이기 때문에 '두피와 모발을 보호하는 것은 물론'이라고 고쳐서,

"두피와 모발을 보호하는 것은 물론, 자연의 신선한 향기를 느낄 수 있습니다."

라고 해야 자연스럽게 어울린다.

예문24

일명 반제품이라 일컬어지는 이 제품은 종류도 다양하여, 용도에 따라 <u>재료를 구입</u> 누구나 쉽게 조립하여 이용할 수 있다. (인테리어 광고문)

'재료를'이라는 목적어를 받는 타동사가 없다. '구입'은 타동사가 아니라 명사이다. '재료를 구입'이라는 말이 의미 연결로는 목적어 · 타동사의 관계가 될 수 있지만, '구입'은 명사이므로 어울리지 않는다. '구입'을 동사 형태인 '구입하여'로 고쳐서,

"용도에 따라 재료를 구입하여 누구나 쉽게 조립하여 이용할 수 있다."
라고 해야 한다.

예문25

> 왜 부라보콘은 세월이 흘러도 변함없이 언제 어디서나 사랑을 받아 왔을까요? 그것은 항상 대할 때마다 <u>새로운 좋은</u> 아이스크림이기 때문입니다. (아이스크림 광고문)

'새로운 좋은'에는 형용사의 관형사형이 중첩되어 있다. 이 구절을 음성 언어로 방송할 때는 '새로운' 다음에 쉼(pause)을 두면 되지만, 문장으로 표현될 때는 보기에 어색하다. '새롭고 좋은'으로 고쳐서,

"새롭고 좋은 아이스크림이기 때문입니다."
라고 하든지, 굳이 '새로운 좋은'으로 하려면, '새로운' 다음에 쉼표를 넣는 것이 좋다.

예문26

> 피부 미용의 전문가 미가람이 내놓은 새로운 화장품 수잉. 수잉을 바르는 순간 당신은 <u>이미</u> 미용 전문가가 됩니다. (화장품 광고문)

'이미'는 지난 일을 말할 때 쓰는 부사로서 '벌써', '일정한 시간보다 이전에'의 뜻을 가진 말이다. 이 글의 내용은 과거의 일이 아니라, 순간의

일을 가정하여 말하는 것이므로 과거를 나타내는 '이미'는 어울리지 않는다. '이미'를 빼어 버리고,

"수잉을 바르는 순간 당신은 미용 전문가가 됩니다."

라고 하는 것이 좋다.

예문27

제브라(日本)에서 만든 Be-pen은 필기 감촉이 뛰어난 반면 가격이 저렴해 학생용으로는 물론, 일반 사무용으로 널리 애용되고 있습니다. (펜 광고문)

'반면(反面)'이라는 말은 뒤에 오는 말이 앞에 있는 말과 상반되는 뜻을 나타낼 때 쓰인다. 이 광고문에서는 '반면'의 앞에 있는 말과 뒤에 있는 말이 상반되는 내용이 아니므로 '반면'이라는 말이 어울리지 않는다. '뛰어난 반면'을 '뛰어나며'로 고치는 것이 좋다. 그리고 '일반 사무용으로'라는 말도 그 앞에 있는 '물론'과 어울리지 않으므로 '도'를 붙여서,

"일반 사무용으로도 널리 애용되고 있습니다."

라고 하는 것이 좋다.

예문28

레모나는 체내에 잘 흡수되어 피로를 회복시켜 주며, 기미·주근깨 형성을 예방시키고 피부를 부드럽게 가꾸어 주는 비타민C 제제입니다. (화장품 광고문)

'형성을 예방시키고'라는 말이 잘 어울리지 않는다. '예방시키다'라는 사동사는 아직은 일반화된 말이 아니다. '형성을 예방하고'라고 해야 자연스럽게 어울린다.

예문29

우신냉동식품(주)가 다양하게 <u>개발된</u> 냉동 가공 식품을 요리하는 체인점으로 기존 통닭튀김 업소와는 전혀 다릅니다. (치킨 광고문)

'개발된'이라는 피동사가 문맥에 맞지 않는다. 이 단어를 타동사로 고쳐서,

'우신냉동식품(주)이 다양하게 개발한'

이라고 해야 한다.

예문30

시작은 언제나 순수하며, 시간이 흐를수록 그것은 가장 귀하고 진실된 순간들로 <u>계속한다</u>. 영원히 지속되는 의미 있는 시간들, 오메가는 이 모든 소중한 순간들을 기록해 나갑니다. (시계 광고문)

'계속한다'라는 동사가 문맥에 맞지 않는다. 이 단어를 피동형으로 고쳐서,

"그것은 가장 귀하고 진실된 순간들로 계속된다."

라고 하는 것이 좋다.

예문31

쇠고기 국물 맛 <u>100원짜리서</u> 500원짜리까지. (조미료 광고문)

'100원짜리서'의 '서'라는 조사가 잘못 사용되었다. 뒤에 '까지'라는 조사가 있으므로 '부터'를 써서,

"100원짜리부터 500원짜리까지"

라고 해야 한다.

> ### 예문32
>
> 크라운 수퍼드라이가 깨끗한 맛의 깨끗한 맥주입니다. (맥주 광고문)

　주어와 서술어의 관계는 성립되지만, '크라운 수퍼드라이가'의 '가'라는 주격 조사가 어울리지 않는다. 상품명 다음에는 주제를 나타내는 조사 '는'을 써서,

"크라운 수퍼드라이는 깨끗한 맛의 깨끗한 맥주입니다."

라고 하는 것이 좋다.

> ### 예문33
>
> 우선 아침밥을 귀찮게 짓지 않고 빵이나 우유로 때우는 경우가 많이 늘어난 것이다. 이것은 주부 편에서 볼 때 손에 물을 묻히지 않아도 된다는 것이 되었으니, 그 귀찮은 일을 일단 벗어난 것이 되지 않겠는가? (식품 광고문)

　밑줄 친 '일을'의 목적격 조사가 이 글에 어울리지 않는다. '을'을 '에서'로 고쳐서,

"그 귀찮은 일에서 일단 벗어난 것이 되지 않겠는가?"

라고 하는 것이 좋다. 그리고

"……손에 물을 묻히지 않아도 된다는 것이 되었으니"

에는 '되다'가 중복 사용되어 어색하다. '되니'만을 써서,

"……손에 물을 묻히지 않아도 되니"

라고 하는 것이 좋다. 끝 부분에 있는

"……일단 벗어난 것이 되지 않겠는가"

라는 구절도

"……벗어난 것이 아닌가"

로 고치는 것이 좋다.

예문34

사랑받는 <u>여자의 아름다운</u> 이유 - 그녀 곁에는 언제나 피어리스 아미드 팜. (화장품 광고문)

'아름다운'이라는 형용사의 주어는 '여자의'이다. 용언의 앞에서 '의'라는 조사로 주격을 나타내는 경우도 있지만, 현대 국어에서는 정상적인 표현이 아니다. 현대 국어에서 '의'라는 조사는, 체언과 체언 사이에서 앞의 체언으로 하여금 뒤의 체언을 꾸미게 하는 구실을 한다.

'우리의 노력'   '국민의 단결'

등의 예에서는 '의'가 붙은 앞말이 뒷말의 주체가 되는 경우도 있긴 하지만, 이런 경우에도 체언과 체언 사이에서만 쓰인다. 용언의 앞에서 '의'가 주격으로 쓰이는 것은 비정상적이다. '의'를 '가'로 고쳐서,

"사랑받는 여자가 아름다운 이유"

라고 하는 것이 좋다.

예문35

<u>메디락 비타는</u> 살아 있는 유산균과 6가지 비타민, 칼슘, Zn 등의 각종 영양소가 들어 있습니다. (비타민 광고문)

'메디락 비타는'에 들어 있는 '는'이라는 조사가 부적합하다. '메디락 비타는'이 이 문장의 주어가 아니므로, 조사 '는'을 '에는'으로 고쳐서,

　"메디락 비타에는……각종 영양소가 들어 있습니다."

라고 하는 것이 좋다.

| 예문36 |

여름이 되며 시원한 화채를 찾는 이들이 늘어났다. 쥬스나 청량음료에 비해 손이 많이 가지만 귀한 손님을 맞을 때는 빠지지 않는 단골 메뉴가 바로 화채이다. (그릇 광고문)

'여름이 되며'의 '-며'라는 연결 어미가 문맥에 어울리지 않는다. '-며'는 동작이나 상태의 나열에 쓰는 연결 어미이다. 이것을 '-면서'로 고쳐서,

　"여름이 되면서 시원한 화채를 찾는 이들이 늘어났다."

라고 하는 것이 좋다.

| 예문37 |

나는 아이 셋을 갖고 있다. (yes24 책소개)

이 문장은 영문을 우리말로 번역해 놓은 번역체 문장이다. '갖다'는 'have'를 직역한 것이다. 그러므로 '나에게는 아이가 셋이 있다'로 고쳐야 한다.

4. 텔레비전 자막

> **예문38**
>
> 애들이 좋다고 <u>하길래</u> 마셨어요.(03. KBS 1. 9시뉴스)

'하길래'는 구어체 표현이므로 '하기에'로 표기해야 한다.

> **예문39**
>
> 이렇게 분장하고 친구들을 <u>놀래켜줘서</u> 재미있어요.(03. MBC. 뉴스데스크)

'놀래키다'는 '놀래다'의 방언이다. 그러므로 '놀래줘서'로 고쳐야 한다.

> **예문40**
>
> 모두가 한바탕 <u>흐트러지게</u> 놀면서 (03. KBS 1. 6시 내고향)

'흐트러지다'는 '여러 가닥으로 흩어져 이리 저리 엉키다'의 의미를 가지고 '흐드러지다'는 '매우 흐뭇하거나 푸지다'를 뜻하므로 '흐드러지게'가 더 적합하다.

> **예문41**
>
> 저는 소주 서너병을 마시는데요, 술집이나 그냥 가게에 가면 별다른 제재 없이 그냥 술을 내주는 <u>편이예요.</u>(03. MBC. 뉴스데스크)

서술격조사 '이다'의 활용은 '이에요'이다.

5. 기타

백설 공주를 사랑한 <u>난장이</u> (연극제목)

'-쟁이'는 일부 명사 뒤에 붙어 '그것이 나타내는 속성을 많이 가진 사람'의 뜻을 더하는 접미사로 '고집쟁이, 무식쟁이, 미련쟁이, 허풍쟁이' 등으로 사용되고, '-장이'는 일부 명사 뒤에 붙어 '그것과 관련된 기술을 가진 사람'의 뜻을 더하는 접미사로 '대장장이, 미장이, 옹기장이' 등으로 사용이 된다. 따라서 '난쟁이'가 옳다.

Ⅲ. 소설 문장의 오류

    소설은 작가의 상상력에 의하여 구성된 산문체의 이야기이므로 문장 표현에 작가의 개성적인 특이성이 나타나기 쉽다. 문학적인 표현을 위해서는 이와 같은 개성적인 문체가 필요하다. 글을 쓸 때 모든 문장의 문법적 정확성을 따지다가는 작가의 창조적이고 예술적인 표현에 지장이 있을 수도 있으며, 문법을 무시한 표현을 할 수 있는 것이 작가의 창조적 특권이라고 할 수 있을는지도 모른다.

    그러나 아무리 개성적이고 예술적인 표현이라고 하더라도 문학의 표현 매체인 언어의 보편적인 원리를 무시할 수는 없는 것이다. 어법에 맞는 올바른 표현을 해야 한다는 것은 문학 이전의 기본적인 문제이다. 그래서 문학 평론가도 소설 문장의 문법적인 문제점을 지적한 일이 있다.[1]

    문학을 공부하는 국어국문학과나 문화콘텐츠창작 전공 학생들에게는

---

1) 권영민 : '作家는 문장을 올바로 쓰고 있는가', 문학 사상, 1978. 11.

이런 기본적인 문장 수련이 필요하기 때문에 문장 수련의 일환으로 단편 소설 문장의 오류를 조사해 보도록 과제를 부과한 일이 있었다. 정확한 문장 표현에 유의하도록 하려는 의도로 이런 과제를 부과한 것인데, 의외로 많은 분량을 찾아서 제출하였다. 다른 작품보다 유난히 오류가 많은 작품이 있는 것을 보고, 문장 능력의 개인차가 심하다는 것을 알 수 있었다. 소설 문장의 이런 문제점이 그 작품의 예술성에 큰 흠이 되는 것은 아니지만, 그렇다고 비문법적인 문장 구사나 어휘의 오용이 표현 효과를 더해 준다고 볼 수도 없었다. 그래서 문장 표현에 좀 더 관심을 가져 보자는 뜻으로 이 자료들을 정리해 보았다.

1. 주어 서술어 관계

문장의 성분은 주성분, 부속 성분, 독립 성분으로 구분되는데, 주성분이 가장 중요한 구실을 한다. 주성분에는 주어, 서술어, 목적어, 보어가 있는데, 이 중에서 주어와 서술어가 문장의 근간이 되는 필수적인 요소이므로 본체부라고도 한다.

예문1

그는 <u>영문학,</u> 나는 <u>국문학이었다.</u> (허공 중에 배꽃 이파리 하나)

'그는 영문학이다'에서 사람과 학문이 동격일 수는 없다. '그는 영문학과 학생이었고 나는 국문학과 학생이었다'든지 또는 '그는 영문학을 전공하였고 나는 국문학을 전공하였다'로 하는 것이 좋다.

외환 위기와 구조 개혁 바람이 불면서 그의 회사는 채무 비율이 너무 높은 악성 기업이 되었다. (나는 아주 오래 살 것이다)

'외환 위기 바람이 분다'와 '구조 개혁 바람이 분다'는 두 개의 문장이 대등하게 이어지면서 같은 문장 성분(바람이 분다)이 생략된 구조이다. 그러나 '외환 위기'는 '오다'나 '닥치다'라는 서술어와 호응한다. 그러므로 '외환 위기가 닥치고 구조개혁 바람이 불면서'나 '외환 위기가 오고 구조 개혁 바람이 불면서'로 바꾸어야 주어와 서술어가 호응하는 문장이 된다.

예문3

마을 뒤쪽으로 2킬로미터쯤, 솔밭 후미진 곳에 미군 헬기 한 대가 추락했다. 그것은 국민학교에서도 겨우 유행가 한 곡조 뽑다 보면 닿을 시간밖에 안 되는 거리다. (두럭산)

'거리다'의 주어는 '그것은'이라고 할 수밖에 없다. 그런데 '그것은'이 무엇을 가리키는 대명사인지 분명하지 않다. 뒤의 내용으로 보면 거리감보다는 이야기가 시작되는 장소를 나타낸 것 같다. 장소를 나타낸 것이라면 '곳'을 넣어서 '그곳은'이라고 하는 것이 좋을 것 같다.

예문4

금요일 오후에 등산복 차림으로 나서는 사람들은 십중팔구 1박 2일이거나 3박 4일 코스지요. 저도 예전에 다 해 본 가락입니다. (피아트 볼룬따스 뚜아)

'코스지요'의 주어는 '사람들은'이 될 수밖에 없는데, 주어와 서술어만 연결해 보면,

"사람들은······코스지요."

라는 말이 되어 주술 관계가 어울리지 않는다. 의미 전달에 지장이 있는 것은 아니지만, 주어가 '사람들은'이므로 서술어에 사람들과 관계되는 말을 넣어,

"······사람들은 십중팔구 일박 이일이거나 삼박 사일 코스의 등산객들이지요."

라고 하면 문법적인 문제는 없게 된다.

끝 문장도 주어와 서술어만 연결해 보면,

"저도······해 본 가락입니다."

라는 말이 되어 주술 관계가 어울리지 않는다.

"저도 예전에 다 해 본 가락이 있습니다."

라고 하는 것이 좋다.

예문5

혹은 현기증이 일어날 때처럼 귀가 멍멍하고 앞이 어질어질해지는 것 같은 그 느낌의 돌연한 엄습이 그녀로 하여금 방문 고리를 쥐게 했다. (나는 아주 오래 살 것이다)

'엄습'의 뜻은 '갑자기 습격함'이므로 '돌연한'의 의미와 중복된다. 번역투의 문장이며 '방문 고리를 쥐게 했다'의 주어가 '엄습'인데 주어와 서술어가 호응하지 않는다. 그러므로 '···어질어질해지는 듯한 느낌이 엄습하여 그녀는 방문 고리를 쥐었다'로 하는 것이 좋다.

"이봐요, 밀지 말아요. 사람도 못 타는데 웬 못생긴 돌까지 들고 그래요?" <u>누구인가 왁살스러운 목소리가 내 뒤통수를 긁었지만</u>. 나는 돌아보지 않고 승객들 발등이 다치지 않도록 조심스럽게 돌을 버스의 바닥에 놓았다. (말하는 돌)

밑줄 친 부분에서 '긁었지만'의 주어는 '목소리가'이지만, '누구인가'도 주어로 쓰인 것으로 오해할 수도 있다. '누구인가'의 문장 성분은 주어가 아니라 관형어라야 자연스럽게 어울린다. '누구인가'의 뒤에 관형격 조사 '의'를 붙여서

"누구인가의 왁살스러운 목소리가 내 뒤통수를 긁었지만"

이라고 하는 것이 좋다.

꼬옥 포옹해 주고픈 흥결인 것이다. 또한 서투른 영어로 아침 공부를 여는 아이들의 모습은 미덥고 대견하다. 어려운 가계에서도 성의껏 도시락을 짓는 <u>여인은 고마움이다</u>. 아이들 책상머리에서 뜨개질로 밤을 사루는 여인의 모습은 곱고 애련하다. (살아가는 이야기)

'고마움이다'의 주어는 문장 구문으로 보아 '여인은'이라고 할 수밖에 없는데, '여인은……고마움이다'라는 말은 형식상으로는 주어 서술어의 관계가 되지만 의미상으로는 정상적이 아니다.

"……여인의 마음은 따스하다." / "……여인에게서는 고마움을 느낄 뿐이다."

라고 해야 의미 연결이 자연스럽게 된다.

2. 서술부 어휘

서술어와 이 서술어에 딸린 부속 성분을 합하여 서술부라고 하는데, 문장의 본체부를 이루는 주요 구성 요소의 하나이다. 우리말에서는 주어보다 서술어가 더 중요한 구실을 한다고 보는 것이 일반적인 견해이다.[2] 우리의 언어생활에서 주어가 생략되는 경우는 많지만 서술어가 생략되는 경우는 별로 없기 때문이다. 그러므로 서술어의 다양한 구사가 가능하며, 문학적으로 다양하고 개성적인 표현을 하는 중에 어울리지 않거나 잘못된 표현을 하기도 쉽다. 그래서 주술 호응 관계 외에 서술부의 어휘 사용에 문제점이 있는 문장을 따로 모아 검토해 보았다.

> **예문8**
>
> "아주머니, 지금 몇 시나 됐을까요?" 식용유 <u>냄새가 몰려나는</u> 가게 앞에서 나는 옷매무새를 매만지며 물었다. (빈방에서)

'냄새가 몰려나는'이라는 말은 아무래도 정상적인 표현은 아니다. '몰려나는'을 '물씬 나는'이나 '풍기는'으로 고치는 것이 좋을 것이다.

> **예문9**
>
> 그들은 포철이 바로 건너다보이는 곳에 방 둘을 마련해서 들었다. <u>마땅한 호텔이 없어 장급 여관의 나란히 붙은 방을 구할 수 있었던 것이다.</u> 그녀는 창문을 활짝 열어젖히곤 창가에 턱을 괸 채 기다렸다. (신기루)

---

2) 논리학적으로 보아 印歐語는 주어와 술어의 이원적 구조의 언어인데 비해 우리말은 서술어를 중심으로 한 다원적 구조의 언어라고 보는 견해도 있다(李奎浩 : 말의 힘, 제일출판사, 1979, p.120 참조).

'마땅한 호텔이 없어……'와 '방을 구할 수 있었던 것이다'가 어울리지 않는다. 마땅한 '호텔'이 없어서 그보다 수준이 낮은 '장급 여관'에 투숙할 수밖에 없었다는 내용이므로, '구할 수 있었던 것이다'라는 서술부를 '구할 수밖에 없었다'로 고쳐서,

"마땅한 호텔이 없어 장급 여관의 나란히 붙은 방을 구할 수밖에 없었다." 라고 해야 한다.

예문10

그런데 내가 그렇게 되기를 바라고 믿고 있는 아저씨는 좀 다른 데가 있어서, 어떤 땐 나대로 퍽 고민도 한다. 분명히 여러 사람이 본 아저씨가 진짜고, 나는 촌무지렁이라 내가 자꾸만 비뚤어지게 아저씨를 잘못 보고 있다고. 그런데도 이 고민이 시원스럽게 풀리지를 않으니 <u>필경 나라는 인간은 아저씨 같은 분을 끝내 이해하지 못하고 있는지도 모른다.</u> (너무 큰 나무)

밑줄 친 부분의 '끝내'라는 부사와 '이해하지 못하고 있는지도 모른다'라는 현재 진행의 시제가 어울리지 않는다. '끝내'라는 부사는 '끝까지 내내, 마침내, 드디어' 등의 뜻을 가지고 있고, 앞부분에 또 '결국에는, 끝장에 가서는'의 뜻을 가진 '필경'이라는 말이 나와 있으므로 현재 진행의 시제와는 잘 어울리지 않는다. '필경'과 '끝내'를 그냥 두려면 서술부를 미래 시제로 하여,

"필경 나라는 인간은 아저씨 같은 분을 끝내 이해하지 못할는지도 모른다." / "필경 나라는 인간은 아저씨 같은 분을 끝내 이해할 수 없을는지도 모른다."
라고 해야 문맥에 어울린다.

현재 진행 시제를 그대로 두려면, 앞에 있는 '필경'이라는 말을 빼어 버

리고, '끝내'를 '아직도'라는 말로 바꾸어서,

"나라는 인간은 아저씨 같은 분을 아직도 이해하지 못하고 있는지도 모른다."

라고 할 수도 있을 것이다.

예문11

> 아들 녀석이 손을 흔들었고 그도 따라 손을 흔들어 주었다. 버스 정류장에 도착하고서야 그는 담배 생각을 <u>떠올려 냈다</u>. 주머니를 뒤져 담배를 꺼내 문 그는 불을 켜 달렸다. 빨아들인 담배 연기를 천천히 내뿜으며 그는 고개를 돌렸다. (그리운 이타카)

'떠올려 냈다'라는 서술어가 어울리지 않는다. '담배 생각을 떠올려 냈다'라고 하면, 담배 생각이 습관적으로 저절로 떠오른 것이 아니라 잊고 있던 담배 생각을 의도적으로 떠올렸다는 얘기가 된다. 그리고 '내다'라는 조동사는 그 동작을 제 힘으로 능히 끝냈다는 뜻을 가진 말이므로 사동을 나타내는 선어말 어미가 들어 있는 '떠올려'에 붙여 쓰면 뜻이 이상하게 된다. 이 부분은 자동사로 고쳐서,

"담배 생각이 떠올랐다."

라고 하는 것이 좋다.

예문12

> 그리고 정민이는 그들을 향해 점점 다가가고 있다. 이젠 나도 아무것도 할 수 없다. 상황은 <u>극에 달해버렸고</u> 내가 할 수 있는 건 아무 것도 없다. (그놈은 멋있었다)

'달해버리다'라는 어휘는 올바른 표현이 아니며 '극에 다다르다'로 하여서 '극에 다다랐고'로 하는 것이 올바르다.

> **예문13**
>
> 내가 언 손을 <u>부비며</u> 고독이란 본질에 떨고 있을 때 넌 뭘 했니 (강석경의 '관')

타동사 '부비다'는 '비비다'의 잘못된 말이므로 '비비며'로 고쳐야 한다.

3. 목적어 타동사 관계

타동사와 목적어의 관계를 객술 관계라고 하는데, 이것은 단순한 한정 관계가 아니라 보족 관계이다. 타동사는 어떤 대상을 필요로 하는 행위를 나타내므로 이 두 성분이 의미상 잘 어울려야 한다. 목적어와 타동사가 서로 어울리지 않거나, 타동사가 들어가야 할 곳에 자동사가 들어가거나, 문맥상 불필요한 목적어가 들어가면 의미 연결이 어색하고 부자연스럽게 된다.

> **예문14**
>
> 어째서 아직 내 속을 덥혀 줄 <u>물이 들어오지</u> 않느냐? (대지)

'물이 들어오지'를 '물을 들여오지'로 고친다. '들어오다'는 자동사로 '주어가 스스로 밖에서 안쪽으로 들어오다'라는 의미를 지니고 있지만,

'들여오다'는 타동사로 '주어가 어떤 대상(목적어─물)을 밖에서 안으로 가져오다'라는 의미를 지닌다. 물은 주어에 의해서 안으로 가져올 수 있는 대상이다.

예문15

비행기가 뜨는 것만 해도 그렇다. 출국하는 사람들의 출국 서류를 점검하는 시간이 길어지면 당연히 비행기가 제시간보다 늦게 뜬다. 항공사의 첫 번째 신조는 시간을 잘 지키는 것과 안정성을 지키는 것인데, 일하는 사람들끼리의 손발이 잘 맞지 않아 항공사 쪽 사람들은 갈등을 많이 느낀다고 한다. (이별의 국제공항)

'안정성을 지키는'에서 목적어와 타동사의 관계가 어색하다. '안정성'은 '안전성'의 오자로 보이는데, '안전성을 지키는'이라고 해도 마찬가지다. '안전성'이라는 말이 '지키다'의 목적어로서 어울리지 않는다. 이 구절은
　"안전하게 운항하는"
이라고 해야 올바른 표현이 된다.

예문16

"그럼 우리 그 포철 하늘을 보러 가요." 연주가 눈물을 훔치곤 앞을 끌었다. 그 다음의 거동과 행선지가 무엇일지 그때 가 봐야 알 수 있겠지만 그때에도 말없이 따라 주리라 맘을 먹었다. (신기루)

이 글의 내용상 '앞을 끌었다'라는 객술 관계가 성립되지 않는다. 전후 관계로 보아 앞에서 손을 잡아 끈 것도 아니고, 옷깃을 잡아끈 것도 아니다. '앞을 끌었다'를 '앞장섰다'나 '앞장서서 걸었다'로 고쳐서,

"연주가 눈물을 훔치곤 앞장섰다." / "연주가 눈물을 훔치곤 앞장서서 걸었다."

라고 해야 문법적으로 무리가 없다.

■ 예문17

> 여객선이 또 정시 출발을 어기고 있었다. <u>25분을 지각해서</u> 출발 부저를 울렸다. 연주의 자리는 그때까지 비어 있었다. (신기루)

'지각하다'라는 말은 모임에 참석하거나 출근하거나 등교하는 경우에 정해진 시각보다 늦게 나온다는 뜻을 가진 동사이다. 타동사로 쓰이는 것보다는 자동사로 쓰이는 것이 일반적이다. 출발의 경우보다는 도착의 경우에 주로 쓰이는 말이다.

'지각하다' 대신 '지나서야'라는 말을 써서,

"25분이나 지나서야 출발 부저가 울렸다."

라고 하는 것이 좋다.

■ 예문18

> 하지만 더욱 알 수 없는 것은 그 방 안으로 들어간 뒤의 내 감정이었다. 가끔씩 스스로도 이해할 수 없는 <u>변덕을</u> 지금에조차도 엉뚱스럽게 <u>느껴지기</u>까지 한다. (긴 이별의 시작)

'변덕을'이라는 목적어를 받는 타동사가 없다. '느껴지기'는 타동사가 아니라, '느끼다'와 피동을 나타내는 '지다'가 합쳐진 자동사이다. '변덕을'을 주어로 만들어 '변덕이'라고 하면,

"가끔씩 스스로도 이해할 수 없는 변덕이 지금도 엉뚱스럽게 느껴지기까

지 한다."

라는 말이 되므로 문법적인 문제는 없게 된다.

　또, '느껴지기'를 타동사인 '느끼기'로 고쳐서,

　"가끔씩 스스로도 이해할 수 없는 변덕을 지금도 엉뚱스럽게 느끼기까지
한다."

라고 해도, 목적어와 타동사의 관계는 무난히 성립될 수 있다.

> **예문19**
>
> 하지만 호사다마라고 할까. 수도 놓고 충직한 머슴을 둔 것만큼이나 편한가 싶
> 더니 웬걸. 미처 생각지도 못했던 새로운 사실이 불편으로 둔갑하여 이어지기
> 시작했다. 이를테면 많은 <u>빨래와 푸성귀는 삼십 분 안에 끝낼 수는 없었다</u>. 미
> 처 일을 마치기도 전에 물이 멎는 것이었다. (돌묏골 윤 노인)

　'빨래와 푸성귀'의 문장 성분은 목적어인데, 타동사 '끝낼'과 호응이 안
된다. '끝내다'라는 타동사는 진행되고 있는 어떤 일을 다 이루거나 끝마
치는 것을 뜻하는데, '빨래'는 진행될 수 있는 일이므로 '끝낼'과 어울릴
수 있지만, '푸성귀'라는 명사는 진행될 수 있는 일이 아니므로 '끝낼'의
목적어가 될 수 없다. '푸성귀' 다음에 '씻는 일을'을 첨가해서,

　"이를테면 많은 빨래와 푸성귀 씻는 일을 삼십 분 안에 끝낼 수는 없었다."

라고 하는 것이 좋다.

> **예문20**
>
> "내일 아침 올라가겠어요." <u>점심상을 물러나 앉으면서</u> 나는 마침내 입속에서
> 별러 오던 소리를 내뱉어 버렸다. 노인과 아내가 동시에 밥숟가락을 멈추며 나
> 의 얼굴을 멀거니 건너다본다. (눈길)

'점심상을'은 목적어인데 이 목적어를 받는 타동사가 없다. '물러나다'는 타동사가 아니라 자동사이다. '점심상을 물러나 앉으면서'라는 말은 목적어와 타동사의 관계가 성립되지 않으므로, 목적격 조사 '을'을 '에서'로 고쳐서

"점심상에서 물러나 앉으면서"

라고 하면 문법적인 문제점은 없게 된다. '물러나다'를 '물리다'로 고쳐서, '점심상을 물리면서'라고 할 수도 있지만, 내용으로 보아 다른 사람들은 계속 밥을 먹고 있는 상태이므로 적합하지 않다.

예문21

폐차 처리 된 차보다 더욱 망가진 모습으로 형부는 불쑥불쑥 언니의 가게로 들이닥쳐 돈을 요구하곤 했는데, 그럴 때마다 언니는 무표정하게 돈을 내줄 뿐이었다. 마치 돈을 주는 것이 둘 사이에 맺어진 무슨 의무인 것처럼. 매번 염치없이 돈을 받아 나가는 형부에게 나 따위의 존재가 인식될 리 없건만, 나는 그때마다 차가운 표정을 지어 보이곤 했다. (샛길로 오는 빛)

'돈을 받아 나가는'이란 말이 문맥에 어울리지 않는다. '나가는'의 '나'를 빼고,

"돈을 받아 가는"

이라고 해야 자연스럽다. 굳이 '나가는'이란 말을 넣으려면 '받아'를 '받고'로 고쳐서,

"돈을 받고 나가는"

이라고 할 수도 있다.

4. 보어

보어도 문장의 주성분의 하나이지만 꼭 필요한 필수 요소는 아니다. 동사 '되다'나 형용사 '아니다'가 서술어로 쓰일 때에 그 앞에 보어가 필요하게 된다. 보어는 체언뿐만 아니라 명사구, 명사절, 용언의 명사형 등에 조사 '-가, -이' 등이 붙어서 이루어진다. 실제 문장에서 보어의 사용이 잘못된 용례는 대단히 드물다.

예문22

> 탁자 아래 촛대를 두면 아무도 불빛을 보지 못하려니와, 눈앞에 바짝 대놓으면 눈을 상하게 될 것이다. (제자입니까)

'무엇이 무엇이 되다'로 되므로 '눈이 상하게 되다'라고 하든지 아니면 '상하게 하다'는 타동사이므로 목적격 조사를 사용하여 '눈을 상하게 할 것이다'로 고쳐야 한다.

예문23

> 매주 월요일 아침 애국 조회가 있는 날이면 우린 학생들과 함께 지겹도록 길고도 장황한 그녀의 훈화를 들어야만 했다. 그것은 그녀와의 만남 이래 우리에게 생긴 또 하나의 새로운 고역에 다름 아니었다. 조회대의 단상으로 올라서는 그녀의 뾰족한 구두 굽이 다소의 불안감을 주는 것과는 달리 짜랑짜랑 울리는 그녀의 훈화는 상당히 위압적인 데가 있었다. (코브라의 춤)

'아니었다'의 앞에 있는 '다름'은 문장 성분이 보어라야 하는데, 이 문장에서는 보어로 보기가 좀 곤란하다. '……에 다름 아니다'라는 표현은 신문이나 잡지 등에서도 더러 볼 수 있는 말이지만, 현대 우리말 어법으로는 아무래도 잘 어울리지 않는다.

'다름(이) 아니라'는 하나의 부사어로 흔히 쓰이는 말이고, '다름(이) 없다'도 서술어로 흔히 쓰이지만, '……에 다름 아니다'는 일반적으로 흔히 쓰이는 말이 아니다.

5. 관형어

문장의 부속 성분에는 관형어와 부사어가 있는데, 관형어는 체언을 수식하는 문법 성분이다. 관형사 및 체언의 관형격, 용언의 관형사형이 여기에 속하며, 수식 어절을 이룬 것도 있다. 관형어는 주어, 목적어, 보어, 부사어 등으로 쓰인 체언을 수식하지만, 서술격 조사와 함께 서술어로 쓰인 체언을 수식하기도 한다.

예문24

나하고 한번쯤 대면했을까. 얼굴 모습도 잊은 머리카락이 반 넘게 하얘진 초로의 여인에게서 나는 내 유년의 기억 한쪽에 묻혔던 형네 어머니 모습을 떠올렸다. (허공 중에 배꽃 이파리 하나)

'얼굴 모습도 잊은'이 관형구로 '여인'을 수식하고, '머리카락이 반 넘게 하얘진'이 관형절로 '여인'을 수식하고 있다. '잊다'의 피동사는 '잊히다'이므로 '얼굴 모습도 잊힌'으로 고쳐야 한다.

> **예문25**
>
> 8시간 반 동안 항해에 시달렸으면서도 독도와 <u>장엄한 해의 꿈</u>에 부풀어 부둣가를 서성대던 일행은 똥보의 해명이 빗나감을 감지하곤 분통을 터뜨렸다. (신기루)

'장엄한 해의 꿈'에서 '꿈'을 수식하는 '장엄한 해의'라는 말이 잘 어울리지 않는다. '해'에 관한 어떤 꿈인지 그 내용을 보충할 필요가 있다. 전후 관계로 보아 독도(獨島)에서 일출을 보려고 하는 것이므로,

　"장엄한 일출의 꿈에" / "장엄한 일출을 보려는 꿈에"
라고 해야 문맥에 어울린다.

6. 부사어

용언(用言)을 한정하는 문법 성분을 부사어라고 하는데, 서술어로 쓰인 용언만이 아니라 용언으로 된 주어, 관형어, 부사어를 한정하는 데에도 쓰이고 있다. 또, 다른 부사나 체언을 한정하기도 한다. 부사, 용언의 부사형, 부사격으로 쓰인 체언, 또는 어절 등이 부사어가 된다.

> **예문26**
>
> 그들의 각각 다른 주거 형태, 각각 다른 목소리와 얼굴 표정을 거의 비슷한 시간에 보고 듣는 것은 병섭에겐 흥미 있는 일이었다. 어둠이 깔리면 그는 또 큰길로 나가서 불빛이 밝은 보도를 <u>하릴없이</u> 오락가락했다. 그는 화려하게 장식된 진열장을 구경하는 게 하나의 취미였다. (비탈길 저 끝 방)

‘하릴없이’라는 부사가 전후 문맥에 어울리지 않는다. ‘하릴없이’는 ‘어떻게 할 도리가 없이, 조금도 틀림이 없이’의 뜻을 가진 말이다. 이 글에서는 ‘하릴없이’ 대신

"할 일 없이"

라고 해야 한다.

예문27

연주가 천천히 등 뒤에 서 있는 수인을 올려봤다. 투명한 눈망울에 엷은 물기가 서려 있었다. 아까보다 더한 외로움이, 아니다, 어떤 갈구가 용해된 외로움이 서려 있었다. (신기루)

‘아니다’라는 형용사가 문장 속에 삽입되어 있는데, 여기서는 앞에 있는 말을 부정하는 서술어의 기능이 나타날 수가 없다. 문맥의 흐름으로 보아 ‘외로움’이라는 말 앞에 다른 수식어를 더 첨가하기 위해서 동원된 말이므로 ‘아니’라는 부사를 써서,

"아까보다 더한 외로움이 ― 아니, 어떤 갈구가 용해된 외로움이 ― 서려 있었다."

라고 하는 것이 좋다.

예문28

여느 일행은 기념 촬영에 중뿔나게 설치고 있었는데, 그녀는 독도와 그 바다에 넋을 앗긴 듯 퍼질러 앉아 있었다. (신기루)

부사어 ‘중뿔나게’는 ‘주제넘게’, ‘엉뚱하고 부당하게’ 등의 뜻을 가진 말이다. 이 장면에서는 여주인공 혼자만이 망연하게 앉아 있고, 대다수인

'여느 일행'이 설치고 있는 것이므로, '여느 일행'의 행동에 '중뿔나게'라는 부사어를 쓸 수가 없다. 관광지에서 대다수인 '여느 일행'이 기념 촬영을 하는 것은 흔히 볼 수 있는 일상적인 일이며, 주제넘거나 엉뚱하고 부당한 일이 아니기 때문이다.

'중뿔나게 설치고 있었는데'를 다른 말로 바꾸어서,

"여느 일행은 기념 촬영부터 하느라고 어수선한데, 그녀는 독도와 그 바다에 넋을 앗긴 듯 퍼질러 앉아 있었다."

라고 하는 것이 좋을 것 같다.

예문29

……덕구에게도 그러기를 권하는 친구들이 많았다. 아내는 차라리 더 보챘다. 잡혀갈 때 잡혀갈망정 일단 튀고 보는 것이 낫다고 다들 말한다는 것이었다. (힘을 먹는 다슬기)

'차라리'는 여러 가지 사실을 들어 말할 때 앞의 사실보다는 뒤의 사실이 오히려 더 나음을 나타내는 부사이다. 여기서는 '차라리' 대신 '오히려'를 써서,

"아내는 오히려 더 보챘다."

라고 하는 것이 더 좋다.

예문30

월미도에서 만난 그 수개월 만에 남편과 헤어져 나왔다고 했다. 도대체가 정애가 거리를 가고 있으면 사내들의 시선이 너나없이 정애 얼굴에 쏠렸다. (암내)

'도대체(都大體)'라는 부사가 어울리지 않는다. '가'라는 주격 조사가 들

어간 것도 비정상적이다. '도대체'는 '전체적으로 말해서, 한 마디로 말해서, 전연, 도무지' 등의 뜻을 가진 말인데, 이 글에서는 앞뒤 문맥으로 보아 이런 뜻이 어울리지 않는다. 창작하는 이의 특권으로 일반적인 용법을 무시하고 임의로 쓸 수도 있겠지만, 가능하면 정상적인 어법으로 쓰는 것이 바람직하다. 이 글에서는 '도대체가'를 아주 빼어 버리는 것이 더 자연스럽다.

예문31

> 나는 스님이 가리키는 대로 오른쪽 길로 차를 몰았다. 이내 포장도로가 끝나면서 길이 <u>여간만</u> 사납지 않았다. 더구나 언 땅이 녹아내리면서 차는 푹푹 빠지거나 모로 쏠리기 일쑤였다. (햇살 신화)

'여간(如干)'은 뒤에 부정하는 말과 함께 쓰이어 '어지간하게, 보통으로'의 뜻을 나타내는 부사이므로 '만'이라는 조사가 들어갈 필요가 없다. '만'을 빼고,

"이내 포장도로가 끝나면서 길이 여간 사납지 않았다."

라고 하는 것이 더 자연스럽다.

예문32

> 정작 볼 만한 운동 시합 차량 행렬은 보지 못하고, 흥분한 관중이나 환호하는 시민만을 <u>거꾸로 지켜보아야 하는</u> 사람들의 심사야말로 그 사람들이 심장이 없는 기계가 아닌 이상 얼마나 답답하고 궁금할 것인가. (가위 밑 그림의 음화와 양화)

밑줄 친 구절의 뜻이 문맥에 맞지 않는다. '거꾸로'라는 부사가 '지켜보

아야 하는'을 한정하고 있는데, 도대체 어떻게 하는 동작이 거꾸로 지켜보는 것이란 말인가? 정작 중요한 것은 보지 못하고 중요하지 않은 딴것만 본다는 뜻이겠지만, '거꾸로'라는 말은 여기에 어울리지 않는다. '거꾸로'는 '방향이나 차례가 반대로 바꾸이게'라는 뜻이므로 이 장면에는 맞지 않는 말이다. 차라리 빼어 버리는 것이 더 낫다.

> **예문 33**
>
> "부탁이네, 내 잠 좀 찾아 줘." 현은 <u>많이</u> 망설인 끝에 개인 병원의 내과 과장으로 있는 최를 찾아왔다. (잃어버린 잠)

'많이'라는 말은 '수나 양이 일정한 기준이나 표준 정도보다 더하게'의 뜻으로 쓰이는 부사이므로, '망설인'의 앞에서는 어울리지 않는다. '망설이다'는 머뭇거리고 태도를 결정하지 못한다는 뜻이므로 어떤 수나 양을 나타낸다고 볼 수가 없다. '많이'를 '여러 번'으로 고쳐서,

"현은 여러 번 망설인 끝에 개인 병원의 내과 과장으로 있는 최를 찾아왔다."
라고 하는 것이 더 자연스럽다.

> **예문 34**
>
> 제복을 입은 수녀원의 유치원에 다니는 언니와 세 살을 막 넘긴 나와 아직 걸을 수 없는 남동생과 <u>갓 태어난지 육 개월이 조금 넘은</u> 가장 어린 여동생이 그들이다. (프린세스 아나)

부사 '갓'은 '이제 막'을 뜻하는데 육 개월이 조금 넘었는데 '갓 태어난지'와 내용이 맞지 않는다. '갓'을 생략하는 것이 좋다.

아마 그들은 그가 미성년의 여자애와 놀아난다고 해도 <u>화들짝 반겼을 것이다.</u>
(나는 오래 살 것이다)

부사 '화들짝'은 '별안간 호들갑스럽게 펄쩍 뛸 듯이 놀라는 모양'을
뜻하여서 동사 '놀라다'와 같이 사용되고 있고 '반기다'라는 동사와 호응
하기 힘들다. 그러므로 '화들짝'을 생략해야 한다.

7. 사동과 피동

우리말에는 피동형이 안 되는 말이 많다.[3] 예를 들어 보면, '사고(思考)
하다, 식사(食事)하다, 여행하다' 등의 동사는 피동형으로 사용되지 않는다.
그래서 외국 소설을 번역한 것을 읽어 보면 무리한 피동형 표현이 더러
있지만, 우리 소설 문장에는 이런 오용 사례가 많이 나타나지는 않는다.

예문36

그날 밤 오랫동안 겁에 질려 떨다가 새벽녘에야 잠이 들었다. 엄마는 그때까지
돌아오지 않았다. 엄마가 올 때 귀신한테 <u>잡혀 먹지</u> 않을까 하는 생각이 잠결
끝에 매달렸었다. 그때부터 주희는 변소 귀신이 꼭 있다고 느꼈는데, 무서운
것만 생각하면 변소 귀신이 맨 먼저 떠오르곤 했던 것이다. (바닥에서 우는 아
이)

밑줄 친 '잡혀 먹지'라는 말이 문법적으로 어울리지 않는다. 이 문장에

---

3) 金東里 외 6인(1971), 소설 작법, 문명사.

서 '잡혀 먹지'의 주어는 '엄마가'라고 할 수밖에 없다. 그런데 '잡혀'는 '먹지'를 한정하는 말이므로, '잡혀'라는 말을 빼고 '먹지'만 가지고 보면, '먹지'의 주어는 '엄마가'라고 할 수가 없다. '먹지'는 타동사이므로 이 말의 주체는 '변소 귀신'이고, '엄마'는 목적어가 될 수밖에 없다. 그러므로 '잡혀 먹지'라는 말을 '잡아먹히지'로 바꾸어서,

"엄마가 올 때 귀신한테 잡아먹히지 않을까 하는 생각이 잠결 끝에 매달렸었다."

라고 하는 것이 좋다.

8. 시제

시제는 일반적으로 현재, 과거, 미래로 구분하여 용언의 시간적 관계를 표시하는 문법 범주이다. 우리말의 시제 체계를 영문법의 체계와 같이 삼분법(三分法)으로 한 다음 원시, 완료시, 진행시, 진행 완료시의 네 계층으로 다시 구분하여 12가지 시제 체계로 구분하는 학자가 있을[4] 정도로 시제 표현이 다양한 것 같지만, 소설가들은 우리말의 시제 발달이 뒤떨어졌다고 보기도 한다.[5] 우리의 고전 소설에서는 과거형을 찾아보기 어려우며, 춘원 이광수도 그의 초기 소설에서는 과거형을 쓰지 않고 현재형을 썼다고 한다. 과거형을 일부러 안 쓴 것이 아니라 과거형에 대한 명백한 의식을 가지지 못했다는 것이다.

---

4) 최현배 : 우리말본, 서울 정음사, 1971, pp.444~446.
5) 金東里 외 6인 : 앞의 책, p.214.

"이 사람들은 누구야? 뭔데 남의 잠자리에 나타나 훼방을 놓는 거야?" 덕구가 무겁게 입을 뗐다. 그게 오히려 소리를 높여 힐난하는 것보다 효험이 있었나 보았다. 김 순경과 지서장은 알아보게 움찔하는 기색이었다. (힘을 먹는 다슬기)

'있었나 보았다'에 과거 시제를 나타내는 선어말 어미가 두 개나 들어 있어 좀 어색하다. 이 구절의 '보았다'는 '미루어 헤아리다'의 뜻을 나타내는 보조 형용사이므로, 과거 시제를 나타내는 접미사 '았'을 빼고,

"그게 오히려 소리를 높여 힐난하는 것보다 효험이 있었나 보다."

라고 해도 무방하다. 굳이 과거 시제를 넣으려면,

"효험이 있었던 것 같다."

라고 할 수도 있을 것이다.

9. 조사

조사는 자립성이 있는 말의 뒤에 붙어서 그 말과 다른 말과의 관계를 표시하는 품사인데, 교착어에 속하는 언어에서 문법상의 중요성이 매우 크다. 이 조사는 중요한 문법적 관계를 나타내기 때문에 문장 안에서 어순이 비교적 자유로우며, 미묘한 어감을 나타내기 위해서 특이한 어순을 구사하는 경우도 있다. 이런 점이 작가의 개성적인 문체를 형성하기도 하는데, 바로 이런 개성적인 표현을 하는 중에 조사 사용의 특이성이 나타날 수도 있으며, 문법적 기능을 소홀히 하는 경향도 있게 된다.

예문38

봉창 구멍은 간신히 주먹이 드나들 수 있으므로 그는 손을 내밀어서 창밖의 공기를 가늠해 보았다. (대지)

서술어 '드나들다'의 주어는 '주먹'이지 봉창 구멍이 아니므로, 조사를 올바로 사용하여 '봉창 구멍으로'로 고치는 것이 옳다.

예문39

그것은 자유가 아니라 철저한 방임이었으며 혼자만의 칩거였다. 무절제하고 삭막한 그 시절. 진실로 내가 바랐던 것은 육체적인 혹은 정신적으로 내 영혼과 육신이 짓밟히더라도 예속과 그것으로 인해 지워지는 스스로의 속박을 더 원하고 있었다. (후송 병원의 개)

밑줄 친 구절에 있는 '육체적인'의 문장 성분은 관형어인데, 이 '육체적인'의 수식을 받는 말이 어느 것인지 명확하지 않다. '육체적인 혹은 정신적으로'에서, '혹은'의 앞뒤에 있는 말이 형태가 같은 것이 좋으므로, '육체적인'을 '육체적으로'로 고쳐서,

   "육체적으로 혹은 정신적으로"

라고 하는 것이 더 자연스럽다.

예문40

몸이 녹자 잠이 오기 시작했다. 누가 죽인대도 우선 한잠 자 놓고 볼 일이다 싶게 꿀 같은 잠이 덮쳐 왔다. "이제 어지간히 몸도 녹았으니 아까 그 방에서 한잠 잘까 봐요. 참 온천장으로 나가는 버스는 몇 분만큼씩이나 있나요?" (겨울 나들이)

'만큼'이라는 조사는 체언 다음에 붙어서 일정한 '정도나 한도'를 나타내는 말이다. 버스 운행의 시간 간격도 어떤 정도를 나타내는 말이라고 볼 수도 있지만, 일반적인 표현은 아니다.

"버스는 몇 분 간격으로 있나요?"라고 하는 것이 좋다.

예문41

> 그러나 술이 취하자 끝내 그는 울음을 터뜨리고 말았다. 자장면 타령을 하며 그는 울었다. (성장)

'술이 취하자……'의 '술이'는 주어가 아니다. 취한 원인이 술이므로, 주격 조사 '-이' 대신에 원인을 나타내는 조사 '-에'를 써서,

"그러나 술에 취하자 끝내 그는 울음을 터뜨리고 말았다."
라고 해야 한다.

예문42

> 나는 그때 구경꾼의 한 사람이 되어 춤을 추면서 거리를 휩쓴 여사의 뒤를 따라다녔다. 아버지의 모습은 보이지 않았다. 남도시에서 가장 복잡한 거리 충장로 한복판에서 그녀는 경찰들한테 끌려가 버렸다. (어둠의 춤)

한 문장 안에 처소격 조사 '에서'가 중복 사용되었다. 의미 전달에 지장이 있는 것은 아니지만 정상적인 표현은 아니다. 앞에 있는 '에서'를 관형격 조사 '의'로 고쳐서,

"남도시의 가장 복잡한 거리 충장로 한복판에서 그녀는 경찰들한테 끌려가 버렸다."
라고 하는 것이 더 자연스럽다.

예문43

그녀는 마을 사람들로부터, 어머니는 죽기 전에 마지막 청을 하여 아버지 앞에서 춤을 추었다는 이야기를 듣고, 다시 한 번 설움이 복받쳤다. 어머니의 죽음은 바보스럽기도 하고, 한편으로는 <u>아름답게도 생각되기도</u> 하였다. (어둠의 춤)

조사 '도'가 연거푸 사용되었다. 앞에 있는 '도'를 삭제하고,

"어머니의 죽음은 바보스럽기도 하고, 한편으로는 아름답게 생각되기도 하였다."

라고 해야 앞부분과 잘 어울리게 된다.

예문44

그리고 나는 아버지가 임종 때 내게 말한 유언 같은 부탁이 아무래도 <u>예사롭지가 않게</u> 생각되어 앞으로 윤 소희 여사와 지속적인 관계를 유지하면서 아버지와 그녀와의 사이가 어떤 것이었는가를 서서히 밝혀내고 싶었다. (어둠의 춤)

'예사롭지가 않게'에 불필요한 주격 조사 '가'가 들어갔다. '않게'는 보조 동사이고 '예사롭지'는 본동사이다. 본동사와 보조 동사의 사이에는 '가'라는 주격 조사가 사용될 수 없으므로 '가'를 삭제하여,

"예사롭지 않게"

라고 하는 것이 문법적으로 올바른 표현이다. 효과적인 표현을 위해서 조사가 꼭 필요하다면 '가' 대신 '는'을 쓸 수도 있을 것이다.

예문45

딱히 이런 보상이 없더라도 보증 부탁을 거절할 만큼 영악한 자신도 아니었다. 나이가 몇 살 많다고 해서 이 선배, 이 선배를 되뇌며 곧잘 사근사근하게 굴던 박 기철이뿐만 아니라 그는 남의 부탁을 거절할 만큼 <u>변변치가</u> 못하였다. (녹)

여기에도 보조 형용사 앞에 주격 조사 '가'가 들어 있다. '못하였다'의 주어를 '변변치가'라고 할 수는 없다. 문법적으로는 '가'를 빼는 것이 좋다.

예문46

언젠가부턴지 그의 신체 내부의 어느 곳에선가 심상치 않은 사태가 진전되어 오고 있었다. (그리운 이타카)

밑줄 친 부분에서 '-ㄴ가'를 빼고,

"언제부턴지 그의 신체 내부의 어느 곳에서 심상치 않은 사태가 진전되어 오고 있었다."

라고 하는 것이 좋다.

예문47

자네 이후부터 나를 부를 필요가 있을 땐 선생님이라고 호칭해 주면 안 될까? 내가 전임 교수가 아니고 강사의 신분이기 때문에만 하는 부탁이라고 생각지는 말게. (그리운 이타카)

'때문에만'의 '만'이라는 조사가 적합하지 않다. '만'이라는 조사는 무엇을 제한하는 뜻을 나타내는 경우에 쓰이는데, 여기서와 같이 '에' 다음에 붙는 것은 자연스럽지 못하다. '만'을 뒤로 옮겨서 '부탁이라고'의 뒤에 붙이면,

"내가 전임 교수가 아니고 강사의 신분이기 때문에 하는 부탁이라고만 생각지는 말게."

라는 말이 되어 자연스럽게 어울린다.

> **예문48**
>
> 적갈색 바탕에 빨간 무늬가 박힌 뾸나비 한 마리가 앉을 자리를 찾지 못하고 <u>밭 위를</u> 작은 날개를 펄럭이다가 돌감나무 쪽으로 힘겹게 날아갔다. (어머니의 땅)

밑줄 친 부분에는 목적격 조사 '를'이 연속 이어져 있다. '날개를'은 '펄럭이다가'의 목적어이지만, '밭 위를'이라는 말은 목적어가 될 수 없는 말이다. 목적격 조사 대신 처소를 나타내는 '에서'를 넣어서,

　　"밭 위에서 작은 날개를 펄럭이다가 돌감나무 쪽으로 힘겹게 날아갔다."
라고 하는 것이 좋다.

> **예문49**
>
> 우리는 언제나 행사장 뒷전에 내팽개쳐지다시피 한 채 행사 절차는 앞에 모인 몇몇 어른들끼리 진행해 나가는 식이곤 하였다. 행사는 그저 <u>앞엣사람들끼리서</u> 치르고 우리는 뒤에서 잡담과 발놀음질로 식이 끝나기만을 기다릴 뿐이었다. (가위 밑 그림의 음화와 양화)

'서'는 여기서 주격을 나타내고 있는데, 이 조사가 들어가서 더 어색하게 되었다. 문맥에 어울리지 않는 '서'를 빼고,

　　"행사는 그저 앞엣사람끼리 치르고"
라고 하는 것이 좋다.

> **예문50**
>
> 어디선가 문득 아침 산골의 고요를 깨뜨리는 괴상한 소리가 들려오기 시작했다. 그 소리는 무슨 어린애 보채 대는 울음소리도 같고, 낮게 안으로 삼켜 들이는 듯한 느낌이 해소병 환자의 가래 끓이는 소리도 같았으나, <u>보다는</u> 어떤 무서운 단말마의 고통을 벗어나려는 필사적인 안간힘의 절규 같은 것이 묻어오는 소리였다. (가위 밑 그림의 음화와 양화)

'보다는'의 앞에 있어야 할 대명사 '그'가 생략되고 조사만 나와 있다. 전후 문맥으로 보아 뜻은 통할 수 있지만 조사의 용법이 정상적이 아니다. '보다'는 체언 아래 붙어서 어떤 정도를 비교하기 위한 대상임을 나타내는 말이므로 그 앞에 체언이 있어야 한다.

그리고 이 '보다'는 '보다 나은 내일'과 같은 경우에는 '어떤 수준에 비해 한층 더'의 뜻을 나타내는 부사로도 쓰이지만, 이 글에서는 부사라고 볼 수도 없다. 새로운 창의적인 용법으로 명사라고 하기도 어렵다. 밑줄 친 부분에 '그'를 넣어서,

'그보다는'

이라고 하는 것이 정상적인 표현이다.

예문51

옆구리에 낀 소형 금고에서 쩔렁거리는 동전 주머니가 자갈처럼 역시 묵직한 안정감을 주었다. 가게 앞으로 돌아 나온 경출 씨는 다시 <u>정류장 쪽으로 힐끔 쳐다보았다.</u> 이제 캄캄해진 정류장에는 가로등이 쌀뜨물같이 뿌연 빛을 내려붓고 있을 뿐 그곳에 들어오는 버스는 없었다. (성묘)

이 문장에서는 '정류장 쪽으로'의 '으로'라는 조사가 어울리지 않는다. '으로'가 장소를 나타내는 말 다음에 붙으면, 어느 방향을 향하여 나아가는 향진(向進)의 뜻을 나타내므로 이 장면에는 적합하지 않다. '쳐다보았다'가 타동사이므로 목적격 조사 '을'을 넣어서,

"경출 씨는 다시 정류장 쪽을 힐끔 쳐다보았다."

라고 하는 것이 자연스럽다.

10. 어미

어미는 활용어(동사, 형용사, 서술격 조사)의 어간에 붙어 굴절 관계를 나타
내는 의존 형태소인데, 체언에 조사가 붙어서 문법적 관계를 나타내는 것
과 같이, 이 어미도 문장 안에서 문법적 관계를 나타내기도 한다. 어미 활
용이 앞뒤 관계에 맞지 않으면 의미 전달에 혼란이 있을 수도 있다.

> **예문52**
>
> 해 질 무렵에 톱상스럽지만 건강해 보이는 제 마누라와 함께 떡갈나무 잎을 한
> 가마니씩 지고이고 돌아온 장돌식이도 선뜻 나를 알아보지 못했다. 그는 내 이
> 름을 밝혀서야 나를 알아보고는 조심스럽게 나를 얼싸안기도 하고, 절뚝거리는
> 걸음으로 빙빙 돌며 내 모습을 둘러보고 어린아이들처럼 소리 내어 웃었다.
> (말하는 돌)

'내 이름을 밝혀서야 나를 알아보고는'에서 '밝혀서야'라는 어미 활용
이 적합하지 않다. 어감은 좀 다르겠지만 '밝혀서야'를

"밝힌 뒤에야"

라고 하면 뒤에 있는 말과 자연스럽게 어울린다. 딴 말로 바꾸어

"듣고서야"

라고 하는 것도 좋다.

> **예문53**
>
> 이 씨는 아이들을 안아 주며 웃었다. 제 아버지가 돈을 많이 번다니 아이들도
> 웃었다. 완주 댁은 왠지 가슴이 저려 왔다. 그래요 여보, 이대로라도 좋아요. 성
> 공하지 않아도 당신이 남에게 무시만 안 당해도 전 얼마든지 좋아요. (성장)

밑줄 친 부분에 있는 '당해도'의 어미 형태가 문맥에 맞지 않는다. 그 앞에 있는 '성공하지 않아도'에도 '-아도'라는 연결 어미가 있으므로, '무시만 안 당해도'에서는 같은 성격의 연결 어미를 되풀이하지 말고, '전 얼마든지 좋아요'의 전제 조건이 되게 '무시만 안 당하면'으로 고쳐서,

"성공하지 않아도, 당신이 남에게 무시만 안 당하면 전 얼마든지 좋아요." 라고 하는 것이 좋다.

예문54

> 어머, 눈이 오네! 부엌문을 열고 수챗구멍을 향해 물을 <u>뿌리려던</u> 앞방 색시가 <u>물그릇 든 손을 내려놓으며</u> 넋을 잃은 얼굴로 하늘을 올려다보았다. 어째 오늘 눈이 오실 것만 같더니 참 소담스럽기도 하지. 색시는 툇마루에 쪼그리고 앉은 종희를 미처 보지 못한 듯 마당 가운데로 걸어나와 망연히 하늘을 올려다보며 혼잣말로 중얼거렸다. (눈사람)

'뿌리려던'은 '뿌리려고 하던'의 준말인데, '-려고'는 장차 하고자 하는 뜻을 나타내는 연결 어미이다. 그래서 이런 어미를 의도형 어미라고도 한다. 어떤 행동을 할 의도만 내타냈을 뿐이지 그 행동을 완료한 것은 아니다. 이 문장의 '물을 뿌리려던'은 물을 뿌리려고만 했을 뿐이지 실제로 물을 뿌린 것은 아니다.

그렇다면 '물그릇 든 손을 내려놓으며'는, 물을 버리지 않은 채 물그릇을 든 손을 내려놓았다는 것인데, 물이 담긴 물그릇을 든 손을 내려놓으면 어떻게 되는가? 뒤의 서술을 보아도 물을 버렸다는 말이 없으니, 물이 담긴 물그릇을 든 채 '마당 한가운데로 걸어 나와 망연히 하늘을 올려다보며 혼잣말로 중얼거렸다'는 말인가?

'물을 뿌리려던'을 '물을 버린'으로 고쳐서,

"부엌문을 열고 수챗구멍에 물을 버린 앞방 색시가 물그릇 든 손을 내려
놓으며 넋을 잃은 얼굴로 하늘을 올려다보았다."
라고 하는 것이 좋다.

11. 어휘

문장에 적합하지 않은 어휘가 들어가면 의미 전달에 문제점이 있게 된다.

| 예문55 |

> 그가 사는 방은 종일 햇빛도 들지 않고 그 집에서는 가장 처지는 방이지만, 그
> 러나 지금까지 그가 살았던 어떤 방보다 깨끗했고 구색을 제대로 갖춘 방이었
> 다. 동네도 역시 그랬다. 그는 집집마다 대문에 주인의 명패를 달고 울타리를
> 치고 있는, 그런 동네에서 한 번도 살아 보지 못했다. (비탈길 저 끝 방)

'명패(名牌)'는 흔히 세모지게 만들어 책상 위에 놓아두는 이름패이다.
'명패'가 아니라 '문패(門牌)'라고 해야 한다.

| 예문56 |

> 나도 무엇에 홀린 듯 제자리에 도로 앉았습니다. 그녀와 나 사이는 한 오 미터
> 쯤 될까. 그렇게 엇비슷이 마주 앉고 보니 차츰 감정의 파장은 가라앉고, 구체
> 적인 그녀의 얼굴이 하나 둘 눈에 들어왔습니다. (그 해의 화사했던 장미)

밑줄 친 부분에서 '들어왔습니다'의 주어는 '얼굴이'이고, '하나 둘'은
'들어왔습니다'를 한정하는 말이다. 그녀의 얼굴이 '하나 둘' 눈에 들어왔

다고 했는데, 도대체 얼굴이 몇 개이기에 '하나 둘' 눈에 들어왔단 말인가? 수를 나타내는 '하나 둘' 대신에 '차츰'이나 '뚜렷이'라는 말을 써서,

"구체적인 그녀의 얼굴이 차츰 눈에 들어왔습니다."

라고 하거나,

"구체적인 그녀의 얼굴이 점점 뚜렷이 눈에 들어왔습니다."

라고 하는 것이 더 자연스러울 것 같다.

예문57

> 그 다디단 잠이 그대로 영원한 잠으로 이어져도 좋다는 것이 현의 생각이었다. 사실 그런 단잠을 혼곤히 즐길 수 있는 날들을 갖기 위해 그 많은 시간을 바득바득 <u>안간힘하며</u> 아껴 왔던 잠이 아니냔 얘기였다. (잃어버린 잠)

'안간힘하며'라는 동사가 부적합하다. '간힘'은 '내쉬는 숨을 억지로 참으면서 괴로움을 이겨 내려고 애쓰는 힘'이고, '안간힘'은 '불평이나 고통 울화 따위가 있어서 속으로 참으려고 하되 저절로 자꾸 나오는 간힘'을 뜻한다.

그래서 '안간힘(을) 쓰다'라고 하면, '불만과 고통 울화 따위를 꾹 눌러 참기 위해 간힘을 내어 쓰다'라는 뜻이 되지만, '안간힘하다'라는 동사는 성립되기 어렵다. 물론 작가의 창의적인 표현을 위해 일반적이 아닌 비문법적 어휘도 사용할 수 있다고 하는 주장도 있겠지만, 언어는 사회성이 있는 것이므로 창의적 표현도 언중들이 받아들일 수 있는 범위 안에서 이루어져야 할 것이다.

칼퍼니아 아줌마도 오늘이 내게 있어 힘든 하루란 걸 알아차렸는지 저녁에 <u>요리 만드는 것을</u> 구경하게 해주셨다.(앵무새 죽이기)

'요리'의 의미는 '음식을 일정한 방법으로 만듦, 또는 그 음식'으로 '요리'에 '만들다'라는 뜻이 내포되어 있으므로 '요리 만들다'라는 말은 중복 표현이다. 그러므로 '요리하는 것'이라고 해야 한다.

예문59

무엇엔가 몰입하면 <u>불면증에도</u> 도움이 될 거예요. (나는 아주 오래 살 것이다)

불면증에도 도움이 된다는 것은 막연히 어떤 도움을 준다는 것인지 알 수 없다. 의미의 전달이 모호해진다. 문맥상 불면증 치료에 도움이 된다는 것이므로, '불면증에도'를 '불면증 치료에도'로 고치는 것이 좋겠다.

예문60

흰소는 <u>호기심이 나는</u> 모든 것에 열심이어서, 인쇄된 것이면 뭐든 관심을 보였다. (착한 고양이 알퐁소)

호기심은 새롭고 신기한 것을 좋아하거나 모르는 것을 알고 싶어 하는 마음을 나타내는 명사이다. '호기심 나다'라는 말은 부적당하므로 '호기심이 생기는, 호기심을 자극하는' 등으로 고쳐야 한다.

예문61

나는 무엇보다도 내가 두고 온 사랑하는 이들과의 결별이 아쉬워 <u>몸살을 했다</u>.
(앵무새 죽이기)

몸살은 '몸살을 하다'라고 쓰이지 않고 '몸살이 나다'가 관용어로 쓰인
다. 그러므로 '몸살이 났다'로 고쳐야 한다.

예문62

남편도 그가 가장 아끼는 <u>포도주를 따서</u> 만카와 이별주를 들었습니다. (현명한
아내 만카)

'따다'는 '붙어있는 것을 잡아떼다'의 뜻으로 '술을 따다'라는 어긋난
표현이다. 그러므로 '포도주 병을 따서'로 고쳐야 한다.

예문63

이리하면 <u>가뭄과 홍수 일석이조의 효과를</u> 누릴 수 있을 것이다. (고등학교 교
지)

가뭄과 홍수를 예방할 수 있어서 일석이조의 효과가 생긴다는 것이기
때문에 '가뭄과 홍수의 예방이라는 일석이조의 효과'로 고쳐야 한다.

예문64

"그럴지도 모르지. 어떻든 나는 잃어버린 잠을 찾고 싶어." 곁에서 누가 거세게
흔들어 깨워도 아랑곳없이 코를 골며 자는 그런 단잠을 단 한 번만이라도 자고
싶다는 것이 간절한 <u>바램</u>이라고 했다. (잃어버린 잠)

'바램'이라는 말을 일반 사회에서도 '희망'의 뜻으로 더러 쓰이고 있지만 어법에 맞는 말은 아니다. 원하거나 기대한다는 뜻을 가진 동사는 '바래다'가 아니라 '바라다'이다. 사동형이나 피동형을 만들기 위해 선어말 어미 '이'를 넣어 파생어를 만들 수도 있지만, 이 문장에서는 '바램'이 '바라다'의 사동이나 피동도 아니다.

그러므로 '바라다'의 명사형인 '바람'이라고 해야 한다. '바래다'라는 동사는 '가는 사람을 중도까지 배웅하거나 바라보다', '변색되다'의 뜻을 가지고 있는 말이다.

예문65

일생을 두고, 전문과 주력의 정도 차이는 있을망정, <u>학문과 떠난</u> 생활을 하는 것은 아니다. 죽는 날까지 배우는 것이 인생인 것도 같다. (한샘 국어 자습서)

'떠나다'는 사전적 의미로 '① 있던 곳에서 다른 곳으로 옮기다 ② 어떤 일을 하러 나서다'의 뜻이다. 여기서는 학문에 관심이 없다는 것을 뜻하므로 '학문과 무관한'으로 하는 것이 좋다.

예문66

나와 동생은 아버지의 방구석에 <u>쪼그리고 서 있었다.</u> 우리 둘은 매에 대한 두려움 때문에 몸이 굳어져 있었다. (내 마음을 찾아서)

'쪼그리다'는 '팔다리를 오그려 몸을 작게 옴츠리다'라는 뜻으로 '쪼그리다'와 '옴츠리다'는 동시에 행할 수 없다. 그러므로 '나와 동생은 아버지의 방구석에 옴츠리고 서 있었다'로 고쳐야 한다.

자신을 행운의 여신처럼 칭찬했던 남작의 말을 떠올린 것이 바로 그런 성격을 단적으로 보여주는 예이다. "어서요, 부인. 이 기막힌 행운을 저버릴 수는 없습니다." (위험한 유혹)

'저버리다'의 의미는 '① 약속 따위를 어기다 ② 은혜 따위를 마음에 두지 아니하다 ③ 호의나 기대 따위를 거절하여 실망시키다'이므로 '행운을 놓치다' 또는 '행운을 버리다'로 고쳐야 한다.

그 당시에 아주 대단한 큰일로 생각했던 것은, 도대체 어디로 사라져 버린 것인가 하고 (상실의 시대)

'대단하다'는 '몹시 크거나 많다'를 뜻하고 '크다'는 '일의 규모, 범위, 정도, 힘 따위가 대단하거나 강하다'를 뜻하여서 의미가 중복되므로 둘 중의 하나만 사용하는 것이 좋다.

침대가 수술실로 들어가는 그 짧은 찰나에 그녀는 안타까이 자신의 손을 놓는 남자를 희미한 시선으로 바라보았다. (국화꽃향기)

'찰나'는 매우 짧은 시간이라는 의미이므로 '짧은'과 의미가 중복된다. 그러므로 '짧은'을 생략하는 것이 좋다.

12. 맞춤법

소설 문장에서 맞춤법에 맞지 않은 사례를 살펴보도록 하겠다.

> **예문70**
>
> 그래도 먹을 것이 넉넉하지 못해 엄마는 구걸하러 나서야만 했어요. 이제는 일거리를 줄만한 <u>농삿군</u>도 없었으니까요. (어머니는 마녀가 아니에요)

접미사 '-꾼'은 '노름꾼, 씨름꾼, 장사꾼' 등과 같이 일부 명사 뒤에 붙어 어떤 일을 전문적, 습관적으로 하는 사람을 뜻한다. 그러므로 '농사꾼'으로 고쳐야 한다.

> **예문71**
>
> 이윽고 불길이 <u>가라안자</u> 물을 절반쯤 채운 <u>남비를</u> 올려 놓았다. (어머니는 마녀가 아니에요)

음식을 끓이는데 쓰는, 솥보다 작은 기구를 나타내는 명사는 '냄비'이다. '가라안자'는 '가라앉자'로 고쳐야 한다.

> **예문72**
>
> 한스는 야채를 한 <u>웅큼</u> 잘게 썰어서 소금과 오두막 벽에 말려 놓은 풀과 그 언저리에서 뜯어 온 들풀과 함께 냄비 속에 집어넣었다. (어머니는 마녀가 아니에요)

'움큼'은 '손으로 한 줌 움켜쥘 만한 분량을 세는 단위'이므로 '한 움큼'이 맞다.

Ⅳ. 신문 사설 문장의 오류

신문 사설은 그 신문사의 의견이나 주장을 나타낸 논설이다. 정치, 경제, 사회, 사상, 문화 등에 관한 견해나 이념을 나타낸 지도적 논설이다. 신문 등장 초기의 사설들은 일반 대중의 계몽에 중점을 두고 있었지만, 현대의 사설들은 국가 사회의 제반 문제에 대해 일반 대중의 입장에서 비평을 가하고, 일반 대중이 이해하기 어려운 문제에 대해서는 해설을 가하게 되었다. 초기의 사설은 저명한 학자, 정치가의 기고나 일반인의 투고로 채워져서 그 필자의 지명도로 유지되어 왔으나, 점차 신문의 권위가 향상됨에 따라 현재와 같은 익명의 사설을 게재하게 되었다.

신문 사설은 그 신문사 내에서도 주로 식견이 높은 논설위원들이 집필을 담당하고 있기 때문에, 일반인들은 사설의 문장이 거의 완전무결한 것으로 믿고 있다. 국어 과목의 작문 시간에도 학생들에게 사설을 읽을 것을 권하는 경우가 많이 있다. 대학 입시 논술 고사에서 좋은 점수를 얻기 위해서 신문 사설을 읽으며 공부하는 수험생들도 많이 있다. 이것은 자기의 생각을 논리적으로 정확하게 표현하는 데 많은 도움이 될 것이라고 믿기 때문이다.

그러나 신문 사설 문장도 문법적으로나 논리적으로 잘못된 표현이 있을 수 있으며 교정상의 실수도 있을 수 있다. 실제로 대학생들에게 신문 사설 문장의 부적합한 표현을 찾아내도록 과제를 내 준 결과 지정된 분량을 제대로 찾아오는 학생이 많이 있었다.

1. 주어 서술어 관계

문장의 주성분인 주어, 서술어, 목적어, 보어 중에서 주어와 서술어의 호응은 가장 중요한 기능을 한다. 주어와 서술어의 관계가 일치되지 않을 때는 의미 전달에 문제가 있을 수도 있다.

> **예문1**
>
> 우리 사회에는 비자발적이거나 반강제적인 성금, 기부금이 너무 많다. 그래서 국회가 열릴 때마다 이 문제가 빼놓지 않고 거론되어 왔다. (성금과 기부금)

밑줄 친 부분의 주어 서술어 관계가 어울리지 않는다. 자동사가 들어가야 할 곳에 타동사가 들어갔기 때문이다. 이 문장에는 '빼놓지'라는 타동사의 목적어가 들어갈 수 없으므로, 자동사로 고쳐서

"이 문제가 빠지지 않고 거론되어 왔다."

라고 해야 올바른 문장이 된다.

우리는 한반도에서 계속되고 있는 군사적 대결을 극복하고, 평화 통일을 향한 토대를 구축해 내야 한다. 평화 통일을 지향하는 국민적 열망과 국제 환경의 점진적 <u>변화는</u> 통일 노력에 있어 우리의 주도적 역할이 <u>기대되고 있다</u>. (앞으로 4년의 의미)

'기대되고 있다'의 주어는 '역할이'이므로 '변화는'의 서술어가 없다. '변화는'의 서술어를 '역할이 기대되고 있다'라고 할 수도 없다. '변화는'을 '변화에 힘입어'로 고치면 좀 나을 것 같다. 그리고 '기대되고 있다'라는 피동형도 좀 무리한 표현이다.

우리는 이 같은 사실을 슬프게 생각한다. 분단 50년이 흐른 오늘에도 평화 공존의 장치를 못한 데 대해서는 남북한에 사는 우리 민족은 깊이 <u>반성할 일이다</u>. (한반도 북녘의 핵 그림자)

맨 끝에 있는 '일이다'의 주어가 없다. '반성할'의 주어는 '우리 민족은'이지만, 이 말이 '반성할 일이다'의 주어가 될 수는 없다. 그러므로,

"……우리 민족은 깊이 반성해야 한다."

라고 하는 것이 좋다.

교수들은 아울러 학생 처벌을 신중성과 중용적인 원칙에서 배려할 것을 주장하고, '대학을 일부 보직 교수와 사무직원들이 관료적으로 운영해선 안 된다.'는 의견도 <u>나왔다고 한다</u>. (교수를 실세화하라)

문맥상 '……나왔다고'의 주어는 '의견도'이지만, 이 문장의 전체 주어는 '교수들은'이므로, 학생 처벌에 관한 의견을 낸 주체도 교수들로 해야 한다. 끝 부분에 있는 '나왔다고'를 '제시했다고'로 고쳐서,

"교수들은……의견도 제시했다고 한다."

라고 하면 무리가 없을 것이다.

예문5

> 국회의 기능과 야당의 강도, 그리고 민주화의 과정에 걸친 정치 정세의 변화와 그 불확실 요인을 여러모로 생각게 하는 가운데, 20일 상오 <u>국회 본회의는 야당 총재의 대표 연설을 들었다.</u> (뚜렷한 12대의 현안 제1호)

정치 분야에서 관용적으로 쓰는 표현이지만, 밑줄 친 부분의 주어 서술어 관계가 어울리지 않는다. '국회 본회의는'의 서술어에 문제성이 있다. '들었다'를 서술어로 보면,

"국회 본회의는……연설을 들었다."

로 되어, 사람이 아닌 국회 본회의가 능동적으로 연설을 들었다는 말이 된다. 연설을 들은 주체는 국회의원들인데 이 문장에는 나타나지 않는다. 관용적인 표현을 고치기는 어렵겠지만, '국회 본회의는'의 '는'이라는 조사를 '에서는'으로 바꾸고 '연설을 들었다'를 '연설이 있었다'라고 고쳐서,

"국회 본회의에서는 이민우 신민당 총재의 대표 연설이 있었다."

라고 할 수도 있을 것이다.

예문6

> '요람에서 무덤까지'란 말은 모든 근대 국가가 바라보는 앞날의 부푼 꿈을 상징하는 <u>이상향이다.</u> (의료 복지, 先聲이 너무 높더니)

끝에 있는 '……이상향이다'의 주어가 없다. '……말은'은 이 문장의 주어이지만, 의미상 '이상향이다'의 주어가 될 수는 없다. '이상향이다'를
"이상향을 나타낸 말이다." / "이상적인 경지를 나타낸 말이다."
라고 고치는 것이 좋다.

| 예문7 |

이번 조정은 서울의 원활한 교통 소통, 이용자들의 편익 등 모든 면에서 기능적이고 합리적인 것이 되기를 바란다. 그러기 위해서는 당국이 전문가들의 소견, 시민의 소리, 버스 업자들의 주장 등에 고루 귀를 기울이고, 그 속에서 최대 공약의 <u>방안이 마련되어야 할 것이다.</u> (지하철 시대의 서울 교통)

둘째 문장의 주어는 '당국이'이므로 끝 부분을 피동형으로 하지 말고 능동형으로 하는 것이 좋다. '마련되어야'를 '마련해야'로 고치고, '방안이'를 목적어로 만들어 '방안을'로 하면,
"당국은……최대 공약의 방안을 마련해야 할 것이다."
로 되어 의미가 잘 연결된다.

| 예문8 |

이런 태도로선 지역 주민들의 기업 불신은 강해질 수밖에 없다. 지금까지도 기업들은 자기네에게 불리한 데이터는 숨기려고 애쓰는 흔적을 평소에 <u>느껴 왔다.</u> (공해와 주민)

끝에 있는 '……느껴 왔다'의 주어는 어느 것인가? '기업들은'은 주어가 될 수 없다. '기업들은'은 '숨기려고 애쓰는'의 주어이지, '느껴 왔다'의 주어는 아니다. '흔적을' 다음에 '느껴 왔다'의 주어가 될 수 있는 '국

민들은'이나 '우리는'을 넣어서,

"숨기려고 애쓰는 흔적을 국민들은 평소에 느껴 왔다."

라고 하거나,

"숨기려고 애쓰는 흔적을 우리는 평소에 느껴 왔다."

라고 하는 것이 좋다.

<pre>예문9</pre>

지방 중소 도시의 바람직한 모습은 그 도시를 둘러싼 인접 지역 주민들의 교육, 문화, 상업, 금융 등의 중심 기능을 <u>도맡아야 한다</u>. (살기 좋은 도시의 조건)

이 문장의 통사론적인 주어 서술어를 연결하면,

"바람직한 모습은……도맡아야 한다."

라고 되어 무슨 뜻인지 알 수가 없다. '도맡아야 한다'를 '도맡는 도시라야 한다'로 고치면 어느 정도 뜻이 연결될 수 있다. '모습은'을 '기능은'으로 바꾸어,

"바람직한 기능은……도맡는 도시라야 한다."

라고 해도 무방하다.

<pre>예문10</pre>

그러니 새로운 입법 조치로 위축 아닌 육성 쪽으로 방향 전환해야 한다는 것이 사학 재기를 위한 연래의 논점이었음을 여론도 알 만큼 <u>알고 있다</u>. (나라 발전과 사학 비중)

이 문장에서 '……알고 있다'의 주어는 '여론도'가 될 수밖에 없다. 그런데 '알고 있다'의 주어는 비인격체인 '여론'이 아니라, 인격체인 '사람'

이라야 하므로, '국민들도'나 '일반인들도'라고 하는 것이 좋다.

"국민들도 알 만큼 알고 있다."

라고 하면 주어와 서술어가 제대로 어울리게 된다.

예문11

> 여당이 정기 국회 전에 한 번 더 임시 국회를 열거나 상위 개최에 신축성 있는 태도를 보인 것은 잘한 일이라고 본다. 지금까지 야당은 국회를 자주 열자 하고 여당은 이를 회피하기만 했는데, 이제 이런 관성에서 벗어날 때도 되었다는 <u>생각이다.</u> (대화는 잦을수록 좋다)

신문 사설에서 관용적으로 쓰이는 표현이지만, 끝에 있는 서술어 '……생각이다'에 문제성이 있다. 사설의 의견은 그 신문사의 의견이므로 그 주어는 '우리는'이라고 할 수 있는데, 주어와 서술어를 연결해 보면,

"우리는……생각이다."

라는 말이 되어 주어 서술어의 호응이 안 된다. 그렇다고 이 문장 안에서 '생각이다'의 주어를 달리 찾아볼 수도 없다. '되었다는 생각이다'를 '되었다고 생각한다'로 고쳐서,

"이런 관성에서 벗어날 때도 되었다고 생각한다."

라고 하면 뜻이 자연스럽게 연결된다.

2. 서술부 어휘

서술부는 문장의 본체부를 이루는 중요한 구성 요소의 하나인데, 서술

어와 이 서술어에 딸린 부속부를 합하여 서술부라고 한다. 문장에서 주어와 서술어는 필수적이며 중요한 근간 성분이지만, 우리말에서는 주어보다도 서술어가 더 중요한 구실을 하고 있다고 보는 것이 문법 학자들의 일반적인 견해이다. 주어가 생략되는 경우는 많지만 서술어가 생략되는 경우는 별로 없기 때문이다. 서술어가 중요한 구실을 하기 때문에 서술어의 다양한 구사가 가능하며, 다양한 표현을 하는 중에 잘못된 표현을 하기도 쉽다.

예문12

> 휴즈사 헬기의 북한 수출에서 온 전력 손실의 보상이나 주한 미군의 증강 조치는 의당 구현됨직한 대목이다. 좀더 근본적으로는 연래의 숙제인 한국군의 자위력 강화를 위한 획기적 방책의 <u>마련이다</u>. (한미 안보 협의의 생산성)

이 글의 끝 부분에 있는 '……마련이다'라는 서술어가 부적합하다. '마련이다'의 주어가 없는 글이다. 끝 부분을

"획기적 방책을 마련해야 한다."

라고 고쳐야 제대로 뜻이 이어진다.

예문13

> 앞으로는 정부 당국이 비록 국가적 행사일지라도 지역 사회 주민이나 학부모들의 형편을 무시하고 문제를 일방적으로 처리할 수 있다는 안이한 관료주의적 사고방식에서 <u>탈피할 때다</u>. (아시안 게임과 학생 동원)

이 문장도 끝에 있는 '……탈피할 때다'의 주어가 없다. 서술어가 '때다'이므로 주어를 '지금은'이라고 가정해 보아도 뜻이 제대로 연결되지

않는다. 이 문장에 나타난 주어는 '당국이'이므로, '……탈피할 때다'를 '탈피해야 한다'로 고쳐서,

"앞으로는 정부 당국이……사고방식에서 탈피해야 한다."

라고 하는 것이 좋다.

예문14

아무쪼록 이번 활성화 지침이 실질적인 것이 되기를 <u>바라고 싶다</u>. (국무 회의의 활성화)

서술어 '……바라고 싶다'가 아무래도 어색하다. '싶다'는 희망을 나타내는 보조 형용사이다. 가령 '가고 싶다', '먹고 싶다'라는 말을 살펴보면, 희망하는 내용이 '가고'와 '먹고'이다. 그렇다면 이 문장의 '……바라고 싶다'에서도 희망하는 내용이 '바라고'라고 할 수 있겠는가? 같은 의미가 중복된 표현이므로, '……바라고 싶다'를 '……바란다'로 고쳐서,

"아무쪼록 이번 활성화 지침이 실질적인 것이 되기를 바란다."

라고 하는 것이 좋다.

예문15

시급한 정치, 민생의 현안은 물론 새달 들어 있을 남북 국회 회담 등을 생각하지 않을 수가 없기 때문이다. 물론 이를 위한 협상이 <u>수월할 까닭은 없을 줄로 안다</u>. (연두 국회는 열고나서)

이 글의 끝 부분에 '까닭'이라는 말이 들어가서 뜻이 이상하게 되었다. '수월할 까닭은 없을 줄로 안다'를 '수월하지는 않을 줄로 안다'로 고쳐서,

"물론 이를 위한 협상이 수월하지는 않을 줄로 안다."

라고 하는 것이 좋다.

그러나 그렇다고 고성장을 위한 확대 정책을 남용할 수 없다는 데에 우리의 고민이 있다. 확대 정책은 정도의 차이는 있을망정 안정을 위협하는 것임은 <u>다툴 여지가 없다.</u> (경제 현실과 새 경제 팀)

'다툴 여지가 없다'니 무엇을 다툰다는 말인가? '다툴'이라는 말이 잘못 쓰였다. 이 말 대신 '의심할'을 넣어서,

"안정을 위협하는 것임은 의심할 여지가 없다."

라고 하는 것이 좋다.

그러나 적어도 그해 6월을 생각하고 그런 감회에 잠기는 늙은 세대가 아직도 엄연히 살아남아 있어서, 제군들의 일거수일투족을 냉철한 눈으로 바라보고 있다는 사실만을 <u>잊어 주지 말기 바란다.</u> (그 해 6월에 용케도)

이 문장 끝 부분의 '……잊어 주지 말기 바란다'에 문제가 있다. 조동사 '주다'는 동사의 뒤에 붙어서 남을 위하여 움직이는 뜻을 나타내는 말이다. 그래서 이것을 '섬김 도움움직씨(봉사 조동사)'라고 분류하기도 한다. 여기서는 남을 위해서 움직이는 뜻이 없으므로 조동사 '주지'를 빼는 것이 좋다. 청년들에게 당부하는 내용이므로, "……냉철한 눈으로 바라보고 있다는 사실만을 잊어 주지 말기 바란다."를

"……냉철한 눈으로 바라보고 있다는 사실을 잊지 말기 바란다."

라고 고치는 것이 좋다.

예문18

여당이 벼르던 민생 문제 심의와 야당이 준비했던 정치 현안의 거론은 결과적
으로 홀시되거나 차회를 <u>기다릴 수밖에 없이 되었다.</u> (국회 자주 열어야겠다)

밑줄 친 "기다릴 수밖에 없이 되었다"가 아무래도 어색하다. 보조 동사
'되다'는 앞에 오는 용언의 어미 '-게' 다음에 쓰이는 것이 정상이다. '없
이'를 '없게'로 고쳐서,

"차회를 기다릴 수밖에 없게 되었다."
라고 하는 것이 좋다.

예문19

지금의 경기 동태를 똑바로 보고 시간이 걸리더라도 구조적으로 개선해 나가
는 슬기로움을 <u>발휘해 나가야 할 줄 여기는 것이다.</u> (경기 동태)

이 문장의 끝에 있는 '것이다'는 필요 없는 군더더기이다. 오히려 문장
의 종결이 더 산만해진다. '……나가야 할 줄 여기는 것이다'를

"……나가야 한다." / "……나가야 할 줄 안다."
라고 하는 것이 더 좋을 것 같다.

그러나 문장의 끝에 '것이다'가 필요한 경우도 있다. 가령

"사랑은 받는 것이 아니라 주는 것이다."
와 같은 글에서는 '것이다'가 반드시 있어야 한다. '것이다'를 빼고

"사랑은 받는 것이 아니라 준다." / "사랑은 받지 않고 준다."
라고 하면 오히려 말이 더 이상해진다.

"인생은 뜬 구름과 같은 것이다."

의 경우는 '것이다'를 빼고,

"인생은 뜬 구름과 같다."

라고 해도 어감의 차이는 있지만 의미는 별로 차이가 없다. 이와 같이 '것이다'는 꼭 필요한 경우도 있고, 있으나 없으나 별로 차이가 없는 경우도 있고, 전혀 필요가 없는 경우도 있다.

예문20

그럼에도 그 실행 움직임은 아직도 안개 속에 갇혀 있는 느낌이어서, 골격의 윤곽이나마 더듬어 볼 수 없는 상태이니 실로 답답한 노릇이 아닐 수 없는 것이다. (나라 발전과 사학 비중)

이 문장에 있는 '것이다'도 전혀 필요 없는 군더더기이다. '것이다'를 빼어 버리고,

"답답한 노릇이 아닐 수 없다."

라고 종결하는 것이 좋다.

예문21

얼마 전 청평에서 있은 나룻배 전복 사건만 하더라도 그것은 불가항력의 불행이 아니라, 사람의 힘으로 얼마든지 막아 낼 수 있었던 사고였다는 것을 알 수 있어서 안타까운 것이다. (작은 일이 곧 큰 일이다)

여기에 나오는 '것이다'도 마찬가지다. 이것을 빼고, '……안타깝다'라고 종결하는 것이 좋다.

3. 목적어와 타동사 관계

타동사는 어떤 대상을 필요로 하는 행위를 나타내는데, 이 행위의 대상이 되는 것이 목적어다. 이 목적어와 타동사의 관계가 객술 관계인데, 단순한 한정 관계가 아니라 밀접한 보족 관계이다. 따라서 이 두 성분이 의미상 잘 어울려야 한다. 목적어와 타동사가 서로 어울리지 않거나, 타동사가 있어야 할 곳에 자동사가 들어가거나, 문맥상 불필요한 목적어가 들어가면 의미 연결이 부자연스럽게 된다.

예문22

1965년에 시작된 민족문화추진회의 고전 국역은 어두운 광 속에서 할 일 없이 잠자는 한국 정신문화의 보고인 고전들의 먼지를 털고 새로운 <u>햇빛을 비치는</u> 일과도 같은 것이었다. (고전 국역의 집중화)

타동사가 들어가야 할 곳에 자동사가 들어가 있다. '비치는'은 자동사이므로, 타동사인 '비추는'으로 고쳐서,

"새로운 햇빛을 비추는 일과도 같은 것이었다."
라고 해야 한다.

예문23

우선 대화를 통한 공동 대처에 최선의 <u>노력을 증명해야</u> 한다는 것이다. (정국 돌파구를 찾는다)

목적어와 타동사가 연결되긴 했지만, 뜻이 잘 연결되지 않는다. '노력을'은 '증명해야'의 목적어로는 적합하지 않다. '노력'을 '증명해야 한다'

니 도대체 노력을 어떻게 '증명'한단 말인가? '노력을' 다음에 다른 말을 넣는 수밖에 없다.

"……노력을 하고 있다는 것을 증명해야 한다."

라고 하면 좀 나아질 것이다.

성년이 됐다고 해서, 누리고 싶은 자유와 권리만을 요구하면서 거기에 필연적으로 수반돼야 할 책임과 의무는 소홀히 하고 도외시하면, 이런 사람은 나이만 성년이지 정신은 아직도 미성년과 다름이 없다. 따라서 성년이란 획일적으로 연령만으로 따진다는 것도 문제가 전혀 없지는 않다. (성년의 권리와 책임)

'따진다는'의 목적어는 '성년이란'이 될 수밖에 없다. 그런데 목적어와 타동사를 연결해서,

"성년이란……따진다는……"

이라고 해 보면 뜻이 잘 연결되지 않는다. '성년이란'을 '성년이라는 것을'로 고쳐서,

"성년이라는 것을 획일적으로 연령만으로 따진다는 것도 문제가 전혀 없지는 않다."

라고 하는 것이 좋다.

오늘(15일)은 '스승의 날'이다. 그나마 있었다. 없앴다. 다시 생겨난 지 얼마 안 되는 '스승의 날'이다. (스승일 수 있게 해 주는 길)

이 문장에는 타동사와 자동사가 혼용되어 있다. '없앴다'의 목적어는

생략되어 있지만, 문맥으로 보아 '스승의 날'이 목적어이다. '스승의 날'이 없어졌다가 다시 생겨난 것이므로, 타동사인 '없앴다'를 자동사로 바꿔서, '없어졌다'라고 하는 것이 좋다. 그리고 뒤에 '다시 생겨난'이라는 말이 있으므로, '있었다'도 '생겼다'로 고쳐서,

　"……생겼다, 없어졌다, 다시 생겨난……"

이라고 하는 것이 좋다.

예문26

많은 말썽과 반론, 마찰에도 불구하고 정부는 수입 자유화를 예정된 스케줄대로 <u>급속한 진전</u>을 추구하고 있다. (급진적 수입 개방)

'진전을 추구하고'라는 객술 관계가 뜻이 어울리지 않는다. '진전'을 '추구'한다고 하는 것보다는 '추진'한다고 하는 것이 어떨지? 그러나 '진전'을 '추진한다'라고 해도, '진(進)'자가 두 번 들어가는 중복 표현이 된다. '진전을'을 빼고,

　"……예정된 스케줄대로 급속히 추진하고 있다."

라고 하면 무난할 것 같다.

예문27

비는 계속 내리고 있다. 폭우는 여기저기를 기습한다. '게릴라 장마'라고도 한다. 이제부터라도 행정 당국은 전국의 위험 지역을 재점검하고 <u>긴급 대책을 펴야 한다.</u> (게릴라 장마 속의 人災)

'대책을 펴야 한다'라는 말이 잘 어울리지 않는다. '대책'은 어떤 일에 대처할 계획이나 수단을 뜻하므로, '펴야 한다'의 목적어로는 적합하지

않다. 타동사 '펴야'를 '세워야'로 바꿔서,

"대책을 세워야 한다."

라고 하는 것이 좋다.

연초의 행정부나 사법부의 시무식이 제각기 새해의 지향을 표방하고 나서는 동안, 입법부가 연두 국회의 소집 <u>전망마저 못 세운</u> 형편이 못내 아쉽다. (연두 국회는 열고 나서)

'전망'은 앞날을 미리 내다본다는 뜻이므로 '세우다'의 목적어로는 부적합하다. '소집 전망마저 못 세운'의 '전망'을 '계획'으로 바꾸어,

"소집 계획조차 못 세운"

이라고 하는 것이 좋다.

국민의 생명과 재산을 보호하고 공공의 안녕질서를 유지함을 그 사명으로 하는 <u>경찰관과 그들의 근무처인 파출소를 파괴하거나 위해를 가하는</u> 행위는, 그 이유 여하를 막론하고 공권력에 대한 도전이며 위협인 것이다. (파출소가 '동네 북'인가)

'……경찰관과 그들의 근무처인 파출소를 파괴하거나 위해를 가하는'에서, '경찰관'은 '파괴하거나'의 목적어가 될 수 없고, '파출소'만 '파괴하거나'의 목적어가 될 수 있다. 그러면 '경찰관'과 연결되는 타동사는 어느 것인가? 혹시 '위해를 가하는'의 대상을 '경찰관'으로 볼 수도 있지만, 문법적인 목적어-타동사의 관계는 성립되지 않는다. 이 부분을

"경찰관에게 위해를 가하거나, 그들의 근무처인 파출소를 파괴하는 행위는"
이라고 고치면 뜻이 잘 연결된다.

4. 보어

동사 '되다'나 형용사 '아니다'가 서술어로 쓰일 때에 그 앞에 보어가
필요하게 되는데, 보어 사용의 오류는 대단히 드물다. 보어는 체언뿐만 아
니라 명사구, 명사절을 비롯하여 체언의 구실을 하는 말에 조사 '-가, -이'
등이 붙어서 이루어진다.

예문30

하늘에서 떨어진 돈을 팽개치듯이 던져 주는 것이 <u>결코 장학금이 아니요</u>…….
(고마워할 줄 아는 마음)

'결코 장학금이 아니요'가 아무래도 어색하다. 보어로 쓰인 '장학금이'
를 주어로 올리고, '결코'를 '아니요'의 바로 앞에 오도록 해서,
"장학금은 하늘에서 떨어진 돈을 팽개치듯이 던져 주는 것은 결코 아니요……."
라고 하는 것이 좋다.

5. 관형어

체언을 수식하는 문법 성분을 관형어라고 하는데, 관형사 및 체언의 관

형격, 용언의 관형사형이 여기에 속하며, 수식 어절을 이룬 것도 있다. 관형어는 주어나 목적어, 보어 등으로 쓰인 체언 외에 서술어로 쓰인 체언도 수식할 수 있다.

예문31

> '인생은 고해다.'라는 말이 있다. 과연 자기 뜻에 의하지 않고 이승에 태어나 일생을 산다는 것은 죽지 못해 하는 수 없이 괴로운 바다를 항해하는 것과 같은 것일까? 뜻대로 되지 않는 이승을 살다 보면 때로 <u>그럴</u> 생각이 안 드는 것은 아니다. (마음에 빛을 담은 사람들)

밑줄 친 '그럴'이 어울리지 않는다. 동사 '그럴'은 '그렇게 할'의 준말이므로 문맥으로 보아 이 문장에는 적합하지 않다. 혹시 교정을 잘못 본 것인지도 모르겠다.

동사 '그럴'을 형용사 '그러한'의 준말인 '그런'으로 고치고, '안 드는 것은'을 '안 드는 것도'로 고쳐서,

"뜻대로 되지 않는 이승을 살다 보면 때로 그런 생각이 안 드는 것도 아니다."

라고 하는 것이 좋다.

예문32

> 정부가 농수·축산물의 상한한 가격을 설정하여……설정된 상한한 가격이 과연 생산비에다 적정 이윤을 합한 것일 것이며, 가격 조절의 노력이 효율을 다한 것일지의 여부는 물론 <u>두고 볼밖에 없다.</u> (농축산물 가격 안정제)

밑줄 친 '두고 볼밖에 없다'의 '-ㄹ밖에'라는 어미는 관용적인 표현으로 통용되기도 하지만, 정상적인 표현으로는 의존 명사 '수'를 넣어서

"두고 볼 수밖에 없다"

라고 하는 것이 좋다. '-ㄹ밖에'는 국어사전에 종결 어미로 올라 있다.

> 한의학협회가 전국의 산하 병의원에, 대합실에서는 담배를 피우지 못하도록 하는 등 비흡연자를 보호하도록 해 달라고 협조 요청 공문을 보냈다는 것이다. 이러한 결의가 환자의 건강을 <u>염려해서의</u> 의료적 차원임은 물론이지만, 우리는 인권 옹호의 견지에서 매우 주목할 만한 변화라고 생각한다. (혐연권 유감)

동사의 어미 다음에 관형격 조사 '의'를 붙인 '염려해서의'라는 관형어가 부자연스럽게 쓰였다. 좀 무리한 표현이다. 이것을 과거 시제의 관형사형으로 고쳐서,

"환자의 건강을 염려한 의료적 차원임은"

이라고 하는 것이 좋다.

> <u>이 우리 가장 오랜 조상들이 살았던 터가</u> 미래에 물에 잠기게 돼 있다 하니, 그대로 두어두고 보고만 있어야 하는가…… (수몰 유적을 살려라)

맨 앞에 있는 관형사 '이'의 피수식어는 '우리 가장 오랜 조상들이 살았던'의 다음에 있는 '터'이다. 수식어와 피수식어 사이에 딴 말이 너무 길게 들어가 있다. 감정이 너무 앞서서 '이'가 앞으로 나왔는지는 몰라도 좀 무리한 표현이다. '이'를 '터'의 바로 앞으로 옮겨서,

"우리 가장 오랜 조상들이 살았던 이 터가"

라고 해야 뜻이 부드럽게 연결된다.

6. 부사어

부사어는 용언의 내용을 한정하는 문법 성분인데, 서술어로 쓰인 용언만이 아니라 용언으로 된 주어, 관형어, 부사어의 뜻을 한정하는 데에도 쓰이며, 다른 부사나 체언을 한정하기도 한다. 품사 상으로는 부사, 용언의 부사형, 부사격으로 쓰인 체언, 수식 어절 등이 부사어가 된다.

예문35

> 돈이 자본주의 경제의 피의 역할을 한다면, 은행은 혈관이고 중앙은행은 <u>마치 심장 구실을 한다</u>. (한은의 독립성 보장)

부사 '마치'는 비유하는 말 앞에 쓰여, '바로', '영락없이', '흡사히' 등의 뜻을 나타내는 말이다. 이 말의 다음에는 '……처럼', '……듯이', '……듯한', '……듯하다', '……같이', '……같은', '……같다' 등이 와야 호응이 된다. 그러므로 밑줄 친 부분은,

"마치 심장과 같은 구실을 한다."

라고 고치는 것이 좋다.

예문36

> 식품을 맛으로 먹느냐, 영양으로 먹느냐에 대해서는 항상 상반되는 논리가 있을 수 있다. ……음식을 두고 중국인은 맛을, 한국인은 양을, 일본인은 볼품을 더 본다는 통설도 있다. 그러나 이제 한국인도 식품의 맛과 영양을 <u>아울러 더욱</u> 가릴 만하게 되었다. (제 맛이 참맛이다)

밑줄 친 '아울러 더욱'에는 부사 두 개가 중첩되었는데, 하나는 불필요

한 것이다. 정도를 나타내는 '더욱'이라는 부사를 빼고,

"이제 한국인도 식품의 맛과 영양을 아울러 가릴 만하게 되었다."

라고 하는 것이 좋다.

예문37

올해로 분단 55년이고 6·25 50년이지만, 분단과 6·25가 할퀴어 놓은 상처는 우리 사회 구석구석에 <u>그대로 깊다</u>. (문단 진술을 경청하고)

'그대로 깊다'라는 표현이 아무래도 어색하다.

"그대로 깊게 남아 있다." / "아직도 깊게 남아 있다."

라고 하는 것이 좋다.

예문38

우리가 알기로 대통령이 직접 국회에 나아가 국정 연설을 하는 관례는 82년 이래의 것이다. 이는 입법부에 대한 존중에 그치지 않고, 국민 대표 기구를 통하여 국정의 좌표와 진로를 온 국민에게 제시하는 것이니, 텔레비전 방송이나 연두 기자 회견 등 다른 방도에 비하여 그 깊이와 짜임새가 <u>절로 다르다</u>. (연두 국회는 열고나서)

끝에 있는 '절로 다르다'라는 표현이 어색하다. '절로'는 '저절로'의 준말인데, '다른 힘을 빌리지 않고 제 스스로, 인공을 더하지 않고 자연적으로'의 뜻이므로 이 문장에는 어울리지 않는다.

'다르다'는 비교의 뜻을 가진 말이므로 그 앞에 비교의 정도를 나타내는 말이 와야 한다. '절로'를 '전혀'로 고쳐서,

"그 깊이와 짜임새가 전혀 다르다."

라고 하는 것이 좋다.

| 예문39 |

서울시가 추진 중인 단군 성전 건립 계획도 일단 그런 뜻을 포괄하고 있는 듯이 보이는데, 그것이 일부 기독교 단체의 반대에 부닥쳐 주춤거리고 있고, 시비가 확대될 조짐을 보이고 있는 것은 <u>따라서</u> 우리의 관심을 끄는 일이다. (단군 성전의 건립)

접속 부사 '따라서'가 잘못 쓰였다. 이 낱말은 앞 문장의 의미를 뒤의 문장에 이어 주면서 그것을 꾸미는 부사인데, '그러함으로 하여, 그렇기 때문에'의 뜻으로 쓰인다. 이 글에서는 차라리 '따라서'를 빼어 버리고,

"시비가 확대될 조짐을 보이고 있는 것은 우리의 관심을 끄는 일이다."
라고 하는 것이 좋다.

| 예문40 |

대학생들의 서울 미문화원 점거가 72시간 만에 풀렸다. ……<u>아마</u> 마음속으로라도 이들 학생에게 박수를 보내는 사람들은 몇이나 되었을까. (얻은 것이 무엇인가)

'아마'라는 부사가 잘못 쓰였다. '아마'를 '혹시'로 고치는 것이 더 좋겠다. 그리고 '보내는'은 과거형으로 고쳐서 '보낸'으로 해야 시제 표현이 통일된다.

"혹시 마음속으로라도 이들 학생에게 박수를 보낸 사람들은 몇이나 되었을까?"
라고 하는 것이 좋다.

과학 문명의 이기인 컴퓨터가 행정 각 부문에 도입돼 민생의 편익 생활에 도움을 준다. 세상 달라진 느낌이 옛날과 비교하면 절로 난다. (民이 거증 책임 져야 하나)

둘째 문장의 어순(語順)에 문제가 있다. '옛날과 비교하면'이라는 부사구는 내용상 전제 조건이므로 주어부의 앞에 와야 한다. 서술어인 '난다'도 '든다'로 고쳐서,

　　"옛날과 비교하면 세상 달라진 느낌이 절로 든다."

라고 하는 것이 좋을 것 같다. ·

다행히 야당이 무조건 등원 방침을 정했다고 들리니. 그처럼 울적했던 심사의 일단이 가실 듯하다. 우리는 야당의 결단을 평가하며 환영한다. (연두 국회는 열고나서)

'결단을'과 '평가하며' 사이에 정도를 나타내는 부사가 빠져서 문맥의 흐름이 자연스럽지 못하다. '높이'라는 부사를 넣어서,

　　"우리는 신민당의 결단을 높이 평가하며 환영한다."

라고 해야 의미가 잘 연결된다.

7. 사동과 피동

사동과 피동의 표현은 우리말에서 아주 흔히 쓰이는데, 사동과 주동,

피동과 능동의 표현이 잘못 쓰이는 경우가 있다. 특히 인구어(印歐語)의 영향으로 피동형이 많아져서 무리한 피동형 표현이 쓰이는 경우도 있다.

| 예문43 |

> 그러기 위해서는 <u>당국이</u> 전문가들의 소견, 시민의 소리, 버스 업자들의 주장 등에 고루 귀를 귀울이고 그 속에서 최대 공약의 방안이 마련되어야 할 것이다. (지하철 시대의 서울 교통)

이 문장에는 불필요한 피동형이 쓰였다. '당국이'가 주어이므로 끝 부분도 능동형으로 종결해야 부드럽게 연결된다. '방안이'를 목적어로 고쳐서,

"당국이……최대 공약의 방안을 마련해야 한다."

라고 하는 것이 좋다.

| 예문44 |

> 이것은 그동안 정부·한은 당국이 총통화 기준의 통화 관리를 연간 10% 증가 수준에서 비교적 견실하게 운용해 오고 있는 것과는 대조적으로 제2금융권의 통화 관리는 지나치게 <u>등한시되고</u> 있음을 뜻한다. (경계거리 유동성 급증)

끝 부분의 '등한시되고'가 피동형으로 되어 있는데, 피동형이라도 의미 연결에 지장은 없지만, 문맥으로 보아 능동형으로 하는 것이 좋다. 주어가 '정부·한은 당국이'이고, 다음에 오는 '……운용해 오고 있는'이 능동이므로, '……등한시되고'도 능동으로 고쳐서 '등한시하고'로 표현하는 것이 좋다. 이렇게 하면 이 문장의 줄거리는

"이것은……정부·한은 당국이……견실하게 운용해 오고 있는 것과는 대조적으로……는……등한시하고 있음을 뜻한다."

라고 되어 뜻이 부드럽게 이어진다.

어차피 공론화를 통해 정치 문제로 제기된 이상은 여야간의 정치 협상을 통해 해결점을 찾는 작업이 <u>시작되었다고 보아진다.</u> 지난 5년 동안 어둠 속에 묻혔던 일들이 광명 천지로 <u>까발려진다고 해서</u> 쉽사리 해결점을 <u>찾아지리라고는</u> 보지 않는다. ('광주 사태'의 마무리)

이 글에도 어색한 피동형이 있다. 첫째 문장 끝에 있는 '보아진다'는 요즈음 더러 볼 수 있는 표기이지만, 아직은 생소한 말이므로 '보인다'로 하는 것이 좋다. '시작되었다고 보아진다'를

"시작된 것으로 보인다" / "시작된 것으로 볼 수 있다"

라고 고치면 좀 더 부드럽게 뜻이 이어질 것 같다.

둘째 문장의 '까발려진다고'는 이 글의 내용상 독특한 뉘앙스를 지닌 말이라고 볼 수도 있지만, 신문 사설의 지도적 기능을 생각하면 좀더 부드러운 말로 표현하는 것이 좋을 것 같다.

제헌절의 뜻은, 전체적인 국력의 신장도 그렇지만, 국민들의 의식 수준도 아주 높아졌다는 상황 변화에 대한 인식을 새롭게 하면서, 원칙적으로 헌법 내재적 정의의 테두리 안에서 민주 헌정을 발전시킨다는 각도에서 <u>찾아져야</u> 할 것이다. (제헌절에 생각한다)

끝 부분에 있는 피동형 '찾아져야'는, 의미 전달에는 아무런 지장이 없지만 이 사설의 제목처럼 제헌절을 맞이하여 우리가 제헌절의 의의를 생각하는 글이므로,

"민주 헌정을 발전시킨다는 각도에서 찾아야 할 것이다."

와 같이 능동형으로 고치는 것이 좋다.

예문 47

> 퍼스널 컴퓨터가 처음 출현했을 때, 얼른 한 대를 사 놓았으나 <u>쓸 줄도 쓸 일</u>
> <u>도 마땅치 않아</u> 먼지 속에 묻어 두었다는 어떤 일본인 작가의 얘기가 있었다.
> 그러나 지금 그 일본의 청소년들 사이에서 컴퓨터는 거의 <u>일용품화하고 있는</u>
> <u>것이다.</u> (메추리와 컴퓨터)

둘째 문장은 주어와 서술어가 호응이 안 된다. '컴퓨터는'이 주어인데
그 서술어는 능동인 '일용품화하고 있는'이다. 컴퓨터가 어떻게 능동적으
로 일용품화하고 있다는 것인가?

사람에 의해서 컴퓨터가 일상적으로 쓰이게 된 것이므로

"컴퓨터는 거의 일용품화되고 있는 것이다."

라고 해야 한다. 그리고 첫째 문장의 밑줄 친 부분도 문제가 있다. '쓸 줄
도' 다음에는 '모르고'를 넣어서,

"쓸 줄도 모르고, 쓸 일도 마땅치 않아"

라고 하는 것이 좋다.

예문 48

> 미국 측도 이번 사태에 놀라고 유감스럽게 생각하고 있지만, 농성 학생들이 아
> 직 파괴나 인질 등 난폭한 행동을 하고 있지 않다는 점에 안도하면서, 대화를
> 통한 평화적 해결에 한 가닥 기대를 <u>갖게 한다.</u> (문화원 사태와 한미 관계)

수동형으로 해야 할 것을 사동형으로 한 부분이 있다. 사동형으로 된
이 문장에서 밑줄 친 '갖게 한다'의 주어는 어느 것인가? 문맥상 '학생들

이'를 주어라고 할 수도 없다. 그래서 '갖게 한다'를 수동형인 '가져 본다'나 '갖게 된다'로 고쳐서,

"대화를 통한 평화적 해결에 한 가닥 기대를 가져 본다." / "대화를 통한 평화적 해결에 한 가닥 기대를 갖게 된다."
라고 하는 것이 좋다.

8. 시제

시제는 용언의 시간적 관계를 표시하는 문법 범주를 말하며, 일반적으로 현재, 과거, 미래로 구분한다. 사건이 일어난 시간, 곧 사건시(事件時)가 그 말을 한 시간인 발화시(發話時)와 일치하는 것을 현재 시제라 하고, 그보다 앞선 무한한 시간 속의 사건을 과거 시제, 그보다 뒤의 무한한 시간 속의 사건을 미래 시제라고 한다. 이런 삼분법(三分法)의 시제는 실제 문장으로 표현할 때 꼭 일치하지 않는 미묘한 차이점이 있다.

> **예문49**
>
> 위험의 예고와 주민의 대피에도 만전을 기하지는 못했다. 일단 대피했던 주민들도 가재도구를 더 건져 내려고 다시 위험 지역으로 들어갔다. 그것이 인명 피해가 더욱 <u>커졌던 원인이었다</u>. (게릴라 장마 속의 인재)

과거 시제는 선어말 어미 '았/었'이나 용언의 관형사형 어미 '-ㄴ/-은'을 사용해서 나타낼 수도 있다. '-ㄴ/-은'이 동사의 어간에 붙으면 과거 시제를 나타내지만, 형용사의 어간에 붙으면 현재를 나타낸다.

위 예문의 끝 부분에 있는 '커졌던 원인이었다'에는 과거를 나타내는 선어말 어미 '었'이 연속적으로 들어가 있어서 어색하다.

"그것이 인명 피해가 더욱 커진 원인이었다."

라고 하는 것이 좋다.

예문50

지금까지 요식적이고도 의례적으로 운영돼 오던 국무 회의가 크게 활성화되리라 한다. 정부 대변인의 발표를 들으면 나라 행정의 최고 심의 기관인 국무 회의라면 진작부터 응당 <u>그래야만</u> 하는 내용들이 그 '방안'의 전부다. (국무 회의의 국정 논의)

둘째 문장의 '그래야만'은 그 앞에 과거를 뜻하는 '진작부터'라는 말이 있으므로 과거 시제로 하는 것이 좋다. '그래야만'을 과거 시제인 '그랬어야만'으로 고쳐서,

"진작부터 응당 그랬어야만 하는"

이라고 해야 뜻이 잘 이어진다.

예문51

여야의 정치 사안에 대한 의견 대립으로 개원이 늦어질 수밖에 없었다. 그러나 순조로이 원 구성을 마칠 수가 있었고, 대통령 연설, 국정 보고, 3당 대표 연설에 이어 분야별 대정부 질의가 이루어졌을 때 그동안 장외에서 시끄러웠던 모든 문제를 장내로 <u>끌어들인다는</u> 점에서 국민은 큰 기대를 모을 수가 있었다. (5월을 보내며)

이 글의 시제가 모두 과거 시제인데, 끝 부분의 '끌어들인다는'만 현재 시제로 되어 있다. '끌어들인다는'을 과거 시제로 고쳐서,

"끌어들였다는"

이라고 하는 것이 좋다.

예문52

> 정치와 경제의 거센 물결 속에서, 매연에 찌들고 소음에 귀가 얼얼하고. 데모 바람에 웅성거리며 최루탄 가스에 눈을 찔끔거리던 어떤 나날들을 그동안 유난히 겪은 것이 이 땅의 문화며 풍류였던지도 모른다. (문화와 풍류 마당)

'풍류였던지도'에는 과거를 나타내는 형태소 '었'이 있으므로, 과거의 회상을 나타내는 형태소 '더'가 들어가지 않아도 된다. 뒤에 있는 서술어 '모른다'와 호응이 잘 되도록 '던'을 '는'으로 고쳐서,

"이 땅의 문화며 풍류였는지도 모른다."

라고 하는 것이 좋다.

예문53

> 여기서 학생 동원의 잘잘못을 논외로 하고라도 정부 당국과 서울시교위측은 사전에 해당 학교 및 지역 사회 학부모들의 의견을 들었어야 마땅했다. (아시안 게임과 학생 동원)

서술부 '들었어야 마땅했다'에는 과거를 나타내는 형태소가 연속적으로 들어 있다. 이 문장의 내용상 해당 학교 및 학부모들의 의견을 사전에 들었어야 한다는 판단을 하는 시점이 현재이므로, '마땅했다'를 현재 시제로 바꾸어 '마땅하다'로 하여,

"해당 학교 및 지역 사회 학부모들의 의견을 들었어야 마땅하다."

라고 하는 것이 좋다.

9. 조사

조사는 자립성이 있는 말의 뒤에 붙어 그 말과 다른 말과의 문법적 관계를 표시하는 품사이다. 교착어에 속하는 우리말에서는 조사가 중요한 문법적 관계를 나타내기 때문에, 특이한 어감을 나타내기 위해서 무리하게 조사를 사용하는 경우도 있다.

> **예문54**
>
> 지금은 농사짓는 사람으로선 어느 누구도 상한제 철폐를 요구하고 <u>있지를</u> 않다. 정부가 앞장서서 이 문제를 들고 나온 것도 격에 <u>맞지는 않다</u>. (3町 상한제의 의미)

'있지를'에 있는 목적격 조사 '를'이 잘못 사용되었다. '있지를'은 목적어가 될 수 없으므로, 조사 '를'을 빼고

　"요구하고 있지는 않다"

라고 해야 한다. '맞지는'에도 불필요한 조사가 들어가 있다. '는'을 빼고

　"격에 맞지 않는다"

라고 해야 한다.

> **예문55**
>
> 올림픽만은, 그 규모가 큰 것보다 국력에 알맞고 짜임새 있고 또 절도 있게 꾸며지기를 국민들은 바란다. 규모의 엄청난 크기와 비할 데 없는 <u>화려함에</u> 세계를 놀라게 했다는 것에 만족할 것이 아니라, 비록 규모는 작으나마 조직이 잘 되었다는 칭찬을 받도록 하는 것이 바람직하다. 〈아시안 게임과 학생 동원〉

'화려함에'에 있는 조사 '에'가 잘못 사용되었다. 수단을 나타내는 조사 '으로'를 써서,

"비할 데 없는 화려함으로 세계를 놀라게 했다."

라고 하거나 주격 조사 '이'를 써서,

"비할 데 없는 화려함이 세계를 놀라게 했다."

라고 해야 한다.

예문56

농촌엔 이곳저곳에 빈집이 생겨나고, 아까운 농토를 놀리는 경우도 <u>적지가</u> 않다. (3町 상한제의 의미)

'적지가'에 주격 조사 '가'가 들어 있는데, 이 '적지가'라는 말이 '않다'의 주어가 될 수는 없다. '않다'는 보조 형용사이고, '적지'는 본형용사이므로 조사 '가'를 빼고,

"아까운 농토를 놀리는 경우도 적지 않다."

라고 해야 한다.

예문57

이번에 국무총리가 활성화 방책의 일환으로 지시한 내용의 것이 <u>거의 다가</u> 들어 있는 것이다. (국무 회의 활성화)

부사에 불필요한 주격 조사가 붙어 있다. '가'를 빼고,

"거의 다 들어 있는 것이다."

라고 해야 한다.

속담에 '첫걸음이 어긋나면 천 리가 모두 어긋난다.'고 이른 대로 <u>연두 국회마저</u> 열리지 못한다면, 뒤이어야 할 <u>임시 국회마저</u> 흐지부지될 것이고, 나아가 한 해 정국 전망도 흐릴 수밖에 없을 것이기 때문이었다. (연두 국회는 열고 나서)

뒤에 있는 '임시 국회마저'의 '마저'는 괜찮지만, 앞에 있는 '연두 국회마저'의 '마저'는 잘못 사용되었다. '마저' 대신 주격 조사 '가'를 넣어서,

"연두 국회가 열리지 못한다면"

이라고 해야 한다.

국내의 경기 동태는 좀처럼 침체의 늪으로부터 <u>벗어날 것 같지가</u> 않다. (경제 현실과 새 경제 팀)

불필요한 주격 조사 '가'를 빼고

"벗어날 것 같지 않다"

라고 해야 한다.

그러나 정작의 문제 풀이는 차후의 일이다. <u>바라건대는</u> 야당의 결단과 원만한 연두 국회가 새로운 협상의 계기가 되어 여야가 합의하는 일이다. (연두 국회는 열고 나서)

'바라건대'라는 부사에 불필요한 조사 '는'을 붙였다. '는'을 빼고 '바라건대'라고 해야 한다.

현행 사학법은 75개 조항 중 감독, 규제, 지시, 승인 또는 그 취소권 등 사학 위축을 가중시키는 이른바 '독소 조항'이 거의 절반에 가까운 <u>34개 항목에나</u> 이르고 있다고 전문가들은 지적했다. (나라 발전과 사학 비중)

'34개 항목에나'에 '나'라는 조사가 들어가서 부자연스럽다. '독소 조항'의 숫자가 많다는 것을 나타내기 위해서 '나'를 넣은 것으로 짐작되지만, 이 글에서는 잘 어울리지 않는다. '나'를 빼어버리고

"34개 항목에 이르고 있다."

라고 하는 것이 좋다.

10. 어휘

문장에 적합하지 않은 어휘가 들어가면 의미 전달에 문제점이 있게 된다.

예문 62

이 전 총재의 이날 기자회견으로 한나라당은 SK비자금과 관련해 당 차원에서 <u>모두 4번째</u> 사과함에 따라 대선자금에 대한 정치적 부담을 다소 덜 수 있게 되길 기대하고 있다. (2003. 10. 31 경제신문)

'번째'는 순서를 나타내는 말이고 '차례'는 '일이 일어나는 횟수를 세는 단위'로 앞에 '모두'라는 '전체'를 나타내는 부사가 사용되고 있어서 '4번째'를 '4차례'로 고쳐야 한다.

🪧 연습문제

1. 어법에 어긋난 것은?

① 선생님, 날씨가 무척 춥습니다.

② 얘야, 할아버지께서 오시라고 하신다.

③ 어제 할머니를 모시고 온천에 갔었다.

④ 할아버지께 진지 드시라고 말씀 드리렴.

⑤ 사장님께서 일찍 퇴근하셨다.

2. 밑줄 친 부분 중 어법에 맞고 자연스러운 것은?

① 우리 과학원의 올해 과제는 <u>과학과 기술의 개발</u>이다.

② 검찰 당국이 <u>수행해야 할 권리와 의무</u>에 대해 생각해 보아야 한다.

③ 여러 세기 동안 <u>거듭된 분열과 갈등</u>이 이제 막을 내리고 있다.

④ 삼국은 불교를 <u>왕권 강화와 호국 사상</u>으로 활용하였다.

⑤ 우리는 옛날보다 더 많은 사람과 만나고 있지만 오히려 <u>더 외롭고 서글픔을 느낀다</u>.

3. 밑줄 친 부분의 쓰임이 적절한 것은?

① 이 가게<u>에는</u> 당뇨병 치료에 좋은 모든 것을 갖추고 있다.

② 올해 수입할 품목 중<u>에서</u> 가장 큰 비중을 차지하는 것은 목재이다.

③ 어머니는 나<u>에게</u> 공부를 하는 오빠를 위해 취직하기를 바라셨다.

④ 사건의 우연적 전개, 영웅적 주인공 등은 고전문학<u>으로서의</u> 특징이다.

⑤ 우리는 축구, 배구, 농구, 그밖<u>에</u> 구기 종목에서 뛰어난 성적을 거두었다.

4. 밑줄 친 부분 중 가장 자연스러운 것은?

① 집주인에게 <u>폐를 미치는</u> 일을 해서는 안 돼.

② 인간이 항상 악하다면 우리 사회의 <u>윤리는 불가능해질</u> 것이다.

③ 사장의 사정 이야기를 듣자 노조원들은 <u>흥분이 가시고</u> 안정이 되었다.

④ 국가는 개인의 인권과 시민적 자유, 경제 활동의 <u>자유를 간섭할</u> 수 없다.

⑤ 자살이 늘면서 타인의 죽음을 자기와는 관계없는 하찮은 일로 외면해 버리는 <u>풍조가 생겨났다.</u>

5. 밑줄 친 부분의 쓰임이 적절하지 않은 것은?

① 영희는 집에 가고 싶<u>지가</u> 않았다.

② 우리도 고급 승용차<u>나</u> 한 대 삽시다.

③ 우리 부서<u>에서</u> 기념품을 만들었습니다.

④ 영희는 친구들이 모두 떠난 운동장<u>에</u> 혼자 남아 있다.

⑤ 마치는 못을 박는 도구<u>로써</u> 각 가정에 널리 보급되어 있다.

6. 일본어에서 유래한 말이 아닌 것은?

① 그 <u>땡땡이</u> 무늬 원피스 참 보기 좋더라.

② 젊을 때 <u>노가다</u> 판에서 일하며 힘들었어.

③ 생선회를 <u>와사비</u> 없이 무슨 맛으로 먹어?

④ 큰 시험 앞두고 <u>단도리</u> 잘 하기를 바라네.

⑤ 음식 값으로 <u>우수리</u> 떼고 9만 원만 내세요.?

7. 접두사의 한자가 틀린 것은?

① 생(生)고기   ② 양(洋)배추

③ 시(侍)부모   ④ 외(外)삼촌   ⑤ 친(親)손자

8. 〈보기〉는 국어의 문형을 간략하게 제시한 것이다. 설명 중 옳지 않은 것은?

> **보기**
> • 무엇이 어찌한다. – 철수가 달린다.
> • 무엇이 어떠하다. – 꽃이 예쁘다.
> • 무엇이 무엇이다. – 이것이 연필이다.

① '어찌한다'는 '어찌하자'가 가능하다.
② '어떠하다'는 '어떠한'으로 쓰일 수 있다.
③ '무엇이 무엇을 어찌한다'의 문형도 가능하다.
④ '어떠하다'는 의문형일 때 '어떠하느냐'가 된다.
⑤ '무엇이다'는 '어찌한다'보다 '어떠하다'에 가깝게 활용한다.

9. 문장 표현이 자연스럽지 않은 것은?
① 국민들은 집값 문제의 해결책이 신도시 개발에 달려 있다고 생각하지 않는다.
② 집값이 천정부지로 치솟자 정부에서는 그 해결 방안으로 신도시 개발 계획을 내놓았다.
③ 환경 보호 단체에서는 무분별한 택지 개발로 인한 환경 파괴를 우려하는 성명서를 발표했다.
④ 장기임대주택을 확대하는 방안은 이윤 창출을 우선시하는 시장의 논리에 밀려 외면당하고 있다.
⑤ 시민 단체에서는 신도시 개발이 집값 안정을 가져오기는커녕 오히려 집값 상승을 부채질할 것이라고 주장하고 있다.

10. 〈대화〉에서 〈보기〉의 밑줄 친 부분에 해당하는 것을 찾으면?

> **보기**
>
> 구어에는 말을 이끌어 내는 부가적인 표현들이 나타난다. 또한 구어는 실시간적으로 실현되므로 말실수가 많이 나타난다. 따라서 말실수를 교정하기 위한 표현을 덧붙이기도 한다. 그리고 <u>상황을 이해해야 해석할 수 있는 표현</u>이 많은 편이다. 줄임말도 자주 나타난다.
>
> **대화**
>
> 이 과장 : ① <u>어, 김 과장 여긴 웬일이야?</u>
> 김 과장 : ② <u>아니, 거래처에서 보자 그래서 왔는데 와 보니까 담당자가 없잖아.</u> 여기서 만났으니 점심 같이 먹지 뭐. 이 과장은 뭐 먹을 거야? 설렁탕? 삼계탕?
> 이 과장 : ③ <u>응, 나는 닭.</u>
> 김 과장 : ④ <u>나도 삼계탕이니까 삼계탕을 셋 시키면 되겠군.</u> ⑤ <u>아니다, 둘이지, 두 명이니까.</u>

11. 〈보기〉와 높임법의 등급이 같은 것은?

> **보기**
>
> 며칠 편히 쉬다 가려무나.

① 어서들 오게.
② 옷이 참 곱구려.
③ 얼른 다녀오리다.
④ 여비는 내가 보태 주마.
⑤ 오랜만에 만나 참 반가우이.

12. 〈보기〉의 예와 같은 유형이 아닌 것은?

> **보기**
>
> 국어의 동사는 목적어를 가지는 타동사와 그렇지 않은 자동사로 나눌 수 있다. 영어를 비롯한 다른 언어와 달리 국어는 하나의 형태가 타동사와 자동사로 모두 쓰이는 경우는 드물다. 다음은 타동사와 자동사로 모두 쓰이는 예이다.
> 예) 선반 위로 손을 뻗었다.(타동사) / 나뭇가지가 잘 뻗었다.(자동사)

① 그치다　　　　② 다치다　　　③ 멈추다
④ 비추다　　　　⑤ 움직이다

13. 〈보기〉의 괄호 안에 들어갈 말을 가장 적절하게 묶은 것은?

> **보기**
>
> • 그는 배가 고프면 밥을 먹는 것과 같이 (㉠)로 뛰어난 작품들을 만들었다.
> • 우리는 기대했던 일이 잘못되어 딱하게 된 경우를 흔히 (㉡)(이)라고 한다.
> • 나는 마음이 내키지는 않았지만 (㉢) 그를 따르지 않을 수 없었다.

　　　㉠　　㉡　　㉢　　　　　　　㉠　　㉡　　㉢
① 일상사 실패 불가해하게　　② 일상사 낭패 부득이하게
③ 다반사 실패 불가해하게　　④ 다반사 낭패 부득이하게
⑤ 일상사 좌절 부조리하게

14. 유사한 의미를 가진 것끼리 연결되지 않은 것은?

① 설상가상(雪上加霜) : 엎친 데 덮친 격이다.
② 낭중지추(囊中之錐) : 모난 돌이 정 맞는다.
③ 청출어람(靑出於藍) : 나중에 난 뿔이 우뚝하다.

④ 유유상종(類類相從) : 가재는 게 편이고, 초록은 동색이다.

⑤ 임시변통(臨時變通) : 아랫돌 빼서 윗돌 괴고 윗돌 빼서 아랫돌 괸다.

15. ㉠~㉢에 들어갈 말로 가장 적절한 것은?

> **보기**
>
> • 잠이 덜 깼는지 그는 현실과 꿈 사이에서 (㉠)을 일으켰다.
> • 외래문화의 무분별한 수용은 가치관의 (㉡)을 초래하였다.
> • 목격자들이 제각기 다른 말을 해서 수사는 (㉢)을 빚고 있었다.

	㉠	㉡	㉢		㉠	㉡	㉢		㉠	㉡	㉢
①	혼동	혼선	혼잡	②	혼돈	혼동	혼잡	③	혼돈	혼동	혼선
④	혼동	혼돈	혼선	⑤	혼잡	혼돈	혼동				

※ 다음 문장을 바르게 고치시오.*

16. 향가의 쇠퇴는 고려 중엽으로 볼 수 있다.

17. 내가 강조하고 싶은 점은 우리 민족이 고유 언어를 가졌다.

18. 오죽 답답했으면 그런 말까지 했을지도 모른다.

19. 인간은 과학 기술의 발전이 행복하게 만들어 주리라고 믿었다.

20. 우리는 지속적인 역사에 대해서 관심을 가져야 한다.

---

* 송준호(1996), 문장부터 바로 쓰자, 태학사.

제6부

국어기본법

Ⅰ. 국어기본법*

제1장 총칙

제 1 조 (목적) 이 법은 국어의 사용을 촉진하고 국어의 발전과 보전의 기반을 마련하여 국민의 창조적 사고력의 증진을 도모함으로써 국민의 문화적 삶의 질을 향상하고 민족문화의 발전에 이바지함을 목적으로 한다.

제 2 조 (기본 이념) 국가와 국민은 국어가 민족 제일의 문화유산이며 문화 창조의 원동력임을 깊이 인식하여 국어발전에 적극적으로 힘씀으로써 민족문화의 정체성을 확립하고 국어를 잘 보전하여 후손에게 계승할 수 있도록 하여야 한다.

제 3 조 (정의) 이 법에서 사용하는 용어의 정의는 다음과 같다.

---

* 국가법령정보센터, http://www.law.go.kr/LSW/

1. "국어"라 함은 대한민국의 공용어로서 한국어를 말한다.

2. "한글"이라 함은 국어를 표기하는 우리의 고유문자를 말한다.

3. "어문규범"이라 함은 제13조의 규정에 의한 국어심의회의 심의를 거쳐 제정한 한글맞춤법, 표준어규정, 표준어발음법, 외래어표기법, 국어의 로마자표기법 등 국어사용에 필요한 규범을 말한다.

4. "국어능력"이라 함은 국어를 통하여 생각이나 느낌 등을 정확하게 표현하고 이해하는 데 필요한 듣기·말하기·읽기·쓰기 등의 능력을 말한다.

제 2 장 국어발전기본계획의 수립 등

제 6 조 (국어발전기본계획의 수립)

③ 기본계획에는 다음 각호의 사항이 포함되어야 한다.

1. 국어정책의 기본방향과 추진목표에 관한 사항

2. 어문규범의 제정 및 개정의 방향에 관한 사항

3. 국민의 국어능력증진과 국어사용환경의 개선에 관한 사항

4. 국어정책과 국어교육의 연계에 관한 사항

5. 국어의 선양과 국어문화유산의 보전에 관한 사항

6. 국어의 국외보급에 관한 사항

7. 국어의 정보화에 관한 사항

8. 남북한 언어통일방안에 관한 사항

9. 정신·신체 상의 장애에 의하여 언어사용에 어려움을 겪고 있는 국민 및 국내 거주 외국인의 국어사용 상의 불편

해소에 관한 사항

10. 국어발전을 위한 민간부문의 활동 촉진에 관한 사항

11. 그 밖에 국어의 사용·발전 및 보전에 관한 사항

제 9 조 (실태조사 등) ① 문화체육관광부장관은 국어정책의 수립에 필요한 국민의 국어능력·국어의식·국어사용환경 등에 관한 자료를 수집하거나 실태를 조사할 수 있다. <개정 2008.2.29>

② 문화체육관광부장관은 제1항의 규정에 의한 자료수집이나 실태조사를 위하여 필요한 경우에는 국가기관 및 국어 관련 법인·단체 등에 대하여 자료의 제출이나 의견의 진술 등을 요구할 수 있다. <개정 2008.2.29>

③ 국어능력·국어의식·국어사용환경 등 실태조사의 실시에 관하여 필요한 사항은 대통령령으로 정한다.

제 3 장 국어사용의 촉진 및 보급

제13조 (국어심의회) ① 국어의 발전과 보전을 위한 중요사항을 심의하기 위하여 문화체육관광부에 국어심의회(이하 "국어심의회"라 한다)를 둔다. <개정 2008.2.29>

② 국어심의회는 다음 각호의 사항을 심의한다. <개정 2008. 2.29>

1. 기본계획의 수립에 관한 사항

2. 어문규범의 제정 및 개정에 관한 사항

3. 그 밖에 국어의 발전과 보전에 관하여 문화체육관광부장관
   이 부의하는 사항

제14조 (공문서의 작성) ① 공공기관 등의 공문서는 어문규범에 맞추
어 한글로 작성하여야 한다. 다만, 대통령령이 정하는 경우에
는 괄호 안에 한자 또는 다른 외국문자를 쓸 수 있다. <개정
2009.3.18>

② 공공기관 등이 작성하는 공문서의 한글사용에 관하여 그
밖에 필요한 사항은 대통령령으로 정한다. <개정 2009.3.18>

제15조 (국어문화의 확산) ① 문화체육관광부장관은 바람직한 국어문
화가 확산될 수 있도록 신문·방송·잡지·인터넷 또는 전광
판 등을 활용한 홍보와 교육을 적극적으로 시행하여야 한다.
<개정 2008.2.29>

② 신문·방송·잡지·인터넷 등의 대중매체는 국민의 올바
른 국어사용에 이바지하도록 노력하여야 한다.

제16조 (국어정보화의 촉진) ① 문화체육관광부장관은 국어를 통하여
지식·정보를 생산하고 활용하여 새로운 문화를 창조할 수 있
도록 국어정보화를 위한 각종 사업을 적극 시행하여야 한다.
<개정 2008.2.29>

② 국가는 인터넷 및 원격 정보 통신 서비스망 등 정보 통신망을 활용하는 국민이 국어를 편리하게 사용할 수 있도록 필요한 정책을 시행하여야 한다.

③ 정보통신망이용촉진및정보보호등에관한법률 제2조제3호의 규정에 의한 정보통신서비스제공자는 국민이 국어를 편리하게 사용할 수 있도록 필요한 조치를 하여야 한다.

제17조 (전문용어의 표준화 등) 국가는 국민이 각 분야의 전문용어를 쉽고 편리하게 사용할 수 있도록 표준화하고 체계화하여 보급하여야 한다.

제18조 (교과용 도서의 어문규범 준수) 교육과학기술부장관은 초·중등교육법 제29조의 규정에 의한 교과용 도서를 편찬하거나 검정 또는 인정하는 경우에는 어문규범을 준수하여야 하며, 이를 위하여 필요한 경우 문화체육관광부장관과 협의할 수 있다. <개정 2008.2.29>

제19조 (국어의 보급 등) ① 국가는 국어를 배우고자 하는 외국인과 재외동포의 출입국과 법적 지위에 관한 법률에 의한 재외동포(이하 "재외동포"라 한다)를 위하여 교육과정과 교재를 개발하고 전문가를 양성하는 등 국어의 보급에 필요한 사업을 시행하여야 한다.

② 문화체육관광부장관은 재외동포나 외국인을 대상으로 국어를 가르치고자 하는 자에게 자격을 부여할 수 있다. <개정 2008.2.29>

③ 제2항의 규정에 의한 자격요건 및 자격부여의 방법 등에 관하여 필요한 사항은 대통령령으로 정한다.

제20조 (한글날) ① 정부는 한글의 독창성과 과학성을 국내외에 선양하고 범국민적 한글사랑 의식을 고취하기 위하여 매년 10월 9일을 한글날로 정하고, 기념행사를 행한다.

② 제1항의 규정에 의한 기념행사에 관하여 필요한 사항은 대통령령으로 정한다.

제21조 (민간단체 등의 활동 지원) 국가와 지방자치단체는 국어의 발전과 보급을 목적으로 활동하는 법인·단체 등에 대하여 예산의 범위 안에서 필요한 지원을 할 수 있다. <개정 2008.3.28>

제4장 국어능력의 향상

제23조 (국어능력의 검정) ① 문화체육관광부장관은 국민의 국어능력의 향상과 창조적인 언어생활의 정착을 위하여 국어능력을 검정할 수 있다. <개정 2008.2.29>

② 제1항의 규정에 의한 국어능력의 검정방법·절차·내용

및 시기에 관하여 필요한 사항은 대통령령으로 정한다.

제24조 (국어문화원의 지정 등 <개정 2008.3.28>) ① 문화체육관광부장관은 국민들의 국어능력을 높이고 국어와 관련된 상담을 할 수 있도록 대통령령이 정하는 전문인력과 시설을 갖춘 국어관련 전문기관・단체 또는 고등교육법 제2조의 규정에 의한 학교의 부설기관 등을 국어문화원으로 지정할 수 있다. <개정 2008.2.29, 2008.3.28>

② 국가는 제1항의 규정에 따라 지정된 국어문화원에 대하여 운영에 필요한 경비의 일부를 예산의 범위 안에서 보조할 수 있다. <개정 2008.3.28>

③ 문화체육관광부장관은 지정된 국어문화원이 전문인력과 시설을 유지하지 못하여 국어문화원으로서의 기능을 계속 수행하기 어렵다고 인정할 때에는 지정을 취소할 수 있다. <개정 2008.2.29, 2008.3.28>

④ 제1항의 규정에 의한 국어문화원의 지정방법 등에 관하여 필요한 사항은 대통령령으로 정한다. <개정 2008.3.28>

부칙 <제7367호, 2005.1.27> 생략

Ⅱ. 국어기본법 시행령

국어기본법 시행령[시행 2008.10.20]

　　　[대통령령 제21087호, 2008.10.20, 타법개정]

제 1 조 (목적) 이 영은 「국어기본법」에서 위임된 사항과 그 시행에 관하여 필요한 사항을 규정함을 목적으로 한다.

제 2 조 (실태조사의 세부 사항 등) ① 「국어기본법」(이하 "법"이라 한다) 제9조의 규정에 의하여 실시하는 실태조사는 다음 각 호의 사항을 대상으로 한다.

　　1. 듣기 · 말하기 · 읽기 및 쓰기 능력 등 국민의 국어능력에 관한 사항

　　2. 경어(敬語) · 외래어 · 외국어 · 표준어 및 지역어 사용 의식 등 국민의 국어의식에 관한 사항

3. 국어 사용 환경에 관한 다음 각 목의 사항

   가. 국민의 듣기·말하기·읽기 및 쓰기 등의 실태

   나. 국민의 경어·외래어·외국어·표준어 및 지역어 등의
   사용 실태

   다. 신문·방송·잡지 및 인터넷 등 대중매체에서의 언어
   사용 실태

   라. 가요·영화·광고·상호 및 상표 등에서의 언어 사용
   실태

② 국어책임관의 임무는 다음과 같다.

1. 해당 기관이 수행하는 정책의 효과적인 대국민 홍보를 위
   한 알기 쉬운 용어의 개발과 보급 및 정확한 문장의 사용
   장려

2. 해당 기관의 정책 대상이 되는 사람들의 국어사용환경 개
   선 시책의 수립과 추진

3. 해당 기관 직원의 국어능력 향상을 위한 시책의 수립과 추진

4. 기관 간 국어와 관련된 업무의 협조

제 4 조 (어문규범의 영향평가) ① 법 제12조제2항의 규정에 의한 어문
규범에 관한 영향평가는 다음 각 호의 사항을 대상으로 한다.

1. 어문규범이 국민의 국어사용에 미치는 영향

   가. 어문규범의 필요성 및 중요성 등에 대한 국민의 인식

   나. 어문규범으로 인한 국민의 국어 사용의 변화 정도

2. 어문규범의 현실성 및 합리성

가. 어문규범에 대한 국민의 인지도 및 수용도

나. 어문규범에 대한 국민의 만족도

제11조 (공문서의 작성과 한글 사용) 법 제14조제1항 단서의 규정에 의하여 공공기관의 공문서를 작성하는 때에 괄호 안에 한자나 외국 문자를 쓸 수 있는 경우는 다음 각 호와 같다.

1. 뜻을 정확하게 전달하기 위하여 필요한 경우

2. 어렵거나 낯선 전문어 또는 신조어(新造語)를 사용하는 경우

제13조 (한국어교원 자격 부여 등) ① 법 제19조제2항의 규정에 의하여 재외동포나 외국인을 대상으로 국어를 가르치는 자(이하 "한국어교원"이라 한다)의 자격은 다음 각 호와 같다.

1. 한국어교원 1급

한국어교원 2급인 자로서, 대학 또는 이에 준하는 외국의 대학에서 외국어로서의 한국어를 가르친 경력과 대학 또는 이에 준하는 외국의 대학에 부설된 외국어로서의 한국어교육 과정에서 한국어를 가르친 경력(이하 "한국어교육경력"이라 한다)이 5년 이상인 자

2. 한국어교원 2급

가. 외국어로서의 한국어교육 분야를 주전공 또는 복수전공으로 하여 학사 이상의 학위를 취득한 자로서, 별표 1에서 정한 영역별 필수이수학점을 취득한 자

나. 제3호 가목에 해당하는 한국어교원 3급인 자로서, 한국어교육경력이 3년 이상인 자

다. 제3호 나목에 해당하는 한국어교원 3급인 자로서, 한국
　　어교육경력이 5년 이상인 자

3. 한국어교원 3급
　가. 외국어로서의 한국어교육 분야를 부전공으로 하여 학사
　　　이상의 학위를 취득한 자로서, 별표 1에서 정한 영역별
　　　필수이수학점을 취득한 자
　나. 별표 1에서 정한 영역별 필수이수시간을 충족하는 한국
　　　어교원 양성과정을 이수하고, 제14조의 규정에 의한 한
　　　국어교육능력검정시험에 합격한 자

② 문화체육관광부장관은 제1항의 규정에 의한 영역별 필수이
수학점 또는 필수이수시간에 관한 사항을 심의하기 위하여 문
화체육관광부에 한국어교원자격심사위원회를 두되, 그 구성과
운영에 관하여는 문화체육관광부장관이 정하여 고시한다. <개
정 2008.2.29>

③ 문화체육관광부장관은 제1항의 규정에 의한 자격을 갖춘
자에게 별지 제1호서식의 한국어교원 자격증을 교부한다. <개
정 2008.2.29>

제14조 (한국어교육능력검정시험 실시) ① 문화체육관광부장관은 외국
　　　어로서의 한국어교육의 질을 높이기 위하여 매년 1회 이상 한
　　　국어교육능력검정시험(이하 "한국어교육능력검정시험"이라 한
　　　다)을 실시하여야 한다. <개정 2008.2.29>

② 한국어교육능력검정시험의 영역 및 검정방법은 별표 2와 같다.

③ 한국어교육능력검정시험의 합격자는 필기시험에서 각 영역의 40퍼센트 이상, 전 영역 평균 60퍼센트 이상 득점하고 면접시험에 합격한 자로 한다.

제18조 (국어능력의 검정방법) ① 법 제23조제1항의 규정에 의한 국어능력의 검정은 다음 각 호의 모든 분야에 대하여 시험을 실시하는 것으로 한다.

1. 듣기
2. 말하기
3. 읽기
4. 쓰기
5. 그 밖에 국어사용에 필요한 사항

② 문화체육관광부장관은 필요하다고 인정하는 경우에 국어능력 검정시험의 출제·시행·채점 및 관리에 관한 업무를 다음 각 호의 요건을 갖춘 전문기관이나 단체로 하여금 수행하게 할 수 있다. <개정 2008.2.29>

1. 비영리법인일 것
2. 국어능력검정시험을 실시할 수 있는 인력과 시설을 갖출 것
3. 국어능력검정시험에 관한 전문성을 갖출 것

③ 문화체육관광부장관 또는 제2항의 규정에 의하여 국어능력 검정시험 업무를 수행하는 기관이나 단체는 국어능력검정을

실시한 때에는 그 검정 결과를 응시자에게 통보하거나 응시자
가 열람할 수 있도록 하여야 한다. <개정 2008.2.29>

제19조 (국어 상담소의 지정 등) ① 법 제24조제1항의 규정에 의하여
국어 상담소로 지정받고자 하는 자는 다음 각 호의 요건을 모
두 갖추어야 한다.
1. 다음 각 목에 해당하는 상담 전문 인력을 갖출 것
   가. 국어국문학·국어교육학 또는 언어학 등의 분야에서
       박사과정을 수료하거나 박사 학위를 소지한 자 또는
       대학의 국어 관련 학과와 그 부설 연구소·상담소, 국
       어 관련 단체나 학회에서 8년 이상 강의·연구·상담
       또는 근무 경력이 있는 상근 책임자 1인
   나. 국어국문학·국어교육학 또는 언어학 등의 분야에서
       석사 학위를 소지하거나, 대학의 국어 관련 학과와 그
       부설 연구소·상담소, 국어 관련 단체나 학회에서 6년
       이상 강의·연구·상담 또는 근무 경력이 있는 상근
       상담원 2인 이상
2. 상담실 및 행정실과 통신 장비를 이용하여 상담할 수 있는
   시설을 갖출 것

② 국어 상담소로 지정받고자 하는 자는 별지 제2호서식의 국
어 상담소 지정신청서에 다음 각 호의 서류를 첨부하여 문화
체육관광부장관에게 제출하여야 한다. <개정 2008.2.29>
1. 국어 상담소 운영계획서

2. 최근 3년간 관련 사업의 추진실적을 기재한 서류

③ 국어 상담소로 지정된 기관은 전년도의 상담 실적을 매년 1월말까지 문화체육관광부장관에게 통보하여야 한다. <개정 2008.2.29>

부칙 〈제18973호, 2005.7.27〉

제 1 조 (시행일) 이 영은 2005년 7월 28일부터 시행한다.

제 2 조 (한국어교원 자격부여에 관한 경과조치) ① 문화관광부장관은 이 영 시행 전에 외국어로서의 한국어교육 분야의 학사 이상 의 학위를 취득하였거나 이 영 시행 전에 대학 또는 대학원에 입학한 자로서 이 영 시행 후에 한국어교육 분야의 학사 이상 의 학위를 취득하는 자에게는 제13조 제1항 제2호 가목의 규 정에 불구하고 한국어 교원자격심사위원회의 심의를 거쳐 한 국어교원 2급의 자격을 부여할 수 있다.

② 문화관광부장관은 이 영 시행 전에 800시간 이상의 한국어 교육경력이 있거나 한국어 교육능력을 인증하는 시험에 합격 한 자에게는 제13조 제1항 제3호의 규정에 불구하고 한국어교 원자격심사위원회의 심의를 거쳐 한국어교원 3급의 자격을 부 여할 수 있다.

③ 문화관광부장관은 이 영 시행 전에 한국어 교사를 양성하

는 과정을 이수하였거나 이 영 시행 전에 한국어 교사를 양성하는 과정에 등록하여 이 영 시행 후에 한국어 교사를 양성하는 과정을 이수하는 자로서 이 영 시행 후에 제14조의 규정에 의한 한국어교육능력검정시험을 합격한 자에게는 제13조 제1항 제3호의 규정에 불구하고 한국어교원자격심사위원회의 심의를 거쳐 한국어교원 3급을 부여할 수 있다.

[별표 1] 한국어교원 자격 취득에 필요한 영역별 필수이수학점 및 이수시간 제13조 제1항 관련)

번호	영역	과목 예시	대학의 영역별 필수이수학점		대학원의 영역별 필수이수학점	한국어 교원양성 과정 필수이수 시간
			주전공 또는 복수전공	부전공		
1.	한국어학	국어학개론, 한국어음운론, 한국어문법론, 한국어어휘론, 한국어의미론, 한국어화용론(화용론), 한국어사, 한국어문규범 등	6	3	3~4	30
2.	일반언어학 및 응용언어학	응용언어학, 언어학개론, 대조언어학, 사회언어학, 심리언어학, 외국어습득론 등	6	3		12
3.	외국어로서의 한국어교육론	한국어교육개론, 한국어교육과정론, 한국어평가론, 언어교수이론, 한국어표현교육법(말하기, 쓰기), 한국어발음교육론, 한국어문법교육론, 한국어한자교육론, 한국어교재론, 한국문화교육론, 한국어교육정책론, 한국어번역론 등	24	9	9~10	46
4.	한국문화	한국민속학, 한국의 현대문화, 한국의 전통문화, 한국문학개론, 전통문화현장실습, 한국현대문화비평, 현대한국사회, 한국문화의 이해 등	6	3	2~3	12
5.	한국어교육실습	강의 참관, 모의 수업, 강의 실습 등	3	3	2~3	20
	합계		45	21	18	120

[서식 1] 한국어교원 자격증

[별지 제1호서식] 〈개정 2008.2.29〉

제   호   한국어교원 자격증   이 름   주민등록번호   자 격   「국어기본법」 제19조 제2항 및 동법 시행령 제13조 제3항의 규정에 의하여 한국어교원의 자격이 있음을 인정하고 이 증서를 수여합니다.   년   월   일   문화체육관광부장관
1. 검정 종별   2. 법정 해건 자격기준   「국어기본법 시행령」 제13조 제1항 자격기준 제   호   목   3. 수여 조건

210mm×297mm(보존용지(1종) 120g/㎡)

제 7 부

한국어 관련 시험

Ⅰ. 한국어능력시험(TOPIK)

교육과학기술부, 문화체육관광부, 법무부

개 요

□ 시험의 목적

- 한국어를 모국어로 하지 않는 외국인 및 재외동포들에게 한국어 학습방향을 제시하고, 한국어 보급 확대
- 한국어 사용 능력을 측정·평가하여 그 결과를 유학 및 취업 등에 활용

□ 응시대상

- 한국어를 모국어로 하지 않는 외국인 및 재외동포로서
  - 한국어 학습자
  - 국내 대학 유학 희망자
  - 국내·외 한국기업체 취업 희망자
  - 외국의 학교 재학 또는 졸업자

□ 시험 관리 기관

- 총 괄 : 교육과학기술부
- 주 관 : 한국교육과정평가원
- 시 행 : 각국 주재 한국대사관(총영사관), 한국교육원 등

□ 시험 구분

- 일반 한국어능력시험(Standard TOPIK, S-TOPIK)
  - 한국문화 이해 및 유학 등에 필요한 한국어능력 측정·평가
- 실무 한국어능력시험(Business TOPIK, B-TOPIK)
  - 일상생활 및 한국 기업체의 취업에 필요한 의사소통능력 측정·평가

□ 평가방법

- 일반 한국어능력시험(Standard TOPIK, S-TOPIK)
  - 시험종류 : 3종(초급, 중급, 고급)
  - 평가등급 : 6개 등급(1급~6급)

시험 종류	초급		중급		고급	
평가등급	1급	2급	3급	4급	5급	6급
등급결정	시험성적에 따라 응시한 시험 내에서 평가등급 결정					

  - 평가영역 : 4개 영역(어휘·문법, 쓰기, 듣기, 읽기)
  - 배 점 : 각 영역별 100점씩 총 400점 만점
- 실무 한국어능력시험(Business TOPIK, B-TOPIK)
  - 평가영역 : 4개 영역(어휘·문법, 쓰기, 듣기, 읽기)
    * 소양능력 테스트 관련 문항을 각 영역별로 안배하여 총 20% 출제

- 배점 : 영역별 100점씩 400점 만점
  * 평가등급이 없으며 취득 점수에 따른 점수제
- 출제 수준 : 한국어를 사용하여 일상생활 및 기업체 등에서 기본적인 업무를 수행할 수 있는 수준

□ 기타

• 합격자 발표 : 2009. 6. 3.(수) 홈페이지(http://topik.or.kr) 공고
• 문의처 : 한국 교육 과정 평가원 인재선발관리1부
  - T. 02-3704-3905, F. 02-3704-3900, http://topik.or.kr

'09 상반기 한국어능력시험(TOPIK) 실시 지역 및 지원자 현황

국 가		응시자 14회('08년 하반기)			지원자 15회('09년 상반기)		
		일반	실무	계	일반	실무	계
아시아	한국	7,108	193	7,301	9,329	198	9,527
	일본	5,226	-	5,226	4,512	-	4,512
	중국	18,798	38,940	57,738	20,070	56,228	76,298
	몽골	291	-	291	556	-	556
	베트남	734	26	760	421	6	427
	태국	565	5	570	-	-	-
	대만	1,029	33	1,062	-	-	-
	필리핀	68	-	68	111	-	111
	싱가포르	57	-	57	-	-	-
	방글라데시	63	-	63	41	-	41
	말레이시아	79	-	79	105	-	105
	미얀마	481	6	487	-	-	-
	인도	134	-	134	151	-	151
	인도네시아	-	-	-	140	-	140
	라오스	54	-	54	-	-	-

	파키스탄	–	–	–	258	18	276
중앙 아시아	카자흐스탄	122	–	122	365	–	365
	키르기즈스탄	45	–	45	153	–	153
	우즈베키스탄	552	–	552	988	–	0
	타지키스탄	50	–	50	102	–	102
	아제르바이잔	–	–	–	60	–	60
북미	미국	–	–	–	1,544	24	1,568
	캐나다	–	–	–	251	8	259
남미	브라질	304	5	309	–	–	–
	파라과이	25	4	29	73	–	73
	아르헨티나	175	–	175	–	–	–
유럽	독일	–	–	–	86	–	86
	영국	–	–	–	43	1	44
	프랑스	–	–	–	77	3	80
	러시아	264	–	264	–	–	–
	터키	36	5	41	77	–	77
	체코	–	–	–	18	1	19
오세 아니아	호주	336	–	336	–	–	–
아프리카	이집트	–	–	–	123	–	123
계	34개국	36,596	39,217	75,813	39,531	56,487	96,018

연도별 한국어능력시험(TOPIK) 실시 현황

연도	회차	시행일	시행국가 및 지역	시험 결과			주관
				지원자	응시자	합격자	
1997	제1회	'97.10.26	4개국 14지역	2,692	2,274	711	학진1)
1998	제2회	'98.10.25	6개국 17지역	3,227	2,663	1,011	
1999	제3회	'99.10.24	7개국 20지역	3,926	3,445	2,513	교과평2)
2000	제4회	'00.10.14 ~15	9개국 28지역	5,976	4,850	2,920	
2001	제5회	'01.9.15 ~16	10개국 32지역	7,475	6,049	3,364	
2002	제6회	'02.9.14 ~15	10개국 32지역	8,788	7,306	4,534	
2003	제7회	'03.9.20 ~21	13개국 40지역	12,187	10,416	6,362	
2004	제8회	'04.9.11 ~12	16개국 47지역	17,545	15,279	9,558	
2005	제9회	'05.9.24 ~25	25개국 62지역	26,611	23,401	14,548	
2006	제10회	'06.9.23 ~24	28개국 73지역	34,028	30,270	16,456	
2007	제11회 (상반기)	'07.4.21 ~22	15개국 36지역	(일반)13,247 (실무)359	(일반)12,030 (실무)326	(일반)7,655 (실무)326	
	제12회 (하반기)	'07.9.15 ~16	23개국 72지역	(일반)36,886 (실무)32,389	(일반)31,783 (실무)28,153	(일반)19,112 (실무)28,153	
	소 계 (28개국 83지역)			82,881	72,292	26,767	
2008	제13회 (상반)	'08.4.19 ~20	18개국 62지역	(일반)31,796 (실무)42,166	(일반)26,864 (실무)40,139	(일반)17,449 (실무)40,139	
	제14회 (하반)	'08.9.20 ~21	24개국 86지역	(일반)42,497 (실무)43,286	(일반)36,596 (실무)39,217	(일반)18,881 (실무)39,217	
	소 계 (31개국 101지역)			159,745	142,816	115,686	
2009	제15회	'09.4.18 ~19	25개국 97지역	(일반)39,654 (실무)56,487			

1) 한국학술진흥재단
2) 한국교육과정평가원

II. 노동부 고용허가제
한국어능력시험(EPS-KLT)*

1. 외국인근로자의 고용 등에 관한 법률 시행령

제13조 (한국어능력시험)

③ 한국어능력시험은 매년 3회 이상 실시하며, 객관식 필기시험을 원칙으로 하되, 주관식 필기시험을 일부 추가할 수 있다.<개정 2006.6.30>

④ 한국어능력시험의 내용에는 대한민국의 문화에 대한 이해와 산업안전 등 근무에 필요한 기본사항이 포함되어야 한다.<개정 2006.6.30>

---

* EPS-KLT : Employment Permit System-Korean Language Test

2. 한국어능력시험 실시 현황

☐ 공개제안 입찰을 통해 시험 시행기관으로 한국어세계화재단 및 한글학회를 선정('05.3.23)

☐ 10여 차례 실무회의와 실무작업반(T/F) 회의를 통해 한국어능력시험 운영방안 확정('05.5.31)

- 시험을 듣기, 읽기 두개 영역으로 구성하고 각 25문항씩 출제
- 시험내용은 한국사회에 대한 기본적 이해와 업무수행, 산업안전 등 취업활동에 필요한 기본적 사항을 포함
- 원칙적으로 영역별 40점 이상이고 全 영역 평균이 60점 이상인 자를 우선 대상자로 하여 구직자명부에 포함

☐ 지난 8.28 스리랑카, 9.11 태국, 필리핀, 인도네시아, 몽골 등 5개국에서 첫 시험 시행

- 응시대상 총 26,983명 중 26,797명이 응시(응시율 99.3%)

III. KBS한국어능력시험[*]

1. KBS한국어능력시험

01. 국가공인자격

KBS 주최, KBS한국어진흥원 주관, 국립국어원 공식 인증

국가공인 한국어능력 자격검정 – 문화체육관광부 공인 제2009-01호

※ 국가공인 취득자에 대한 우대

- 자격기본법 제23조, 제30조에 의거 국가자격취득자와 동등한 대우 및 혜택
- 교육과학기술부 훈령 제676호 제10조에 의거 학교생활기록부에 등재, 입시에 반영

---

02. 자격종목 및 등급

1급, 2+급, 2-급, 3+급, 3-급, 4+급

03. 자격증 및 성적 유효기간

성적 조회 개시일로부터 만2년

2. KBS한국어말하기능력시험

01. 성격

점수와 등급 제공과 '설명, 설득, 프레젠테이션, 표준발음' 등 말하기 능력과 관련된 네 가지 영역의 성취도를 평가와 관련된 정보 공개.

02. 목적

02-1. 실제 언어 사용 능력 측정 수요 충족

02-2. 지필 평가만으로 측정 불가한 실제 언어 사용 능력의 정확한 평가

03. 원리

원리1 : 실제 능력을 평가하는 실제 수행 능력 평가

원리2 : 주어진 과제(task)를 해결하는 과제 기반 평가

원리3 : 직무에 필요한 언어 수행 능력을 평가하는 직무 중심 평가

말하기 능력이 필요한 대표 7개의 직군 :

응시영역	대 상	활 용
공 무	공무원·공사 지원자 및 종사자	자기점검, 임용, 승진
군인·경찰	경찰, 군간부 지원자 및 종사자	자기점검, 임용, 승진
교강사	교사 및 강사 지원자 및 종사자	자기점검, 교강사 채용
청소년	중·고등학교 학생	자기점검, 진학 면접
언론사	언론사 지원자 및 종사자	자기점검, 채용 및 승진
직 무	일반회사 지원자 및 종사자	자기점검, 임용, 승진
외국인	국내외 거주 외국인	자기점검, 채용 면접

04. 시스템

04-1. 진행

※ 설득과제, 설명과제, 프레젠테이션 과제, 낭독 과제 부여, 현장
  평가관 앞에서 말하기 평가 실시. 공정한 평가와 공증 파일 구축
  －수행과정 녹화.

과 제	구 성
설 명	공문 읽고 → 요지를 파악하고 → 설명하기
설 득	상황 읽고 → 입장을 정리하고 → 설득하기
프레젠테이션	자료 읽고 → 해석하고 → 프레젠테이션
낭 독	표준발음, 명료도 등을 측정할 수 있는 낭독 텍스트

04-2. 측정단계

※ 내용 구성력과 전달능력 점수 구분 부여.

※ 수험생 한 명당 3명의 평가관이 점수를 부과하며 낭독을 통한
  표준발음 측정은 평가관 실명제로 실시.

※ 낭독은 평가자 실명제(KBS한국방송 아나운서)로 전문가 소견 평
  가 형식으로 피드백 제공.

관리번호	측정 요소	척 도	
설명	내용구성	점 수	구 분
	표현력	80~100	탁월하다
설득	내용구성	60~79	우수하다
	표현력	40~59	보통이다
프레젠테이션	내용구성	20~39	미흡하다
	표현력	0~19	저조하다
낭독	표준발음 준수율	옳게 발음한 개수 / 표준발음 측정 어휘 개수	
	전문가 총평	KBS한국방송 아나운서	

04-3. 내용 구성 능력과 표현 능력의 구분

내용 구성 능력	말의 내용을 구성할 아이디어를 창의적으로 생성해 낼 수 있으며, 이를 목적, 대상, 상황에 적절하게 조직할 수 있는 능력.
표현 능력	말의 내용을 구어의 특성에 맞게 정확하고 효과적으로 표현하는 능력. 발음, 어조, 속도 등 음성적 요소와 몸동작, 시선 등 비언어적 요소 포함.

04-4. 결과 통보 및 활용

※ 평가관의 점수 부여 현황을 상자 그림(Box Plot)으로 구현하여 제공.

※ 평균점, 상자 그림 제시 – 평가 과정 전반 투명 공개.

※ 수험생은 자신의 말하기 모습을 동영상으로 확인할 수 있으며(자기 점검), 채용기관에 자신의 자료를 전송할 수 있음.(공증)

	채용 기관	응시자
효과 ①	지원자의 말하기 능력 공증	자기 점검 가능
효과 ②	지원자의 공증 파일을 수령하여 자체 평가 가능	말하기 진단 자료 수령

Ⅳ. 견본문제*

01 | 듣기영역

[문제 1] 관광 안내원이 설명하고 있는 탑은?

> 자, 그럼, 탑의 부분별 명칭을 말씀드리겠습니다. 탑은 기단부, 탑신부, 상륜부로 이루어집니다. 기단부는 석탑의 맨 밑에 높게 만든 단으로 탑의 밑받침이 되는 구축물입니다. 그리고 탑신부는 탑의 몸체가 되는 부분으로 기단부 위에 얹힙니다. 탑신부는 사리를 봉안하는 탑의 중심부입니다. 상륜부는 탑의 맨 위에 얹히는 부분인데, 가장 장식적입니다. 아시겠죠? 그럼 이제 이 탑에 대해 살펴볼까요? 전체적으로 보면 이 탑은 네모반듯한 모양의 이중 기단 위에 3층의 탑신을 올리고, 마지막으로 상륜부를 올렸어요. 기단은 상층과 하층으로 구분됩니다. 하층 기단은 넓게 만든 반면에 높이를 낮게 했고, 상층 기단은 높게 만든 반면에 폭을 좁게 해서 서로 균형을 이루도록 했습니다. 탑신의 1층은 2층보다 훨씬 높습니다. 2층과 3층의 높이는 1층 높이의 반 이하로 줄어듭니다. 3층은 2층보다도 약간 낮게 만들었고, 폭과 지붕돌은 위로 올라가면서 조금씩 줄어듭니다. 기단부와 탑신부는 아무런 조각이 없어 간결하고 장중하

* KBS, KBS한국어능력시험, http://www.klt.or.kr/test/speech.php

며, 각 부분의 비례가 아름다워 전체의 균형도 알맞고 안정된 느낌을 주죠. 상륜부는 크기가 작은 여러 석재들을 높이 쌓아 만들었고 세밀한 조각들이 많이 새겨져 있습니다. 주악비천상, 공양비천상이 섬세하게 조각되어 있죠. 자, 이제 이 탑의 아름다움을 감상해 보세요.

①  ②  ③

④  ⑤

02 어휘어법

[문제 2] 겹받침의 발음을 소리 나는 대로 바르게 적은 것은?

① 내일 날씨는 그다지 맑지[말찌] 않겠습니다.

② 중언부언 하지 말고 짧게[짭께] 얘기합시다.

③ '얇다'[얍따]와 '가늘다'를 혼동하는 이가 많다.

④ 문지방을 밟고[밥ː꼬] 다니면 좋지 않다

⑤ 넓디넓은[넙띠널븐] 평야를 바라보니 기분이 상쾌하다.

[문제 3] 사이시옷의 쓰임이 모두 바른 것은?

    ① 뒷풀이, 뒤뜰   ② 촛점, 허점   ③ 숫꿩, 숫나사

    ④ 우윳빛, 수돗물 ⑤ 댓가(代價), 개수(個數)

[문제 4] 외래어 표기가 바른 것은?

    ① 랑데부   ② 말레이시아   ③ 알루미늄 샤시

    ④ 스프링클러   ⑤ 발렌타인데이

[문제 5] 밑줄 친 시간어의 풀이가 바른 것은?

    ① 이 대회는 <u>해거리</u>로 열린다. → 해마다

    ② <u>해동갑</u>으로 밭일을 하였다. → 해가 뜰 때까지의 때

    ③ <u>해거름</u>이 되니 추워진다. → 해가 거의 넘어갈 무렵

    ④ 이따가 <u>들마</u>에 들르겠습니다. → 가게의 문을 열 무렵

    ⑤ <u>해포</u> 만에 가슴이 탁 트이는 통쾌감을 맛보았다. → 일 년 반
      의 시간

[문제 6] 한자어 병기가 바른 것은?

    ① <u>국가보훈처(國家報訓處)</u>는 호국 보훈의 달을 맞아 ② <u>호국영</u>
<u>령(護國永靈)</u>들의 숭고한 뜻을 기리고자 '변화·혁신 워크숍'에서
'국가 보훈은 대한민국의 과거-현재-미래입니다'라는 혁신 비
전을 선포하였다. 이날 선포된 혁신 비전은 전 직원이 참여하여
수차에 걸친 ③ <u>의견수렴(意見收廉)</u>을 통해 결정된 '참여형 비전'
이다. ④ <u>혁신목표(革新目標)</u>는 '최고의 서비스, 참여하는 보훈,
혁신하는 조직'으로 설정했다. 이 비전은 나라 위해 공헌하고 희
생한 분들에게 현재의 우리가 존경과 예우를 함으로써, 대한민
국의 영속성을 보장하는 ⑤ <u>초석(楚石) 역할(役割)</u>을 국가보훈처
가 하겠다는 의미를 담고 있다.

[문제 7] 다음 ( ) 안에 공통적으로 들어갈 수 있는 단어로 가장 적절한 것은?

> • 위대한 작품은 (　)으로 느껴야 한다.
> • 웅보는 전성창의 말만 들어도 (　)에 응어리진 것이 풀리는 것 같았다.
> • 그는 자신의 (　)에 비추어 한 치의 부끄러움도 없는 삶을 살려고 노력했다.

① 안　② 마음　③ 가슴　③ 정신　③ 신장

03 | 쓰기

[문제 8] 〈보기〉는 '수질 보전 대책'이라는 제목으로 보고서를 작성하기 위한 개요의 초안이다. 개요를 수정하면서 구체화하는 방안으로 적절하지 않은 것은?

> **보기**
> 1. 서론
> 2. 수질 현황과 주요 오염원
>   2.1. 수질 환경 기준
>   2.2. 수질 오염 추이
>   2.3. 수질 오염의 주요 원인
>   2.4. 수질 오염 물질의 배출 기준 설정
> 3. 수질 보전을 위한 분야별 대책
>   3.1. 상·중·하수도 관리 대책
>   3.2. 강과 하천, 해양의 관리 대책
>   3.3. 생활 오수 관리 대책
>   3.4. 산업 폐수 관리 대책
>   3.5. 축산 폐수 관리 대책
> 4. 결론

① 서론에서 수질 오염 문제가 심각해지고 있다는 점을 환기시킴으로써, '2'의 내용과 자연스럽게 연결될 수 있도록 한다.
② '2.4. 수질 오염의 배출 기준 설정'은 '2.1. 수질 환경 기준'에

포함시켜 배출 기준만을 간단히 언급하고, 새로운 기준 설정
강화와 관련된 내용은 '3'에서 각각 언급한다.

③ '3'의 하위 항목들의 '관리 대책'이란 표현은 중복되므로 삭
제하고, 그 대신에 '3. 수질 보전을 위한 분야별 관리 대책'으
로 고친다.

④ '3.3.', '3.4.', '3.5.'의 항목들은 '3.1.', '3.2.'와 층위가 다르므
로 삭제하거나, '2.3.'에 포함시켜서 다룬다.

⑤ 결론에서는 무엇보다도 오염원에 대한 관리가 중요하며, 지
속적인 보전 운동이 뒤따라야 한다는 점을 강조한다.

04 | 말하기

[문제 9] 다음 대화에서 언어 예절을 바르게 사용한 것은?

> 영호는 어머니를 모시고 병원에 가다가 담임선생님을 만났다.
> 영 호 : ① (어머니께) 어머니, 우리 선생님이십니다. (선생님께) 저희 어머님이
> 십니다.
> 어머니 : 처음 뵙겠습니다.
> 선생님 : 안녕하십니까? 영호 담임을 맡고 있는 박현수입니다.
> 영 호 : ② 어머니는 병으로 입원 중이신데 집에 볼일이 계셔서 잠깐 나오셨
> 어요.
> 어머니 : 선생님 덕분에 영호가 공부에 흥미를 갖게 되었어요.
> ③ 집에 돌아오면 꼭 한 가지씩 저에게 여쭤 봐요.
> 영 호 : ④ 성적이 안 좋아서 아버님한테 야단을 많이 맞았는데 요즘은 책을
> 보는 것이 재미있고,
> ⑤ 어머니께 모르는 것을 자주 여쭙곤 해요.

[문제 10] 다음 내용을 텔레비전 뉴스로 보도할 때 그 자막(字幕)으로 가장 적절한 것은?

일반적으로 인간의 왼쪽 뇌는 얼굴의 오른쪽을 통제하며 언어활동과 밀접한 관련이 있는 반면에, 오른쪽 뇌는 얼굴 왼쪽을 통제하며 감정 상태와 연관되는 것으로 알려져 있다. 이와 관련하여 원숭이의 경우는 어떠한지 조사한 연구 결과가 발표되었다.

하버드 대학교 마크 하우저의 정밀 조사 결과에 따르면, 히말라야 원숭이들은 두려움에 얼굴을 찌푸리는 표정 두 종류와 위협을 가하는 표정 두 종류 등 모두 네 가지 표정을 보여주었다고 한다. 두려움에 얼굴을 찌푸린 표정은 주로 하위의 원숭이가 상위의 원숭이로부터 공격을 받거나 주눅이 들었을 때 나타났다. 또 얼굴을 찌푸리는 표정은 두려움에 얼굴을 찌푸린 표정과 비슷하나 좀 더 빠르게 스쳐 지나간다.

하우저는 대부분의 원숭이들에서 얼굴의 왼쪽이 오른쪽보다 더 일찍 움직이고 더 극단적인 표현을 하며, 상태가 더 오래 간다는 사실을 발견했다. 이러한 연구 결과는 히말라야 원숭이 역시 오른쪽 뇌가 감정 표현을 지배한다는 사실을 암시한다. 일본원숭이를 대상으로 한 기존의 연구에서도 왼쪽 뇌는 소리 신호의 인식과 더 관계가 있다는 것이 입증된 바 있다.

요컨대, 원숭이 뇌의 좌반구는 의미를 담은 소리 신호를, 우반구는 감정을 드러내는 얼굴 표정을 관장한다는 점에서 인간과 마찬가지로 '비대칭성'을 보여주고 있는 셈이다.

① 원숭이의 얼굴 표정과 감정-'찌푸림'과 '위협'이 대부분
② 원숭이 뇌 인간과 크게 달라-하우저 교수의 새로운 발견
③ 원숭이의 독특한 감정 표현-오른쪽 뇌가 주로 담당
④ 히말라야 원숭이 연구-인간과 유사한 감정과 표정 지녀
⑤ 원숭이 뇌 구조 인간과 유사-좌우반구 역할 분담 확인

    미국의 현대 미술가 잭슨 폴록(1912~1956)은 '미술계의 제임스 딘'으로, 서양 회화사에 일대 혁신을 가져온 미술가다. 폴록이 사망한 이후 현대 물리학자들은 최신 물리학 이론으로 그의 작품을 새롭게 조명하고 있다. 폴록은 헛간 바닥에 커다란 캔버스를 깔고 천장에는 길이가 1~2미터 정도 되는 줄로 물감통을 매달았다. 물감통 바닥에 구멍을 뚫어 물감이 흘러내리게 한 다음, 손이나 어깨 혹은 몸으로 물감통을 이리저리 치면서 물감통의 운동을 조절했다. 그러면 물감통에서 흘러내린 물감들이 바닥 캔버스에 알 수 없는 궤적들을 그리게 된다. 그는 추의 주기 운동에 몸으로 충격을 가하는 방식으로 그림을 그렸던 것이다. 자신의 ⓐ 무의식적 몸놀림과 물감통의 흔들림이 빚어내는 그 궤적들 속에서 그는 '무의식이 발현된 창조적인 이미지'를 찾아내길 희망했을 것이다.

    그런데 1984년 로버트 쇼는 수도꼭지에서 떨어지는 물방울들 사이의 시간 간격이 카오스적이라는 사실을 알아냈다. 물방울들이 떨어지는 운동은 물방울들을 아래로 잡아당기는 중력과 계속 수도꼭지 끝에 붙어 있으려는 물방울의 점성에 의해 결정된다. 그에 의하면, 물방울이 떨어지는 시간 간격의 흐름은 굉장히 불규칙해 보이지만 사실은 그 안에 비선형 방정식으로 표현되는 간단한 법칙이 존재하고 있다는 것이다. 리처드 테일러는 이 실험에 힌트를 얻어 폴록의 그림이 ⓑ '처음도 끝도 없는 무작위 패턴'인지 아닌지를 계산해 보기로 했다.

    우리 주변을 둘러싸고 있는 자연의 패턴들, 예를 들면 ⓒ 인간의 지문이나 해안선의 모양, 숲에 나뭇가지가 뻗어 있는 모양 등을 보면 일견 아주 복잡해 보이지만 나름대로 규칙성을 가지고 있다. 이와 같이 아무리 작은 스케일에서 들여다보더라도 미세한 부분들이 전체 구조와 유사한 구조를 무한이 되풀이하고 있는 양상, 즉 '자기 유사성'은 자연의 패턴들이 보이는 가장 중요한 특징 중의 하나로, 만텔브로트는 이것을 '프랙탈(Fractal)'이라고 불렀다.

    리처드 테일러는 먼저 컴퓨터로 스캔한 폴록의 그림을 유심히 관찰했다. 폴록의 그림에는 두 가지 요소가 변수로 작용하고 있었는데, 하나는 폴록이 자신의 몸으로 물감통을 치는 행위이고 다른 하나는 물감이 통에서 흘러내리는 운동이었다. 이 두 가지 운동은 서로 다른 스케일로 그림의 궤적에 영향을 미쳤다. 그의 몸이 만들어 내는 궤적은 움직임이 컸기 때문에 5cm와 2.5m사이에서 긴 궤적들을 만들어 내는 반면, 물감이 떨어지는 운동은 1mm와 5cm 사이 궤적들을 만들어냈다. 테일러는 이 두 스케일을 구분해서 그림의 차원을 계산한 결과, 그의 그림들은 작은 스케일에서는 1.1~1.3의 차원을 만들어 내는 한편, 큰 스케일에서는 2와 3사이의 차원을 가지고 있었다. 그는 이것을 통해 폴록이 처음에 굵은 궤적으로 전체적인 밑그림을 그린 후, 수많은 자기 유사 구조의 궤적을 통해 그림을 정교하고 섬세하게 다듬어 갔다고 주장했다. 폴록의 그림들은 우연한 결과가 아니라 자기 유사성을 직감적으로 이해한 폴록의 세밀한 계획 하에 만들어진 작품이라는 것이다. 형체를 알 수 없는 그의 그림 안에는 물감의 점성과 흔들리는 물감통의 속도, 물감을 떨어뜨리는 각도와 높이 등이 만들어 낸 ⓓ 정교한 자연의 패턴이 들어있었던 것이다.

테일러는 여기에서 한걸음 더 나아가 컴퓨터 시뮬레이션을 통해 가상의 물감통을 매달아 그림을 그렸다. 아주 복잡하지만 규칙적인 패턴을 가진 그림과 프랙탈 구조를 갖는 카오스 패턴을 만든 후 사람들에게 어떤 그림이 더 마음에 드는가라고 설문 조사해 보았더니, 120명 중에서 113명이 카오스 패턴이 더 마음에 든다고 대답했다. 더욱 재미있는 것은 카오스 패턴으로 그려진 그림이 얼핏 보기에는 마치 폴록의 그림 같다는 사실이다. 폴록의 그림은 마치 실타래처럼 혼란스럽게 얽혀있는 것처럼 보이지만, ⓔ 적당히 얽혀있으면서 나름의 질서를 가지고 있는 카오스 구조를 하고 있으며, 그런 구조로 인해 우리에게 아름답고 신비하게 느껴졌던 것이다. 폴록은 지시성이나 방향성을 갖는 형상을 거부하고 우연성이 빚어낸 패턴에 주목했지만, 그의 3차원 몸놀림이 만들어낸 2차원 궤적에는 자연의 가장 중요한 특성인 카오스와 프랙탈이 지문처럼 찍혀 있었다. 그는 풍경화를 그리지 않았지만, 거미줄처럼 엉킨 그의 그림 안에는 자연이 통째로 들어있었던 것이다.

[문제 11] 테일러가 주목했을 작품으로 가장 알맞은 것은?

[문제 12] 폴록과 미술 평론가가 주고받은 대화의 내용으로 적절하지 않은 것은?

① 폴록 : "나는 이 시대를 지난 시대의 낡은 미술 양식으로 표현할 수 없다고 봅니다. 각 세대는 그 세대만의 표현 기법을 찾아야 합니다."

② 평론가 : "당신의 그림에는 온몸을 통해 실존을 반영한 흔적이 있습니다. 당신은 직관과 본능에 따라 그림을 창작하여 주체와 객체의 합일을 시도한 것으로 보입니다."

③ 폴록 : "맞습니다. 나는 그림 속에 있을 때 나 자신이 무엇을 하고 있는지 깨닫지 못합니다. 내가 어떤 행위를 저질렀는가를 알게 되는 것은, 그림과 친숙해지는 얼마간의 시간이 경과한 뒤입니다."

④ 평론가 : "당신의 작품이 미술사에서 자주 거론되고 중요시되는 이유는 특이한 제작 방법을 통해 아름다움을 성취했기 때문입니다. 당신은 보이지 않는 추상의 세계를 새로운 조형 언어로 표현하는 것에 성공한 것으로 보입니다."

⑤ 폴록 : "글쎄요. 그림은 자체로서 생명력을 지닌다고 믿기 때문에 나는 그림을 고치거나 이미지를 부수는 일에 조금도 두려움을 느끼지 않습니다. 따라서 때로는 인위적인 마무리를 가하여 작품을 완성하기도 합니다."

07 | 국어 문화

[문제 13] 한국어의 특징을 바르게 말한 외국인은?

① 다나카 : 어미의 변화가 없어서 배우기 쉬워요.

② 자크 : 대명사는 높임법의 변화가 없어 간편해요.

③ 슈메이 : 말할 때 주어 생략을 할 수 없어 불편해요.

④ 제인 : 입술과 이를 동시에 활용하는 자음이 많아 어려워요.

⑤ 호세 : 감각어가 자음이나 모음에 따라 변해 표현이 풍부해요.

[문제 14] 단군신화의 내용이 아닌 것은?

① 환인(桓因)은 환웅(桓雄)에게 천부인(天符印)을 주어 지상에 내려가 다스리게 했다.

② 환웅은 3천명의 무리를 거느리고 태백산 신단수(神檀樹) 아래로 내려 왔다.

③ 환웅은 풍백(風伯), 운사(雲師), 우사(雨師) 등과 함께 하백(河伯)을 물리치고 신시(神市)를 차지했다.

④ 곰은 쑥과 마늘을 먹고 100일 동안 햇빛을 보지 않는 고행을 하고, 삼칠일(三七日) 동안 금기를 지킨 뒤 인간이 되었다.

⑤ 단군은 즉위하여 나라 이름을 조선(朝鮮)이라 했고, 오랫동안 나라를 다스린 뒤 산신(山神)이 되었다.

1. ③   2. ④   3. ④   4. ①   5. ③   6. ④   7. ②
8. ④   9. ⑤   10. ⑤   11. ②   12. ⑤   13. ⑤   14. ③

참고자료

교육과학기술부, http://www.mest.go.kr/

국립국어원, 자료마당, 어문규정.

국어닷컴, 문장바로쓰기, 인터넷국어연구소.

노동부, http://www.molab.go.kr/

문화체육관광부, http://www.mcst.go.kr/

법무부, http://www.moj.go.kr/

송준호(1996), 문장부터 바로쓰자, 태학사.

이희승·안병희(1989, 2009 7쇄), 새로 고친 한글 맞춤법 강의, 신구문화사.

인터넷닷컴(2000), 문장바로쓰기, 국어닷컴.

(재)한국언어문화연구원(2006), 국어능력인증시험 기출문제 해설집, 박문각.

한국교육과정평가원, http://www.topik.or.kr/

한국어 세계화재단, http://www.glokorean.org/

한국언어문화연구원(2006), 국어능력인증시험 기출문제 해설집, 박문각.

http://shi.kaist.ac.kr/2000/week14/14week-3.htm

KBS, KBS한국어능력시험, http://www.klt.or.kr/test/speech.php